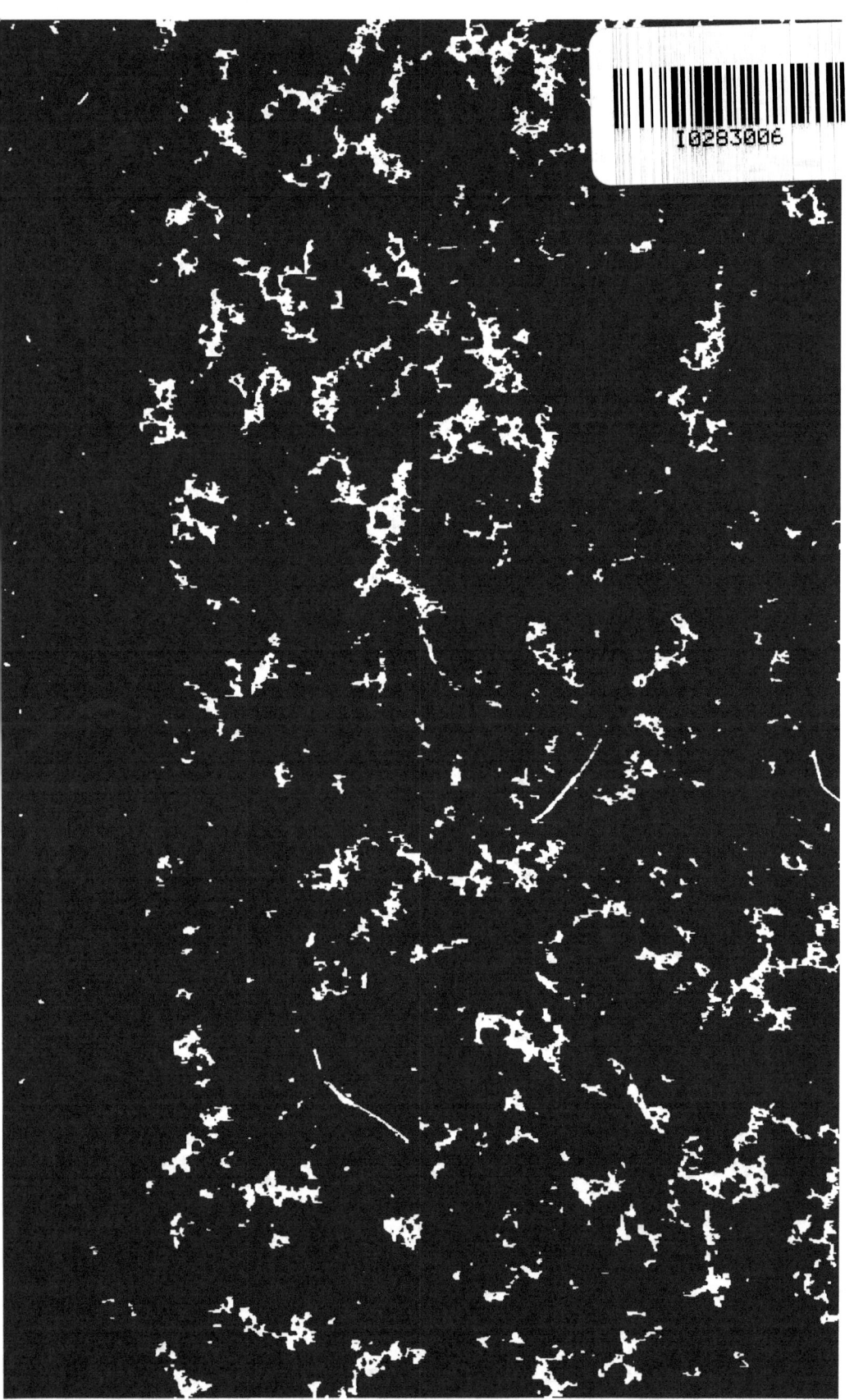

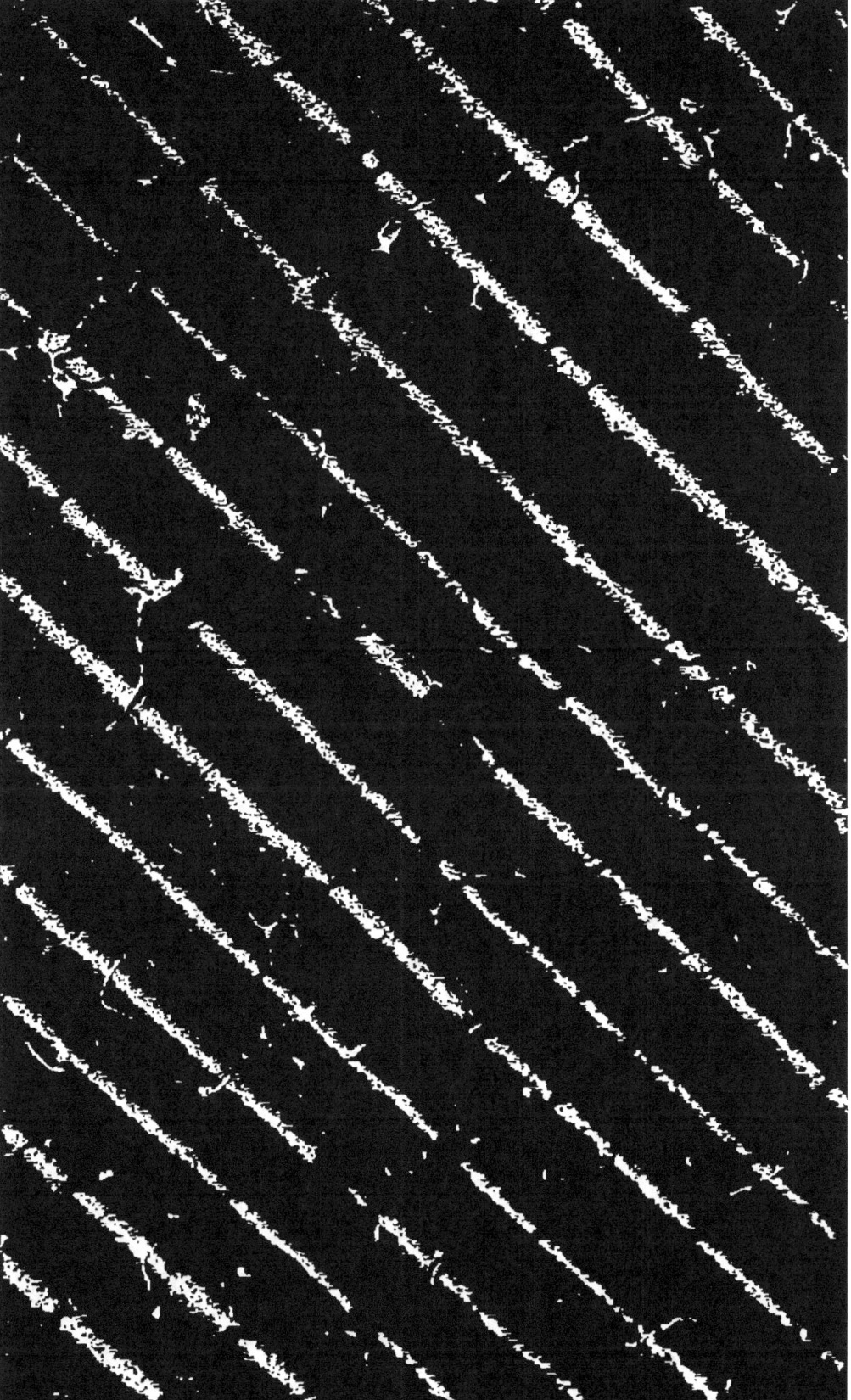

LA
CAUSE PREMIÈRE

D'APRÈS

LES DONNÉES EXPÉRIMENTALES

PAR

ÉMILE FERRIÈRE

PARIS

ANCIENNE LIBRAIRIE GERMER BAILLIÈRE ET Cⁱᵉ

FÉLIX ALCAN, ÉDITEUR

108, BOULEVARD SAINT-GERMAIN, 108

1897

LA
CAUSE PREMIÈRE

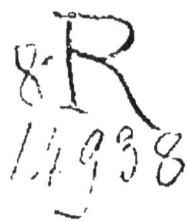

OUVRAGES DU MÊME AUTEUR

Le Darwinisme. *Bibliothèque utile.* Un volume de 190 pages.................................... » 60

Plantes médicinales de la Bourgogne, *emplois et doses.* Un volume in-18 de 101 pages............... 1 25

Les Apôtres, *essai d'histoire religieuse d'après la méthode des sciences naturelles.* Un fort volume in-18. 4 50

Paganisme des Hébreux jusqu'à la captivité de Babylone. Un fort volume in-18.................. 3 50

Les Erreurs scientifiques de la Bible. Un fort volume in-18.. 3 50

Les Mythes de la Bible. Un fort volume in-18..... 3 50

L'Ame est la fonction du cerveau. Deux forts volumes in-18... 7 »

La Matière et l'Énergie. Un fort volume in-18 de 580 pages... 4 50

La Vie et l'Ame. Un fort volume in-18 de 580 pages. 4 50

Sceaux. — Imp. Charaire et Cie.

LA
CAUSE PREMIÈRE

D'APRÈS

LES DONNÉES EXPÉRIMENTALES

PAR

ÉMILE FERRIÈRE

PARIS

ANCIENNE LIBRAIRIE GERMER BAILLIÈRE ET Cie

FÉLIX ALCAN, ÉDITEUR

108, BOULEVARD SAINT-GERMAIN, 108

—

1897

PRÉFACE

Ce volume est le troisième et dernier d'une trilogie dont le but est de démontrer l'unité de substance au moyen des faits positifs, à l'exclusion de tout argument *a priori*.

Dans le premier volume, LA MATIÈRE ET L'ÉNERGIE, j'ai exposé la théorie mécanique de l'univers, conquête de la science moderne, l'une des plus grandes et des plus fécondes qu'on ait jamais faites. Les deux conclusions principales du volume sont les suivantes : Unité des lois de la matière et de l'énergie par tout l'univers; Identité substantielle de la matière et de l'énergie.

Dans le deuxième volume, LA VIE ET L'AME, j'ai exposé les faits physiques, physiologiques, embryogéniques et pathologiques qui concernent la vie et l'âme. Les deux conclusions principales sont les suivantes : Unité de la vie chez les animaux et les végétaux ; l'Ame est la fonction du cerveau.

Le troisième et dernier volume, LA CAUSE PREMIÈRE D'APRÈS LES DONNÉES EXPÉRIMENTALES, est la conclusion de la trilogie ; il se divise en cinq livres :

Le Livre premier, intitulé *La Matière, l'Énergie, la Vie, l'Ame,* contient, résumés en une soixantaine de pages, les faits développés dans les deux volumes antérieurs. C'est une énumération sèche et rapide des résultats acquis dans le domaine des sciences mécaniques, physiques et physiologiques. Pour les détails et l'ampleur donnée aux preuves expérimentales, le lecteur devra se reporter aux deux volumes précités.

Le Livre II, intitulé *Les Causes finales*, contient deux parties : l'Organe et la fonction, les Rapports des groupes d'êtres les uns avec les autres.

I. Pour ce qui concerne l'organe et la fonction, j'ai exposé et soumis à un examen critique les théories des anatomistes et celles des physiologistes, soit matérialistes, soit déterministes.

II. Pour ce qui concerne les rapports des groupes d'êtres, j'ai également exposé et critiqué les théories scientifiques suivantes : Harmonies entre le règne végétal et le règne animal, Harmonies entre l'herbivore et le carnivore, Harmonies entre les règnes naturels et l'homme.

Le Livre III, intitulé *Le Plan de la création et le Règne animal*, contient les matières suivantes :

I. Les problèmes du règne animal : plans de structure, influence du milieu, croisements, sélection naturelle, variation brusque, formes intermédiaires.

II. L'apparition des animaux dans la succession des ères géologiques et leur classification.

III. L'apparition de l'homme sur la terre.

IV. Les théories qui concernent les enchaînements du règne animal, à savoir : l'échelle des êtres, le perfectionnement graduel, l'évolution, les créations successives, le plan et l'archétype.

V. Un dernier chapitre est consacré aux animaux parasites.

Le Livre IV, intitulé *Le Plan de la création et le Règne végétal*, contient les matières suivantes :

I. Les problèmes du règne végétal : plans de structure, influence du milieu, croisements, sélection naturelle, formes intermédiaires.

II. Les modes de reproduction chez les phanérogames et chez les cryptogames, et les conséquences qui en résultent pour la théorie de l'archétype et celle du perfectionnement graduel.

III. Un chapitre a pour objet l'examen d'un critérium qui serait propre à établir une hiérarchie entre les végétaux.

IV. Un autre chapitre raconte l'apparition des végétaux dans la succession des ères géologiques.

V. Un dernier chapitre est consacré aux parasites végétaux.

Le Livre V, intitulé *Les Déductions*, débute par un chapitre consacré à expliquer avec le plus de clarté et de netteté possible ce qu'il faut entendre par la Substance, et à marquer, en quelques traits précis, les différences et les points de rapprochement entre les grands systèmes métaphysiques.

Dans un deuxième chapitre sont exposés les Attributs métaphysiques de la substance tels qu'ils se déduisent des faits scientifiques : Unité des lois de la matière et de l'énergie par tout l'univers, et Identité substantielle de la matière et de l'énergie.

Un troisième chapitre traite des Attributs moraux, toujours au point de vue expérimental, c'est-à-dire en énumérant les faits naturels qui sont *pour* et les faits naturels qui sont *contre* ; la conclusion est qu'il est impossible d'accorder à la Cause première les attributs moraux sous peine de tomber dans des contradictions irréductibles et dans des problèmes insolubles.

Un quatrième chapitre définit ce qu'il faut entendre par Transcendance et Immanence, par Vrai et Réel, chose d'une importance capitale, car il s'agit d'établir comment dans notre théorie se comprend le rapport entre la Cause première et le Monde.

Un dernier chapitre contient l'énumération des conclusions métaphysiques, lesquelles sont fondées sur les conquêtes de la science contemporaine. Quant aux conclusions morales, les ténèbres sont tellement épaisses et les contradictions si fortes qu'on est réduit au seul parti philosophique qui soit sage, à savoir, se **résigner à l'ignorance**.

L'énoncé des matières fait voir quel genre de services ce volume peut rendre aux amis de la métaphysique, surtout aux professeurs de philosophie. Ceux-ci, au lieu d'être bornés à l'exclusif emploi des arguments rationnels pour expliquer le monde, auront à leur disposition des faits choisis avec soin et puisés aux meilleures sources. Alors l'explication cessera d'être une manière de voir à peu près subjective ; elle aura son fondement sur la Nature même ; elle deviendra ce que doit être toute théorie, à savoir, le lien qui unit les faits entre eux.

Un des embarras des philosophes de profession est de ne savoir à quoi s'en tenir sur la valeur réelle des théories scientifiques, telles que la théorie de l'échelle des êtres, celle du perfectionnement graduel, celle de l'évolution et celle de l'archétype. Lorsqu'à leurs spéculations on oppose ces théories, ils se sentent intimidés ; le nom des savants qui appuient ces théories leur impose ; ils s'inclinent devant une autorité que, faute de preuves positives, ils sont impuissants à contrôler. Ce moyen de contrôle qui leur manque, c'est-à-dire le groupe des faits positifs qui sont nécessaires pour faire subir à ces théories l'épreuve de la vérification expérimentale, ce volume le leur donnera. Ils n'auront plus à accepter ces théories scientifiques les yeux fermés ni, dans le doute, à les rejeter en bloc ; c'est en pleine connaissance de cause qu'ils se décideront pour l'adhésion ou pour l'abstention.

L'esprit méthodique qui m'a guidé dans la composition de cet ouvrage est celui que Claude Bernard a décrit et prêché dans son admirable *Introduction à la Médecine expérimentale*. Dans ce livre, véritable évangile de la science contemporaine, Claude Bernard enseigne non seulement quelles règles sévères, **preuves**, **contre-épreuves**, **vérifications**, doit observer l'expérimentateur, mais encore et **surtout dans quel état d'esprit** celui-ci doit se tenir et à quelle discipline intellectuelle il doit s'astreindre ; à ce prix-là seulement est la conquête de la vérité. « L'expérimentateur pose des questions à la Nature; mais dès qu'elle parle, il doit se taire; il doit l'écouter jusqu'au bout et toujours se soumettre à sa décision [1]. »

Claude Bernard ne se contente pas de cette règle suprême. il recommande à l'expérimentateur une vertu qui devient de plus en plus rare, à savoir, le courage de ne pas sacrifier la vérité qu'il vient de découvrir à l'erreur actuellement régnante. « Quand le fait qu'on rencontre est en opposition avec une théorie régnante, il faut accepter le fait et abandonner la théorie, lors même que celle-ci, soutenue par de grands noms, est généralement adoptée [2] » Lorsqu'on songe aux attaques furieuses, aux persécutions et aux calomnies que suscite la recherche sincère et libre du vrai, ce n'est pas un mince courage qu'il faut pour porter, sans trembler, la main sur l'arche sacro-sainte où trône l'erreur dominante. Lavoisier fut guillotiné, moins parce qu'il avait eu le malheur d'être fermier général que parce qu'il avait anéanti la théorie du phlogistique. Marat, partisan du phlogistique, exigea qu'on tranchât la tête à l'homme coupable d'avoir con-

---

1. Cl. Bernard, *Introduction à la Médecine*, page 41.
2. Cl. Bernard, *Introduction à la Médecine*, page 287.

vaincu de fausseté sa théorie favorite et d'avoir fondé sur ses ruines la chimie moderne.

Dans un dernier précepte, Claude Bernard met en garde l'expérimentateur contre les instigations malsaines de la passion. « Le savant qui veut trouver la vérité doit conserver son esprit libre, calme, et ne jamais avoir, comme dit Bacon, l'œil humecté par les passions humaines... Quand on discute et qu'on expérimente pour prouver *quand même* une idée préconçue, on n'a plus l'esprit libre, et l'on ne cherche plus la vérité [1]. » Observation aussi opportune pour les temps présents que pour les temps passés ; en ouvrant les recueils et les journaux contemporains, il est facile de s'assurer que la plupart des théoriciens laïques ou religieux ont les yeux largement humectés par les passions humaines.

C'est imprégné de l'esprit dont on vient de lire les règles tracées par Claude Bernard que j'ai composé et rédigé ce livre. A défaut d'autre mérite, il a celui d'avoir eu pour seuls inspirateurs l'amour et le culte désintéressés de la Vérité.

---

1. CL. BERNARD, *Introduction à la Médecine*, pages 60, 68.

BIBLIOGRAPHIE

Voici quels sont les auteurs et les éditions que j'ai cités :

AGASSIZ, *De l'Espèce et de la Classification zoologique*, in-8, chez Germer-Baillière, 1869.

ARLOING, *Les Virus*, in-8, chez Félix Alcan, 1891.

BAILLON, *Anatomie et physiologie végétales*, in-8, chez Hachette, 1882.

P.-J. VAN BENEDEN, *Les Commensaux et les Parasites*, in-8, chez Germer-Baillière, 1875.

CLAUDE BERNARD, *Œuvres complètes*, in-8, chez J.-B. Baillière.

BUFFON, *Œuvres complètes*, grand in-8, édition Flourens, chez Garnier frères.

DAVAINE, *Traité des Entozoaires*, in-8, chez J.-B. Baillière, 1860.

Darwin, *Œuvres complètes*, in-8, chez Reinwald.

Albert Gaudry, *Les Enchaînements du Monde animal, Fossiles primaires*, grand in-8, chez Savy, 1883.

Idem, *Les Ancêtres de nos animaux*, in-18, chez J.-B. Baillière, 1888.

Isidore Geoffroy Saint-Hilaire, *Histoire naturelle des règnes organiques*, trois volumes in-8, chez Victor Masson, 1854-1862.

Idem, *Vie, travaux et doctrine d'Étienne Geoffroy Saint-Hilaire*, in-18, chez Bertrand, 1847.

Huxley, *Éléments d'anatomie comparée des animaux vertébrés*, in-18, chez J.-B. Baillière, 1875.

Idem, *De la place de l'homme dans la nature*, in-8, chez J.-B. Baillière, 1868.

Paul Janet, *Les Causes finales*, in-8, chez Germer-Baillière, 1876.

A. de Lapparent, *Traité de Géologie*, grand in-8, 2ᵉ édition, chez Savy, 1885.

Lemaout et Decaisne, *Traité général de botanique*, in-4, 2ᵉ édition, chez Firmin-Didot, 1876.

Marion et Saporta, *L'Évolution du règne végétal, Cryptogames*, un volume in-8 ; *Phanérogames*, deux volumes in-8, chez Félix Alcan, 1881-1885.

Moquin-Tandon, *Éléments de zoologie médicale*, in-18, 2ᵉ édition, chez J.-B. Baillière, 1862.

F.-J. Pictet, *Traité de Paléontologie*, quatre

volumes in-8, avec atlas, chez J.-B. Baillière, 1853-1857.

QUATREFAGES, *L'Espèce humaine*, in-8, 2e édition, chez Germer-Baillière, 1877.

IDEM, *Charles Darwin*, in-8, chez Germer-Baillière, 1870.

IDEM, *Métamorphoses de l'homme et des animaux*, in-18, chez J.-B. Baillière, 1862.

B. RENAULT, *Les Plantes fossiles*, in-18, chez J.-B. Baillière, 1888.

SAPORTA, *Origine paléontologique des arbres cultivés*, in-18, chez J.-B. Baillière, 1888.

TROUESSART, *Les Microbes*, in-8, chez Félix Alcan, 1886.

LA CAUSE PREMIÈRE

LIVRE PREMIER

LA MATIÈRE, L'ÉNERGIE, LA VIE, L'AME

CHAPITRE PREMIER

LA MATIÈRE

I. — États de la matière.

I. TOUS LES CORPS MATÉRIELS PEUVENT AFFECTER LES TROIS ÉTATS, SOLIDE, LIQUIDE ET GAZEUX. — La matière peut affecter trois états différents, à savoir, l'état solide, l'état liquide, l'état gazeux.

Les gaz oxygène, azote, hydrogène, qui avaient résisté à toutes les tentatives faites pour les amener à la liquéfaction, ont fini par être liquéfiés et même solidifiés, il y a quelques années à peine. (Expériences de Cailletet, de Raoul Pictet, de Wroblewski, d'Olszewski.)

II. Unité d'action des corps matériels sous les trois états. — C'est à tort qu'autrefois on attribuait des caractères essentiels à chacun des trois états, solide, liquide, gazeux. Les expériences modernes ont démontré qu'il y a continuité ou mieux unité réelle d'action pour les différents états de la matière.

A. Les gaz fortement comprimés se comportent comme des corps momentanément solides qui posséderaient une grande cohérence et une dureté assez considérable pour entailler le fer.

(Expériences de Daubrée et Sarrau.)

B. De fortes pressions forcent les corps solides à s'écouler comme des liquides.

(Expériences de Tresca.)

II. — Éternité de la matière.

La matière ne peut être anéantie ni créée; elle ne subit que des transformations. — La chimie a démontré expérimentalement, avec une certitude absolue, que :

1° Il est impossible de créer la plus petite parcelle de matière;

2° Il est impossible de détruire la plus petite parcelle de matière;

3° Quelles que soient les variations d'état ou de combinaison, *le poids de la matière est invariable.*

De la résultent les trois théorèmes métaphysiques suivants :

1° *La matière n'a pas eu de commencement* puisqu'elle ne peut pas être créée;

2° *La matière n'aura pas de fin* puisqu'elle ne peut pas être détruite;

3° *La matière ne fait qu'éprouver des changements de forme*, puisque, dans toutes les combinaisons, son poids reste invariable.

Les mots *création*, *destruction*, ont donc perdu leur sens primitif; ils ne signifient plus aujourd'hui que *passage* d'une forme à une autre forme. Lorsque l'esprit fixe son attention sur une forme qui commence, il dit qu'il y a création; il appelle destruction la fin de cette même forme, laquelle fait place à une autre.

Quant à l'éternelle matière, son poids, à travers ses métamorphoses indéfinies, reste absolument invariable.

En chimie, ces vérités sont ainsi formulées : Rien ne se perd, rien ne se crée; il n'y a que des changements de forme.

On a donné à cette loi le nom assez impropre, mais consacré par l'usage, de *Loi de la conservation de la matière*.

C'est à Lavoisier qu'on doit la démonstration expérimentale de cette loi capitale.

L'instrument de mesure de la matière est la balance.

En métaphysique, comme on appelle éternel ce qui ne peut être créé ni anéanti, l'expression exacte est *Loi de l'éternité de la matière*.

III. — **Constitution de la matière.**

Dans tout individu, cristal, arbre ou animal, on distingue la matière et la forme.

Un cristal de sel marin a la forme cubique ; sa matière est le chlorure de sodium.

Un cerisier a la forme caractéristique du genre d'arbre auquel il appartient ; la matière dont il est composé est identique à celle de la plupart des êtres du règne végétal.

De même pour un animal quelconque ; par sa forme, il appartient à telle classe, telle espèce ; la matière dont il est composé est indépendante de cette forme spécifique ; cette matière est à peu près identique à celle de tous les autres animaux.

La forme des individus est en dehors du domaine de la science.

Quant à la matière dont sont composés les individus, elle est l'objet des travaux du chimiste ; le chimiste l'étudie à l'aide des deux procédés méthodiques, analyse et synthèse.

I. Les éléments et les principes immédiats. — Dans la matière, on distingue deux choses :

Les corps simples qui entrent dans la composition d'un individu : on leur donne le nom d'*éléments ;*

Les groupements variés et définis qu'affectent ces éléments dans la constitution du même individu, on les nomme *principes immédiats.*

« Un principe immédiat est toujours formé des mêmes éléments, unis dans les mêmes proportions définies; il est doué de propriétés constantes et caractéristiques. » (BERTHELOT.)

A. *Synthèse des principes immédiats des corps inorganiques.* — On a fait la synthèse d'un grand nombre de minéraux ; la liste s'en accroît chaque année. On peut être assuré que tous les minéraux seront reproduits artificiellement au fur et à mesure que le chimiste disposera de moyens d'action plus puissants ou perfectionnera les méthodes de synthèse. C'est ainsi que M. Moissan mettant à profit l'énorme chaleur de l'arc électrique (plus de 3 000 degrés) vient de reproduire le diamant transparent [1].

B. *Synthèse des principes immédiats des corps organiques.* — En considérant les principes immédiats des végétaux et des animaux au point de vue de la volatilité ou de la fixité, on a deux grandes divisions, à savoir, les principes volatils et les principes fixes :

Les principes volatils comprennent les carbures d'hydrogène, les alcools, les aldéhydes, les éthers, les acides, les alcalis, une partie des amides ainsi que les corps qu'on peut former avec tous ces principes.

Les principes fixes comprennent les principes gras, les principes sucrés ou hydrocarbonés, les principes azotés ou albuminoïdes.

La chimie a opéré la synthèse des principes volatils

---

1. *Comptes rendus*, 6 février 1893.

en vertu de lois générales et de méthodes régulières. C'est le premier étage de la chimie organique.

Les principes fixes forment le second étage de la chimie organique. La synthèse des corps gras a été accomplie au moyen de la glycérine et des acides gras (Berthelot). La synthèse des principes sucrés et celle des albuminoïdes sont seulement ébauchées (travaux de Schutzenberger).

En résumé, l'*Analyse chimique* a démontré ce fait surprenant : « Tous les êtres vivants, végétaux et animaux, sont essentiellement formés par les quatre mêmes corps élémentaires, à savoir, carbone, hydrogène et azote ; en d'autres termes et pour prendre une formule plus saisissante, les êtres vivants sont constitués par du charbon uni aux trois gaz qui sont les éléments de l'eau et les éléments de l'air.

« La *Synthèse chimique* nous a conduits à cette vérité capitale que les forces chimiques qui régissent la matière organique sont réellement et sans réserve les mêmes que celles qui régissent la matière minérale. » (Berthelot.)

II. Résultats acquis. — Par la création artificielle des principes immédiats du monde organique en partant des éléments minéraux, la synthèse chimique a établi sur l'inébranlable fondement de l'expérience deux vérités de la plus haute importance philosophique, à savoir :

1° *Unité de composition élémentaire* chez les animaux et les végétaux ; les éléments peu nombreux appartiennent au monde minéral ;

2° *Unité des lois chimiques* qui régissent le monde minéral et le monde organique.

La synthèse chimique a, par surcroît, rendu à la philosophie un autre et non moins signalé service en balayant pour jamais deux erreurs qui opposaient un obstacle infranchissable à la conquête de la vérité métaphysique :

1° On croyait que le monde organique était l'antithèse du règne minéral et qu'il était régi par des lois chimiques tout opposées.

Cette erreur a été détruite expérimentalement par les créations de la synthèse chimique ;

2° On croyait qu'une substance métaphysique appelée Force vitale était seule capable de refaire les principes immédiats détruits par les actions chimiques.

En créant de toutes pièces les principes immédiats, la synthèse chimique a démontré expérimentalement que la substance métaphysique nommée Force vitale était une fiction, une pure chimère.

Telle est la double série de résultats que la philosophie doit à la science.

IV. — Circulation de la matière.

Par circulation de la matière, on entend le passage de la matière du règne minéral au règne végétal; puis du règne végétal au règne animal, et enfin le retour au règne minéral. Cette série de transformations forme un cycle complet.

I. Passage de la matière du règne minéral au règne végétal. — Les plantes sont composées presque exclusivement de quatre corps minéraux, à savoir : le carbone, l'oxygène, l'hydrogène et l'azote, auxquels s'adjoignent de petites quantités de soufre, de phosphore, de silice, de chaux, de soude et de sels divers. Les plantes s'assimilent ces différents corps minéraux au moyen de leurs racines et de leurs feuilles sous l'action calorique et chimique des rayons solaires. En définitive, les plantes sont de la terre transformée au premier degré.

II. Passage de la matière du règne végétal au règne animal. — Aucun animal ne se nourrit directement des corps minéraux.

A. Les herbivores s'assimilent les minéraux lorsque ceux-ci ont subi la transformation en herbe. Les herbivores sont donc de la terre transformée au 2e degré.

B. Les carnivores s'assimilent les herbivores ; ils sont donc de la terre transformée au 3e degré.

III. Retour de la matière du règne animal au règne minéral. — Prenons comme exemple typique l'homme. Le corps de l'homme se fait incessamment par l'assimilation des aliments et se défait incessamment par les oxydations intimes. Les trois excrétions qui rendent au règne minéral la matière animale brûlée par l'oxygène sous l'action de la vie sont l'urine, l'haleine et la sueur. Ces excrétions contiennent le total des pertes que fait l'homme par suite de la désassimilation; ce total s'élève en moyenne par jour à 3 kilogrammes. Ces

3 kilogrammes de matière excrétés qui étaient entrés dans la composition de son corps, l'homme est obligé de les remplacer, chaque jour, par 3 kilogrammes d'aliments solides et liquides. Si pour fixer les idées on adopte pour durée moyenne de la vie humaine un laps de temps de 40 années, on aura $3 \times 365 \times 40 =$ 43 800 kilogrammes; en ajoutant 75 kilogrammes, poids moyen du cadavre de l'homme qui meurt à 40 ans, on aura en chiffres ronds 44 000 kilogrammes. Ainsi de la naissance à la mort, c'est-à-dire durant son existence entière, chaque homme rend successivement et par fractions à la terre les 44 000 kilogrammes de substances minérales qu'il lui avait, par fractions et successivement, empruntés. Le même calcul est applicable à tout être humain, quelle que soit la durée de sa vie.

En définitive et en dernière analyse, qu'est-ce qu'un homme au point de vue de la matière ? C'est une masse définie de kilogrammes de matière **terreuse** qui, par fractions, a revêtu momentanément une forme particulière. Or une forme particulière est ce qu'en métaphysique on appelle un mode; il s'ensuit que *chaque homme est un mode de la matière.*

Ce qui est vrai de chaque homme est vrai de chaque animal, car les fonctions de nutrition et de désassimilation sont les mêmes; l'équilibre des échanges suit les mêmes lois; c'est toujours un certain poids de matière terreuse qui revêt par fractions et successivement une forme spéciale; donc *chaque animal est un mode de la matière.*

Les plantes puisent directement leurs aliments dans le sol, et transforment les minéraux selon la même loi d'équilibre dans les gains et les pertes ; on aboutit donc à la même conclusion : *chaque plante est un mode de la matière.*

En métaphysique, la matière est conçue d'une façon abstraite, c'est-à-dire, en dehors de toute forme ; or tous les corps minéraux que nous connaissons ont une forme, soit géométrique que nous appelons cristalline, soit non-géométrique que nous appelons absurdement amorphe : donc *chaque minéral est un mode de la matière.*

En résumé, tout ce qui existe, hommes, animaux, plantes, minéraux, corps célestes, sont des modes de la matière.

IV. DÉPENDANCE RÉCIPROQUE DE TOUS LES MODES DE LA MATIÈRE. — Du cycle que nous venons d'exposer résultent les conséquences physiques suivantes :

1º Les végétaux dépendent des minéraux ;

2º Les animaux herbivores dépendent des végétaux et par conséquent des minéraux ;

3º Les animaux carnivores dépendent des herbivores et par conséquent des végétaux et des minéraux ;

4º Tous les êtres vivants, végétaux ou animaux, dépendent non seulement du règne minéral, mais encore de certaines conditions particulières que doit affecter la matière minérale. Ils dépendent particulièrement de la circulation de la vapeur d'eau, de la circulation de l'ammoniaque et de l'acide carbonique, d'abord parce qu'ils en tirent leurs aliments, ensuite parce que ces agents unis à l'air pulvérisent les roches, en font une terre arable et ainsi rendent possible l'apparition de la vie;

5° La circulation de la vapeur d'eau, de l'ammoniaque et de l'acide carbonique dépend de la mer, leur régulateur et leur réservoir;

6° Enfin, tout ce qui existe sur le globe terrestre, minéraux, animaux, végétaux, atmosphère, gaz et mer, tout dépend du soleil.

Chacun des êtres du globe terrestre est donc uni aux autres êtres par les liens de la parenté et de la descendance les plus complexes et les plus étroits; il est lié par le globe lui-même au soleil, et par le soleil au reste de l'univers.

De ces faits physiques, se déduit logiquement la conclusion philosophique suivante : En regard du Tout, chaque forme de la matière ou, ce qui est la même chose, chaque être n'est qu'une ride imperceptible sur la surface de la matière universelle (expression de Tyndall).

CHAPITRE II

L'ÉNERGIE

I. — États de l'Énergie.

I. Définition de l'Énergie. — L'énergie est la capacité d'exécuter un travail; sa manifestation est le mouvement.

Jusqu'au milieu du xixe siècle, on s'était servi du mot force; mais la multiplicité des sens divers donnés au mot force était devenue dans le langage une cause d'obscurité et de confusion; on sentit le besoin de lui substituer une expression dont l'acception restât nette et claire. C'est le physicien anglais Rankine qui vers 1860 fit prévaloir le mot énergie. Du reste, Leibniz avait employé le mot énergie dans le même sens.

La distinction établie par Aristote entre la puissance et l'acte, ou mieux entre *être en puissance* et *être en acte*, domine la physique aussi bien que la métaphysique.

Quand les conditions capables d'exécuter un travail sont en réserve, l'énergie est dite *potentielle*.

Quand le travail s'exécute, l'énergie n'est plus en puissance, elle est en action; l'énergie est dite *actuelle*.

II. Mouvement des molécules intégrantes des corps matériels. — Les corps matériels sont considérés comme composés de particules aussi menues que l'on voudra, auxquelles on est convenu de donner le nom d'atomes. La jonction ou la combinaison de deux atomes a reçu le nom de molécule; une molécule est donc un système d'atomes.

Les atomes et les molécules sont animés de deux mouvements, l'un de translation, l'autre de rotation autour d'un axe.

1° *Dans les gaz*, les molécules, en agitation continuelle, ont simultanément un mouvement de translation rectiligne et un mouvement de rotation très rapide autour d'un axe; elles sont dans une *indépendance complète* l'une de l'autre.

2° *Dans les liquides*, la mobilité des molécules est restreinte par le voisinage des autres molécules; l'axe de rotation n'est pas stable; les mouvements semblent bornés à des excursions oscillatoires de grandeur variable; les molécules sont dans *une certaine dépendance* l'une de l'autre.

2° *Dans les solides*, les molécules sont très rapprochées; elles sont orientées régulièrement selon une structure ou un système cristallin déterminés. Comme les mouvements sont gênés par le voisinage contigu des autres molécules, ces mouvements se réduisent à de faibles oscillations; il n'y a plus de translation, parce que la translation est devenue impossible dans l'intérieur d'une masse compacte; il n'y a plus de rotation; les molécules sont dans *une étroite dépendance* l'une de l'autre.

La *chaleur* est le mouvement intérieur qui agite les molécules composantes d'un tout. Le mouvement calorifique est un mouvement d'oscillation. Lorsqu'un corps entre en fusion, le mouvement d'oscillation des molécules devient un mouvement de rotation.

Dans le langage ordinaire, on donne au mot mouvement le sens restreint de mouvement extérieur de la masse totale du corps, soit que le tout du corps se déplace dans l'espace, soit qu'il accomplisse un travail mécanique extérieur. Il est évident qu'un mouvement, qu'il soit extérieur ou intérieur, ne cesse pas d'être un mouvement. La chaleur, étant un certain mouvement des molécules d'un corps, est donc un vrai mouvement, au même titre que la translation ou que le travail mécanique du corps total.

II. — Éternité de l'Énergie.

I. LE MOUVEMENT EST PARTOUT, LE REPOS ABSOLU N'EST NULLE PART. — Par mouvement il faut entendre non seulement le mouvement visible des masses totales, mais encore le mouvement des molécules composantes de ces masses; ce mouvement, qui jusqu'à présent échappe à nos **yeux** ainsi qu'à nos instruments, est mis hors de doute par les vérifications expérimentales.

L'équilibre n'est pas le repos. Lorsqu'un corps est sollicité par deux forces égales et contraires, ce corps est en équilibre; le repos d'un corps en équilibre est une illusion d'optique.

Un objet qui ne serait sollicité par aucune force serait en repos absolu. Or il n'est pas dans l'univers un seul corps qui soit dans un tel cas; non seulement le repos absolu n'existe pas, mais il est impossible qu'il existe. Ce que la multitude prend pour le repos est simplement un rapport d'équidistance entre les masses totales de deux ou plusieurs objets. Prenons pour exemple ce qui, aux yeux de la foule, est le type du repos absolu, à savoir, un caillou; par l'énumération des forces qui sollicitent ce caillou, on va voir quelle est l'énormité de l'erreur populaire.

1º Le caillou est entraîné par la terre dans son mouvement de translation autour du soleil, c'est-à-dire que ce caillou qu'on prétend être en repos absolu accomplit, en une année, un voyage d'environ 230 millions de lieues;

2º Il est entraîné par la terre dans son mouvement de rotation diurne, c'est-à-dire que notre caillou, tout en voyageant dans l'espace céleste, exécute, chaque jour, une pirouette de 9 000 lieues de circonférence;

3º Le caillou est attiré vers le centre de la terre par la gravitation; l'intensité de l'attraction est exprimée par le poids même du caillou; notre caillou, par hypothèse, est situé à Paris; il pèse un kilogramme ; il s'ensuit qu'il est tiré de haut en bas par une force équivalant à un kilogramme ;

4° Le caillou est le résultat de la combinaison d'atomes d'oxygène avec les atomes du silicium ; chaque combinaison atomique forme une molécule. Or toute combinaison est un mouvement attractif (*affinité*) ; cette attraction se mesure par la quantité de chaleur dégagée ou absorbée ; il s'ensuit que non seulement la masse **totale** du caillou, mais encore les éléments de chacune des molécules sont sollicités par ce genre d'attraction chimique qu'on appelle affinité ;

5° En outre, les molécules s'attirent réciproquement entre elles et se font équilibre ; cette attraction physique moléculaire s'appelle cohésion ; on la mesure et on l'exprime en poids (poids d'arrachement) ;

6° Appliqué à un thermomètre, notre caillou fait descendre ou monter la colonne liquide d'un certain nombre de degrés ; en général, la température du caillou est voisine de celle de l'air ambiant ; notre caillou possède donc une certaine chaleur. Or qu'est-ce que la chaleur ? C'est un mouvement oscillatoire des molécules composantes ; les molécules du caillou éprouvent donc un mouvement d'oscillation ;

7° Enfin, le caillou subit le choc des ondulations aériennes et des ondulations éthérées. Si faibles que l'imagination puisse se représenter ces dernières, elles existent cependant ; comme le dit M. Faye, n'y eût-il que les ondulations éthérées, cela empêcherait à jamais que tout mouvement s'éteignît.

Par cet exemple du caillou, lequel apparaissait

comme le type même du repos absolu, on voit à combien de mouvements divers sont en proie tous les corps sans exception, soit dans les masses totales, soit dans leurs molécules composantes. Il est donc démontré expérimentalement que dans l'univers le **mouvement est partout**, et le **repos absolu nulle part**.

II. LE MOUVEMENT NE PEUT ÊTRE ANÉANTI NI CRÉÉ ; IL NE SUBIT QUE DES TRANSFORMATIONS. — Dans tous les phénomènes physiques qui se passent sous nos yeux, les mouvements semblent s'annihiler, mais ce n'est qu'en apparence; en réalité, ils ne sont que transformés. La démonstration de ce fait capital est l'objet de la physique de l'énergie connue sous le nom de thermodynamique. On peut résumer brièvement les faits acquis, de la manière suivante :

1° Le mouvement visible des masses totales (changement de position dans l'espace) peut se transformer en un mouvement invisible des molécules; cette transformation est décelée et mesurée par la **chaleur qui se dégage**;

2° A son tour, la chaleur, manifestation du mouvement invisible des molécules, peut se transformer en une quantité équivalente du mouvement visible des masses; on a mesuré cette transformation ; la mesure déterminée est connue sous le nom d'**équivalent mécanique de la chaleur** ;

3° A travers ces transformations équivalentes, la quantité totale de l'énergie reste constante, ainsi que le démontrent tous les faits de la mécanique et toutes les réactions de la chimie.

4º Le mouvement visible et le mouvement invisible peuvent se transformer en électricité, en magnétisme, en lumière, et réciproquement. Il est même certain que toutes ces formes de l'énergie sont inséparables ; l'une ne peut apparaître sans que les autres n'apparaissent également, à un degré aussi faible qu'on voudra, mais elles apparaissent. Si nous ne les voyons pas toutes, si l'une d'elles seulement frappe nos regards à cause de son intensité majeure, c'est à la faiblesse de la vue humaine et des sens humains qu'il faut nous en prendre, et non à l'absence des phénomènes.

Il est donc prouvé expérimentalement que le mouvement ne peut être anéanti ; il ne fait que se transformer.

5º « Le mouvement ne naît de rien, dit le Père Secchi, il résulte toujours d'un autre mouvement. Il est absurde d'admettre que le mouvement dans la nature brute puisse avoir d'autre origine que le mouvement lui-même. » Si, en effet, le mouvement, manifestation de l'énergie, pouvait être créé, la quantité de l'énergie totale ne serait pas constante : elle pourrait subir un accroissement ; or il est démontré expérimentalement que la quantité de l'énergie est constante.

Enfin, en vertu du célèbre théorème mécanique du système fermé, il est impossible que la quantité de l'énergie totale puisse varier en plus ou en moins. Or l'univers considéré dans son tout est un système nécessairement fermé ; il ne peut rien recevoir du dehors puisqu'en dehors de lui il n'y a rien ; il s'ensuit que l'énergie totale de l'univers est une quantité constante. Toutes les variations partielles qui se font dans son sein se compensent mutuellement ; la quantité totale de l'énergie ne peut subir ni gain ni perte ; elle a été toujours la même, elle est et sera toujours la même : l'univers est un système fermé.

L'énergie est une quantité constante, elle n'a pu être créée, elle ne peut être anéantie ; elle passe seulement par des transformations. A ce fait on a donné le nom assez impropre, mais consacré par l'usage, de *Loi de la conservation de l'énergie*.

Cette loi capitale est due, pour la conception, à Jules Robert Mayer, médecin d'Heilbronn (Wurtemberg), et, pour la démonstration expérimentale, au physicien anglais Joule.

L'instrument de mesure de l'énergie est le calorimètre.

Comme en métaphysique on appelle éternel ce qui ne peut être ni créé ni anéanti, l'expression exacte est *Loi de l'éternité de l'énergie*.

III. — La matière et l'énergie dans les espaces célestes.

L'histoire de l'astronomie physique peut se diviser en trois époques caractérisées par les instruments ou les procédés d'observation qui ont amené de grandes découvertes ; ces époques sont : L'époque des lunettes (lunettes proprement dites et télescopes), celle de l'analyse spectrale, celle de la photographie. Cette dernière est à son aurore ; elle promet une moisson de faits aussi riche et aussi brillante que celle des deux époques précédentes. Voici le résumé des conquêtes dues à l'astronomie physique :

1º L'espace céleste est peuplé de systèmes solaires analogues à notre système. Conséquence : *Unité de l'organisation des masses totales dans l'univers.*

(Démonstration due à la lunette et au télescope.)

2º Tous les systèmes solaires ou stellaires sont soumis à la loi de l'attraction newtonienne. Conséquence : *Unité de l'énergie mécanique des masses totales dans l'univers.*

(Démonstration due à la lunette et au télescope.)

3º Tous les corps célestes sont constitués de matériaux communs, en nombre plus ou moins grand. Conséquence : *Unité de la matière moléculaire dans l'univers.*

(Démonstration due à l'analyse spectrale.)

4º Tous les corps célestes ont leurs molécules soumises aux mêmes lois de la mécanique chimique. Conséquence : *Unité de l'énergie mécanique moléculaire dans l'univers.*

(Démonstration due au télescope et à l'analyse spectrale.)

Conclusion générale. — Dans les espaces célestes comme sur la terre, la matière et l'énergie sont inséparables l'une de l'autre ; l'existence de l'une implique l'existence de l'autre ; il y a donc *Identité substantielle de la matière et de l'énergie.*

CHAPITRE III

LA VIE

I. — Le Conflit vital.

1. La vie est un conflit entre le monde extérieur et la constitution préétablie de l'organisme. — Tout organisme vivant est en relation étroite et harmonique avec le monde extérieur. Le monde extérieur détermine dans l'organisme les phénomènes physico-chimiques ; les conditions particulières de l'organisme règlent la succession, le concert et l'harmonie de ces phénomènes. Les conditions organiques dérivent, par descendance, d'êtres antérieurs : elles sont donc *préétablies*. Cette relation entre les conditions physico-chimiques du monde extérieur d'une part, et la constitution préétablie d'un organisme d'une autre part, cette collaboration entre ces deux ordres d'éléments est appelée par Claude Bernard le « conflit vital ».

Le conflit vital n'est point une lutte entre l'organisme et le monde extérieur. « Ce n'est point par une lutte contre les conditions cosmiques que l'organisme se développe et se maintient ; c'est tout au contraire par une *adaptation,* un accord avec celles-ci. L'être vivant ne constitue pas une exception à la grande harmonie naturelle qui fait que les choses s'adaptent les unes aux autres, il ne rompt aucun accord ; il n'est ni en contradiction ni en lutte avec les forces cosmiques générales ; bien loin de là, il fait partie du concert universel des choses ; la vie de l'animal, par exemple, n'est qu'un fragment de la vie totale de l'univers. » (Claude Bernard.)

II. Le conflit vital détermine dans l'être vivant deux ordres de phénomènes, a savoir : les phénomènes de destruction organique ou de désassimilation et les phénomènes de création organique ou d'assimilation. — A. *Phénomènes de destruction organique.* — Les phénomènes de destruction organique correspondent aux phénomènes fonctionnels de l'être vivant. Lorsqu'une partie fonctionne, muscles, glandes, nerfs, cerveau, etc., la substance de ces organes se consume, l'organe se détruit. Quand chez l'homme et chez l'animal un mouvement survient, une partie de la substance active du muscle se détruit et se brûle ; quand la sensibilité et la volonté se manifestent, les nerfs n'usent ; quand la pensée s'exerce, le cerveau se consume. On peut dire ainsi que *jamais la même matière ne sert deux fois à la vie.* Lorsqu'un acte est accompli, la parcelle de la matière vivante qui a servi à le produire n'est plus. Si le phénomène reparaît, c'est une matière nouvelle qui lui a prêté son concours.

B. *Phénomènes de création organique.* — Les phénomènes de création organique sont les actes plastiques qui s'accomplissent dans les organes au repos et les régénèrent. La synthèse assimilatrice rassemble les matériaux et les réserves que le fonctionnement doit dépenser. C'est un travail intérieur, silencieux, caché, n'ayant rien qui le manifeste au dehors.

L'éclat avec lequel se manifestent à l'extérieur les phénomènes de destruction organique nous rend victimes d'une illusion; nous les appelons les phénomènes de vie ; en réalité, ils sont les phénomènes de la mort.

III. Les deux ordres de phénomènes de destruction organique et de création organique sont connexes et inséparables. — Les deux opérations de destruction et de rénovation, inverses l'une de l'autre, sont absolument connexes et inséparables, en ce sens que la destruction est la condition nécessaire de la rénovation ; les actes de destruction sont les précurseurs et les instigateurs de ceux par lesquels les parties se rétablissent et renaissent, c'est-à-dire de ceux de la **rénovation organique**.

II. — Conditions générales de la vie.

1. Caractères généraux des êtres vivants. — Les caractères généraux des êtres vivants se ramènent à quatre, à savoir : l'organisation, la génération, la nutrition et l'évolution. Par évolution il faut entendre l'accroissement, la caducité, la maladie, la mort.

II. Conditions générales de la vie. — Les conditions extrinsèques nécessaires aux manifestations de la vie sont au nombre de quatre, à savoir : l'humidité, l'air, la chaleur et une certaine composition chimique du milieu.

III. — L'Être vivant.

I. La vie est indépendante des organes et de la structure ; elle réside dans une substance amorphe, le protoplasma. — Dépouillée des accessoires qui la masquent dans la plupart des êtres, la vie est indépendante de toute structure, de toute forme spécifique. Elle réside dans une substance qui a une composition physico-chimique définie, mais qui n'a pas de figure ; cette substance est le protoplasma. Le protoplasma seul vit ou végète, travaille, fabrique des produits, se désorganise et se régénère incessamment. Il est actif en tant que substance, et non en tant que forme ou figure.

La constitution chimique du protoplasma comprend quatre éléments principaux, à savoir : le carbone, l'hydrogène, l'oxygène et l'azote.

Ses propriétés sont au nombre de quatre, savoir : la sensibilité, le mouvement, la nutrition, la reproduction. Ces quatre propriétés ne sont elles-mêmes que les manifestations ou fonctions particulières d'une propriété fondamentale, à savoir : *l'irritabilité*.

La première forme que prend le protoplasma est la cellule.

II. La forme de la vie est indépendante du protoplasma. — Le protoplasma n'est pas un être vivant; i est la matière de l'être vivant idéal; il est la vie à l'état de nudité, dans ce qu'elle a d'universel et de persistant à travers ses formes. Pour que le protaplasma devienne un être vivant, il lui faut la *forme*.

Le nombre des formes et des changements de forme dans la série des êtres vivants est indéfini ; or le protoplasma persiste toujours semblable à lui-même. Il s'ensuit que la forme n'est pas une conséquence de la nature de la matière vivante. Ce n'est donc point par une propriété du protoplasma qu'on peut expliquer la morphologie des animaux ou des plantes.

La forme de la vie est donc indépendante de l'agent essentiel de la vie, c'est-à-dire du protoplasma.

III. Propriétés et fonctions ; la propriété appartient a la cellule ; la fonction a un organe ou a un appareil. — La propriété est le nom d'un fait simple, actuellement irréductible. Par exemple, sous le nom de « contractilité » nous apercevons ce fait que la matière protoplasmique modifie sa figure et sa forme sous l'influence d'un excitant extérieur. Comme le fait n'est pas, dans l'état actuel de la science, réductible à un autre plus simple; comme il n'est pas explicable par aucun autre, nous le disons propre, spécial ou particulier, et nous l'appelons *propriété*. La propriété appartient à la cellule, au protoplasma.

La fonction est une série d'actes ou de phénomènes groupés, harmonisés en vue d'un résultat déterminé. En tant que réalité objective, il n'y a dans l'organisme qu'une multitude d'actes, de phénomènes matériels, simultanés ou successifs, éparpillés dans tous les éléments. C'est l'intelligence qui saisit ou établit leur lien et leurs rapports, c'est-à-dire la fonction. La fonction est donc quelque chose d'abstrait et d'intellectuel qui n'est matériellement représenté dans aucune des propriétés élémentaires. Il y a une fonction respiratoire, une fonction circulatoire, mais il n'y a pas dans les éléments contractiles qui y concourent une propriété circulatoire, respiratoire, etc.

IV. LES ORGANES SONT AUTONOMES, MAIS SOLIDAIRES AVEC L'ENSEMBLE. — Chaque organe a sa vie propre, son autonomie ; il peut se développer et se reproduire indépendamment des tissus voisins. Il est autonome en ce qu'il n'emprunte ni des tissus voisins ni de l'ensemble les conditions essentielles de sa vie ; il les possède en lui-même et par suite de sa nature protoplasmique. D'autre part, il est lié à l'ensemble par sa fonction ou le produit de sa fonction. Une comparaison fera mieux comprendre ce double caractère des organes.

Représentons-nous l'être vivant complexe, l'animal ou la plante, comme une cité ayant son cachet spécial qui la distingue de toute autre, de même que la morphologie d'un animal distingue celui-ci de tout autre. Les habitants de cette cité y représentent les éléments anatomiques dans l'organisme : tous ces habitants vivent de même, se nourrissent, respirent de la même façon et possèdent les mêmes facultés générales, celles de l'homme. C'est *l'autonomie des organes quant aux conditions essentielles de la vie.*

Mais chaque habitant a son métier, ou son industrie, ou ses aptitudes, ou ses talents, par lesquels il participe à la vie sociale et par lesquels il en dépend. Le maçon, le boulanger, le boucher, l'industriel, le manufacturier, fournissent des produits différents et d'autant plus variés, plus nombreux et plus nuancés que la société dont il s'agit est arrivée à un plus haut degré de développement. C'est la *subordination de chaque organe à l'ensemble par son fonctionnement.*

Tel est l'animal complexe. L'organisme, comme la société, est construit de telle façon que les conditions de la vie élémentaire ou individuelle y sont respectées, car ces conditions sont les mêmes pour tous; mais en même temps chaque membre dépend, dans une certaine mesure, par sa fonction et pour sa fonction, de la place qu'il occupe dans l'organisme, dans le groupe social. La vie est donc commune à tous les membres; la fonction seule est distincte.

V. Les organismes élémentaires sont subordonnés a la place naturelle qu'ils occupent. — La cellule a son autonomie qui fait qu'elle vit toujours de la même façon en tous les lieux où se trouvent rassemblées les conditions convenables; mais ces conditions convenables ne sont complètement réalisées que dans des lieux spéciaux; la cellule fonctionne différemment, travaille différemment et subit une évolution différente suivant sa place dans l'organisme.

Conclusion : L'organisme est fait pour la cellule. Tout est fait par la cellule et pour la cellule. L'appareil respiratoire apporte l'oxygène; l'appareil digestif introduit les aliments nécessaires à chaque cellule; l'appareil circulatoire, les appareils sécrétoires assurent le renouvellement du milieu et la continuité des échanges nutritifs. Dans cette vie des cellules associées qui constituent les ensembles morphologiques ou êtres vivants, il y a à la fois autonomie et subordination des éléments anatomiques. L'autonomie des éléments et leur différenciation nous expliquent la variété des manifestations vitales. Leur subordination et leur solidarité nous en font comprendre le concert et l'harmonie.

V. Phénomènes généraux communs aux animaux et aux végétaux. — 1° *Le protoplasma*. Le protoplasma est la base physique de la vie, dans le règne végétal et dans le règne animal. Ses propriétés sont l'irritabilité, la motilité, la nutrition, la reproduction ;

2° *La cellule*. La cellule est la première forme que prend le protoplasma ; c'est de l'agrégation des cellules que se forment tous les tissus ;

3° *La destruction organique et la création organique*. Dans les deux règnes, la vie est un conflit harmonique entre la destruction organique et la synthèse organique ;

4° *La digestion*. La digestion, dans son essence, est la même chez les animaux et chez les végétaux ; elle consiste dans la propriété qu'a l'être vivant de s'assimiler les matériaux propres à la nutrition ;

5° *La respiration*. La respiration, dans son essence,

est la même dans les deux règnes ; elle consiste dans l'absorption de l'oxygène et une exhalation d'acide carbonique.

La fonction chlorophyllienne a été longtemps prise à tort pour une respiration, c'est-à-dire pour une fonction de destruction organique ; c'est, au contraire, une fonction de création organique ;

6° *Le sommeil.* Chez les animaux, ce qui dort, c'est la motilité, l'exercice des sens et de la direction de l'intelligence, et par conséquent les organes qui accomplissent ces fonctions.

Chez les plantes, ce qui dort, ce sont les organes mobiles, les feuilles et les fleurs ; après le mouvement et l'activité de la vie diurne, sous l'action de la lumière solaire, les plantes ont besoin de dormir.

Pendant le sommeil, chez l'animal, la respiration, la circulation, l'assimilation continuent.

Pendant le sommeil, chez la plante, la respiration, la circulation, l'assimilation, l'ovulation s'accomplissent sans interruption.

Dans le phénomène du sommeil chez les animaux et chez les plantes, il y a unité de plan, mais les mécanismes en sont variés et différents ;

7° *Le sexe et le mariage.* Comme les animaux, les plantes ont les deux sexes, masculin et féminin. Les étamines sont les organes masculins, le pistil est l'organe féminin, l'ovaire est l'organe où se forment les graines.

Comme les animaux, les plantes se **marient** ; pour

la production d'un nouvel être, il faut également la coopération des deux sexes [1].

Conclusion : De l'ensemble de ces faits, lesquels embrassent toutes les grandes et essentielles manifestations de la vie, il résulte qu'il n'y a pas deux plans de vie, l'un qui serait propre aux animaux, l'autre différent et opposé qui serait propre aux végétaux ; il n'y a qu'un plan pour les uns et pour les autres. La conclusion, expression exacte et rigoureuse des faits, est la suivante : *Unité de la vie chez les animaux et chez les végétaux.*

[1]. Il s'agit ici du phénomène général ; on trouvera, livre III et livre IV, les différents cas où cette coopération n'est pas nécessaire (fissiparité, sporulation spontanée, bulbilles, parthénogénèse).

CHAPITRE IV

L'AME.

I. — Les conditions vitales de l'organe cerveau et de sa fonction sont les mêmes que les conditions vitales des autres organes corporels et de leurs fonctions.

I. LE SANG OXYGÉNÉ ET L'ACTIVITÉ VITALE. — A. L'expérience démontre que, chez tous les animaux, les centres nerveux et les muscles perdent toute excitabilité au moment où ils cessent de recevoir le sang oxygéné (sang artériel). Inversement, lorsque l'afflux du sang artériel recommence, les centres nerveux et les muscles reprennent toutes leurs propriétés.

B. Il en est de même de l'organe cerveau ; quand l'anémie (insuffisance ou cessation d'afflux sanguin oxygéné) est totale, la perte des fonctions cérébrales est instantanée. Dès que le sang ne circule plus dans le cerveau, la conscience, la sensibilité, la motilité disparaissent aussitôt. Inversement, lorsque le sang oxygéné circule de nouveau, les fonctions cérébrales reparaissent. (Expériences de Brown-Sequard, de Vulpian, etc.)

II. Lorsqu'un organe travaille, il y a production de chaleur. — A. Tous les organes, muscles, nerfs, glandes, etc., quels que soient les tissus qui les constituent, dégagent du calorique au moment où ils travaillent, c'est-à-dire au moment où leurs fonctions s'accomplissent. Il y a oxydation des tissus ; le travail musculaire est en rapport avec cette oxydation.

B. A la suite du travail intellectuel, le cerveau dégage du calorique ; l'oxydation du tissu cérébral est en rapport avec le travail intellectuel. (Expériences de Schiff, de Byasson, etc.)

III. Influence de la fonction sur l'état de l'organe. — A. L'exercice bien réglé de la fonction, non seulement maintient la santé de l'organe, mais encore accroît l'organe et le fortifie. C'est un fait d'expérience universelle.

B. Il en est de même du cerveau ; le cerveau s'accroît à la suite de l'exercice de la fonction ; la perte d'une fonction dépendante du cerveau amène l'atrophie de la région cérébrale d'où dépend la fonction. (Observations de Rouget, de Hardy, etc. ; autopsies dans les hôpitaux.)

II. — Les faits pathologiques prouvent que l'unité de l'âme est une résultante.

I. Les altérations générales de l'organe cerveau sont constamment suivies de l'altération générale de sa fonction ame. — Le degré et le genre d'altération de la fonction âme est en corrélation étroite avec le genre et le degré de l'altération de l'organe cerveau. Ainsi le prouvent jusqu'à l'évidence les faits divers et variés de l'aliénation mentale, à savoir, hallucination, manie, lypémanie, démence; les faits de l'alcoolisme, de l'idiotie, du crétinisme.

II. LES ALTÉRATIONS PARTICULIÈRES ET LIMITÉES DE CERTAINES RÉGIONS DE L'ORGANE CERVEAU ENTRAINENT UNE ALTÉRATION SPÉCIALE ET LIMITÉE DE LA FONCTION AME. — Les observations pathologiques, confirmées par les autopsies et les expériences, ont démontré d'abord qu'il y a des centres perceptifs généraux; puis, que ces centres perceptifs généraux se subdivisent en centres perceptifs partiels.

1° *Centres perceptifs généraux.* A. L'altération de la *première circonvolution temporale* de l'hémisphère gauche entraîne la *surdité verbale*, c'est-à-dire l'altération de la mémoire auditive des mots parlés.

B. L'altération de la *seconde circonvolution pariétale* de l'hémisphère gauche entraîne la *cécité verbale*, c'est-à-dire la perte de la mémoire visuelle des mots écrits.

C. L'altération de la *troisième circonvolution frontale* de l'hémisphère gauche, à l'endroit appelé le *pli sourcilier*, entraîne l'*aphémie*, c'est-à-dire la perte de la mémoire motrice des mots parlés.

D. L'altération de la *seconde circonvolution frontale* de l'hémisphère gauche entraîne l'*agraphie*, c'est-à-dire la perte de la mémoire motrice des mots écrits.

Ces quatre altérations sont connues en pathologie sous le nom général d'*aphasie:*

2° *Centres perceptifs partiels*. Les centres perceptifs généraux se subdivisent eux-mêmes en centres perceptifs partiels ainsi que le prouvent les observations suivantes : A la suite de blessures, de chutes ou même d'ingestion de médicaments, on a constaté chez plusieurs personnes la perte exclusive de la mémoire, soit des figures, soit de la musique, soit de tous les nombres, soit de deux nombres seulement, soit d'une langue étrangère, soit de tous les substantifs, soit de plusieurs lettres de l'alphabet, soit d'une lettre, etc.

On donne le nom de *localisations cérébrales* à ces centres généraux ou partiels où sont localisées telle ou telle fonction psychique. La connaissance des localisations cérébrales contribue puissamment à l'art de guérir; sur elle est fondée toute une thérapeutique.

Conclusion. Des deux faits constatés et acquis à la science, à savoir :

1° Existence de centres moteurs et de centres perceptifs généraux;

2° Subdivision des centres généraux en centres partiels;

Il résulte que :

1° La fonction générale du cerveau n'a pas pour caractère essentiel l'unité simple;

2° L'unité de la fonction générale du cerveau provient de l'association, du conflit et de la combinaison d'un certain nombre de fonctions particulières, lesquelles sont les unités composantes de la fonction générale; par conséquent cette unité est une résultante. La conclusion définitive est donc la suivante :

La fonction générale du cerveau ou, en langage philosophique, l'*Ame est une résultante.*

Cette conclusion, tirée des faits pathologiques, va être déduite également des phases normales de la vie.

III.—Les faits normaux de la vie prouvent que l'unité de l'âme est une résultante.

Pendant de longs siècles, la lumière blanche a été considérée comme étant une et simple. Avec le prisme on l'a décomposée en sept couleurs ; puis, faisant passer les sept couleurs par une lentille convergente, on a recomposé la lumière blanche. Preuve et contre-épreuve, la démonstration est complète. L'unité simple de lumière était une illusion ; le *moi* lumineux est une résultante.

Pendant de longs siècles, l'eau a été considérée comme une substance une et simple. Après la découverte de l'électricité voltaïque au commencement du XIXe siècle, l'eau, placée dans un voltamètre, a été décomposée en hydrogène et en oxygène ; puis, recueillant cet hydrogène et cet oxygène dans un tube de verre épais, on a fait jaillir l'étincelle électrique, l'eau a été recomposée. Preuve et contre-épreuve, la démonstration est complète. L'unité simple de la substance eau était une illusion ; le *moi* de l'eau est une résultante.

Et ainsi d'une multitude d'autres substances.

Il en est du *moi humain* ce qu'il en est de l'eau et de la lumière; son unité simple est une illusion; le moi humain est une résultante. Ce que le prisme a fait pour la lumière, et l'électricité voltaïque pour l'eau, ce sont les maladies nerveuses et les accidents qui le font pour le moi humain. Les maladies nerveuses font l'analyse du moi, la guérison le recompose.

I. CONSTITUTION DU MOI. — Soumis à l'analyse psychologique, le moi présente trois groupes de faits :

A. Le groupe des *faits sensibles* : il comprend les sensations, les instincts, les sentiments;

B. Le groupe des *faits intellectuels* : il comprend les connaissances venant d'autrui et les connaissances acquises par soi-même;

C. Le groupe des *faits moraux* : il comprend tous les faits volontaires.

Le groupe des faits sensibles est le groupe fondamental. Il est, en effet, le produit immédiat de la structure de l'organisme. Seul élément constituant du moi lorsque l'enfant vient au jour, il est souvent le seul qui subsiste encore à l'heure de la mort, tandis que sous le coup des ans ou de la maladie, le savoir, l'intelligence et la moralité ont depuis longtemps succombé.

Les connaissances venant d'autrui forment la presque totalité du trésor intellectuel du moi. Sans le riche et précieux héritage légué par le passé, le moi, réduit aux connaissances qu'il est capable d'acquérir par lui-même, connaîtrait bien peu de chose. Quant aux connaissances acquises par soi-même, elles sont subordonnées aux aptitudes naturelles de l'organisme, à sa structure, à sa manière de sentir.

On agit selon la décision prise ; on veut selon la manière dont on a jugé les choses ; or on juge les choses selon la manière de sentir. Les actes ne sont que la traduction extérieure et tangible de la manière dont on a jugé

II. Caractère distinctif de la personnalité. — Ce qui distingue le moi d'un homme du moi d'un autre homme, ce sont les rapports définis et propres qui lient entre eux ses instincts, ses sensations, ses sentiments, ses connaissances, ses jugements et ses volitions. C'est l'association de ces rapports définis et propres, c'est leur pénétration réciproque et leur combinaison qui constituent la *personnalité*.

III. Évolution du moi durant la vie. — A. Sous l'influence de l'éducation et des passions, le moi varie, change et se transforme complètement.

B. A partir de l'enfance, le moi purement végétatif s'enrichit graduellement d'éléments nouveaux ; il devient un moi intellectuel et moral.

C. Au déclin de la vieillesse, le moi intellectuel et moral perd l'un après l'autre ses éléments composants, il redevient purement végétatif.

Conclusion. — *Corporellement*, par suite de l'évolution continue des molécules intégrantes, à partir de la naissance jusqu'à la mort, l'homme n'est jamais, à aucun moment donné, identique à lui-même.

Psychiquement, par suite de l'évolution continue des sentiments, des connaissances, des jugements et des volitions, à partir de la naissance jusqu'à la mort l'homme n'est jamais, à aucun moment donné, identique à lui-même.

La pénétration réciproque et la combinaison mutuelle des sensations, des connaissances, des jugements et des volitions font de l'unité du moi, non pas une unité collective, mais une résultante.

La résultante psychique correspond nécessairement à la résultante corporelle, c'est-à-dire aux variations et aux changements qui se font dans les appareils sensoriaux et dans les viscères, soit à la suite du cours des années.

Il s'ensuit qu'un même individu peut avoir conscience de son identité personnelle, à savoir qu'il conserve le même type corporel ou figuré, et à la fois avoir conscience de l'alternance en lui de deux résultantes psychiques, c'est-à-dire de deux *moi* distincts, lesquels correspondent à l'alternance de deux dispositions fonctionnelles dans les appareils sensoriaux et dans les viscères. Cette déduction est confirmée d'une manière saisissante par plusieurs cas que les médecins ont constatés, entre autres, par le cas de Felida (Dr Azam) et par celui de Mlle Rosalie Laborderie (Dr Dufay).

IV. — Le progrès du cerveau dans toute la série animale est suivi du progrès de l'âme.

La vie réside essentiellement dans l'irritabilité et la motilité; le **système nerveux** n'est qu'un appareil de perfectionnement.

I. Le ganglion cérébral. — A. Quand apparaît le ganglion cérébral, alors apparaît manifestement l'*instinct*.

B. Quand s'accroît et se développe le ganglion cérébral, alors se développent les instincts et apparaît l'*intelligence*.

II. Le cerveau animal. — Le cerveau est un progrès sur le ganglion cérébral ; il fonctionne d'autant mieux que le sang qui le vivifie est chaud et oxygéné.

A. Où le cerveau est peu développé et le sang froid, là l'intelligence est *rudimentaire ;* c'est l'instinct qui domine.

B. Où le cerveau est développé et le sang chaud, là l'intelligence s'accroît et les *sentiments passionnels* apparaissent.

III. Le cerveau humain. — De l'ampoule creuse, origine embryonnaire du cerveau, au cerveau de l'homme adulte, le progrès de l'organe est suivi du progrès de la fonction psychique.

La fonction psychique n'a sa plénitude qu'entre deux limites de poids cérébral, une limite minimum et une limite maximum.

A. Quoiqu'il soit impossible de mesurer la quantité d'intelligence, soit d'après le poids du cerveau, soit d'après le nombre des circonvolutions, cependant le poids du cerveau et les circonvolutions sont en relation générale avec le degré de la fonction psychique ; c'est ce que prouvent :

Au sein d'une même race, la comparaison entre les

cerveaux de la classe instruite et les cerveaux de la classe illettrée ;

Entre deux races différentes, la comparaison entre les cerveaux de la race blanche et ceux de la race noire.

B. La quantité d'intelligence dépend de deux facteurs principaux, à savoir, la quantité de substance grise et la culture intellectuelle.

CONCLUSION. Dans la série animale, du zoophyte à l'homme, le progrès du cerveau est suivi du progrès de l'âme.

V. — **L'âme de l'homme est de la même nature que l'âme des animaux; elle n'en diffère que par le degré.**

En comparant l'âme humaine avec l'âme des animaux au point de vue de l'instinct, de l'intelligence et du sentiment, les nombreux faits observés et constatés aboutissent à cette conclusion : L'âme humaine est de la même nature que l'âme des animaux; elle n'en diffère que par le degré.

VI. — **Le problème de la date précise à laquelle se manifeste l'âme et le problème de l'hérédité ne sont résolubles que si l'âme est la fonction du cerveau.**

Deux grands problèmes se rattachent à l'embryogénie :

1º A quelle époque l'âme se manifeste-t-elle dans le corps?

2º Comment expliquer l'hérédité individuelle et l'hérédité de la race?

L'hypothèse spiritualiste, qui fait de l'âme une substance simple, distincte du corps, mais logée dans le corps, est non seulement impuissante à résoudre ces deux problèmes, mais encore est en contradiction absolue avec les faits embryogéniques.

L'hypothèse physiologique, qui fait de l'âme la fonction du cerveau, résout les deux problèmes avec une netteté et une précision parfaites[1].

VII. — Conclusion générale.

A. L'hypothèse spiritualiste n'explique pas un seul fait existant, soit à l'état sain, soit à l'état morbide; elle est même en contradiction complète avec eux; elle ne permet en rien de prévoir les faits à venir.

B. L'hypothèse physiologique, au contraire, explique tous les faits existants et permet de prévoir les faits à venir; elle est, en outre, en concordance avec le système organique de l'homme et rend compte

---

[1]. Pour tout ce qui concerne l'âme, voir mes ouvrages l'Âme est la fonction du cerveau, la Vie et l'âme, où sont amplement données toutes les preuves expérimentales. Ici je ne fais que donner l'énumération des résultats acquis.

également des faits psychiques dans toute la série des animaux.

La conclusion qui s'impose est donc celle-ci : l'Ame est la fonction du cerveau.

CHAPITRE V

LA VIE ET L'AME DANS LEURS RAPPORTS AVEC LA MATIÈRE ET L'ÉNERGIE

I. — **Rapports généraux du règne inorganique et du règne organique avec la matière et l'énergie.**

On peut résumer de la manière suivante les rapports généraux de la nature entière, inorganique et organique, avec la matière et l'énergie.

I. Matière. — La matière a deux modes généraux, à savoir, le mode inorganique et le mode organique.

A. Le *mode général inorganique* comprend tous les minéraux, solides, liquides, gazeux.

B. Le *mode général organique* comprend tous les individus, soit végétaux, soit animaux.

II. Énergie — L'énergie a deux modes généraux, à savoir : l'énergie inorganique ou physico-chimique et l'énergie organique ou vitalo-physico-chimique.

A. Le *mode général inorganique* comprend toutes les réactions et toutes les propriétés des corps minéraux, simples ou composés.

B. Le *mode général organique* comprend tous les

phénomènes qui caractérisent les êtres vivants, en un seul mot, la vie. Il se subdivise en deux séries de modes :

1º Modes vitaux des *appareils organiques* : fonctions des muscles, des nerfs, des glandes, etc. ;

2º Modes vitaux de la *reproduction* et de l'*évolution* : prolification, croissance et décroissance, etc.

Parmi les modes vitaux des appareils organiques se range celui de l'appareil cérébral ; ce mode s'appelle l'*âme*.

II. — Rapports généraux de l'organisme vivant, pris dans son tout, avec la matière et l'énergie.

On peut résumer ainsi les rapports généraux de l'organisme vivant, pris dans son tout, avec la matière et l'énergie :

1º La condition fondamentale de la vie, considérée dans ses rapports avec la matière et l'énergie, est la transformation continue de l'énergie potentielle des tissus vivants en énergie actuelle, spécialement dans le mode calorifique ;

2º Cette nécessité de transformation continue de l'énergie des tissus vivants en mode calorifique exige un équilibre instable dans les tissus créés par la fonction assimilatrice ;

3º La transformation d'un des modes quelconques de l'énergie actuelle en mouvement purement mécanique n'a lieu que dans le cas où, soit le corps entier, soit un appareil organique, accomplit un travail extérieur ;

4° De la naissance à la mort, les **manifestations continues de l'énergie dépensée sont la traduction variée, mais rigoureusement exacte, de l'énergie potentielle emmagasinée dans les tissus vivants.**

Conclusion. — Tout individu vivant, dans son tout, est donc, en tant que mode matériel, **un mode particulier de la *matière vivante*;** en tant qu'activité continue, un mode particulier de *l'énergie vitale*.

III. — Rapports particuliers de chaque classe d'organes avec la matière et l'énergie.

Dans les organes de toute classe, l'énergie potentielle se convertit en chaleur et en électricité en vertu de deux causes, l'une chimique, l'autre physique.

A. *Cause chimique*. — Par le fait même qu'un nerf, qu'un muscle, bref qu'un tissu est vivant, ce tissu est le siège de phénomènes inséparables et continus d'assimilation et de désassimilation; or ces phénomènes chimiques dégagent en même temps que de la chaleur une certaine quantité d'électricité, laquelle se manifeste sous la forme de courants.

B. *Cause physique*. — Dans les corps vivants, partout où il y a deux liquides différents **séparés par une membrane cellulaire**, il se forme **des courants** que Becquerel a appelés courants électro-**capillaires**.

Voici maintenant le résultat des observations et des

expériences faites par les savants sur les diverses classes d'organes du corps humain.

I. Les muscles. — Comme tout organe vivant, les muscles ont, à l'état de repos, une température propre, celle qui provient des réactions vitales. Leur fonction est d'accomplir un travail *extérieur* (soulever un poids, etc.). Ils se contractent; en se contractant, leur température s'abaisse parce qu'une portion de la chaleur existante se convertit en travail mécanique ; mais ils récupèrent une nouvelle portion de chaleur en déterminant, par leur contraction même, dans l'intimité des tissus, une traînée de réactions chimiques qui toutes dégagent de la chaleur.

A l'état de repos, les muscles possèdent une électricité dérivant des actions chimiques qui se passent dans l'intimité des tissus. Lorsque les muscles se contractent, l'électricité préexistante se convertit tout entière en mouvement mécanique. A son tour, le mouvement mécanique détermine dans l'intimité des tissus une traînée d'actions chimiques qui régénèrent l'électricité transformée et rendent ainsi le muscle apte à de nouvelles contractions.

II. Les glandes. — Les glandes sont des organes dont la fonction est de fabriquer, aux dépens des matériaux que leur apporte le sang, certains produits spéciaux dont la destination est d'une merveilleuse variété. Comment se fabriquent ces produits spéciaux ? On l'ignore absolument. On a vérifié seulement ceci : toute glande qui travaille s'échauffe; la chaleur qui se dégage provient de la fonction chimique des tissus;

elle est proportionnelle à l'activité même du tissu, c'est-à-dire à l'intensité des réactions chimiques qui ont lieu dans le tissu glandulaire. Comme les glandes n'ont pas de travail extérieur à exécuter, il ne peut y avoir abaissement momentané de température.

III. Les nerfs. — Tous les nerfs en activité dégagent à la fois chaleur et électricité; l'intensité de la chaleur dégagée est en rapport avec l'intensité de l'excitation produite et aussi avec l'excitabilité propre du nerf en expérience. Les nerfs les plus excitables sont les nerfs moteurs; puis viennent les nerfs sensitifs, et en dernier lieu les filets du grand sympathique.

L'électricité dans les nerfs se manifeste sous deux formes distinctes, d'après les expériences de Dubois-Reymond. Outre le courant normal que Dubois-Reymond appelle force électromotrice, il y a un autre courant qu'il appelle Force électrotonique. Le premier est permanent, le second est transitoire; il dure autant que dure la cause qui l'a fait naître, par exemple, une contraction musculaire.

Les tendons, les artères, les veines, les os, aussi bien que les nerfs et les muscles, donnent des courants électriques dans le même sens et avec les mêmes propriétés. Ces faits démontrent que les courants ne proviennent nullement d'une organisation électrique spéciale des muscles et des nerfs.

Conclusion. — La conversion de l'énergie potentielle en chaleur et en électricité concomitante est la même dans tous les tissus vivants.

IV. — **Rapports particuliers du cerveau avec la matière et l'énergie.**

Rappelons d'abord ce que sont les perceptions conscientes et les perceptions inconscientes, et quelles sont les conditions de leur production.

I. Pour qu'une activité nerveuse puisse être perçue par l'âme, c'est-à-dire arriver a l'état de conscience, il faut qu'elle réalise deux conditions, a savoir : l'intensité et la durée. — A. *Intensité.* Une activité nerveuse trop faible échappe à notre conscience; nous ne percevons pas les sons trop faibles, les saveurs faibles, etc. Par exemple, au-dessous de 60 vibrations sonores par seconde, c'est le silence pour l'oreille; au-dessous de 500 trillions d'ondulations éthérées par seconde, c'est l'obscurité pour l'œil. Pour qu'une sensation soit perçue, il faut donc un certain degré d'intensité, qui du reste varie de personne à personne.

B. *Durée.* Le minimum de durée des activités nerveuses qui est nécessaire pour que les sensations soient perçues par l'âme et arrivent ainsi à l'état de conscience a été déterminé par les travaux des physiciens contemporains. Voici les chiffres approximatifs qu'ils ont trouvés : Pour le son, un dixième et demi de seconde; pour le tact, deux dixièmes de seconde; pour la lumière, deux dixièmes de seconde. Toute action nerveuse de chacun des cinq sens qui n'a pas le minimum de durée n'éveille pas la conscience.

En résumé, les actions nerveuses qui n'atteignent pas le minimum d'intensité et le minimum de durée ne sont pas perçues par l'âme ; elles forment le domaine de l'inconscient.

II. Lorsqu'une action nerveuse n'atteint pas le minimum d'intensité et le minimum de durée nécessaires pour qu'il y ait conscience, cette action nerveuse n'en existe pas moins ; la modification imprimée aux centres nerveux est acquise. — Si le minimum d'intensité et de durée n'est pas atteint, il n'y a pas conscience, mais la modification survenue est acquise. La phase psychique ou consciente ne vient pas à l'existence, mais la phase physiologique, qui est fondamentale, subsiste. Il n'est donc pas étonnant si plus tard on retrouve parfois les résultats de ce travail cérébral non parvenu primordialement à la conscience : c'est qu'en effet, le travail cérébral s'accomplit, quoique rien ne l'ait constaté.

III. Mise en activité du cerveau sous l'influence de la circulation générale. — Le cerveau est irrigué par le plus riche système de circulation sanguine. L'afflux continuel de sang chaud oxygéné détermine à lui seul une suite continue de réactions chimiques, d'où résultent à la fois un dégagement de chaleur et d'électricité et une manifestation psychique ; celle-ci reste à l'état inconscient lorsqu'elle ne remplit pas les deux conditions nécessaires à la pensée consciente d'elle-même, à savoir, durée et intensité. Quoique inconsciente, cette activité cérébrale n'en existe pas moins ; elle se fait jour à la longue dans certaines con-

4.

ditions. Cette activité cérébrale est connue en physiologie sous le nom de cérébration inconsciente.

IV. Mise en activité du cerveau sous l'influence du système nerveux. — Par cela que l'homme est vivant et que son système nerveux le met continûment en relation avec le monde extérieur, il s'ensuit que chaque mouvement du monde extérieur communique quelque mouvement aux nerfs sensitifs; ceux-ci transmettent ce mouvement au cerveau, lequel vibre à son tour et renvoie le mouvement aux nerfs moteurs. Selon les conditions de durée ou d'intensité, la vibration venue de l'extérieur se convertit dans le cerveau, soit en perceptions conscientes, soit en perceptions inconscientes. Mais pour les unes comme pour les autres, le mécanisme physique et chimique est le même. Toute impression transmise au cerveau détermine une réaction physique et chimique, c'est-à-dire qu'une fraction de la substance cérébrale se convertit en énergie actuelle. Or, dans toute transformation en énergie actuelle, on trouve concomitantes, en quantité plus ou moins inégale, la chaleur et l'électricité. Il s'ensuit que tout acte psychique doit être accompagné de chaleur et d'électricité. Le dégagement de chaleur que donne toute impression cérébrale a été mis hors de doute par les expériences de Broca, de Lombard et surtout de Schiff.

V. Le cerveau n'a pas de travail extérieur à accomplir. — Nous savons que les muscles sont appelés à effectuer un travail extérieur; par conséquent une fraction de la chaleur produite par la réaction chimique se transforme en mouvement purement mécanique ; il en est de même de l'électricité.

Nous savons que les glandes n'ont pas de travail extérieur à effectuer ; la chaleur et l'électricité produites par les réactions chimiques restent intactes. Il s'ensuit que la substance de chaque glande se transforme en trois produits, dont deux sont communs à toutes les glandes tandis que le troisième est la sécrétion particulière, originale de chacune. Par exemple :

1º Dans la glande hépatique, on a : chaleur, électricité, glycose ;

2º Dans la glande pancréatique, on a : chaleur, électricité, pancréatine ;

3º Dans la glande mammaire, on a : chaleur, électricité, lait.

Et ainsi pour toutes les glandes.

Le cerveau, pas plus que les glandes, n'a de travail extérieur à effectuer ; sa fonction est tout intrinsèque. Au fond, le cerveau est une véritable glande, très complexe, il est vrai, mais en ayant tous les caractères ; en l'appelant « la glande cérébrale », on ne ferait que se conformer à la vérité physiologique. Il suit de là que les formes de l'énergie actuelle en lesquelles se métamorphose l'énergie potentielle de la substance cérébrale apparaissent intactes, telles que les a engendrées la réaction physico-chimique. Ces formes sont concomitantes, et non successives, et encore moins dérivées l'une de la transformation de l'autre. La conclusion de tous ces faits se formule ainsi : « Dans le cerveau ou glande cérébrale, l'énergie potentielle de la substance cérébrale se transforme simultanément en chaleur, en électricité, en pensée. » Par pensée, il faut entendre tous les actes psychiques.

Quelle peut être la nature de la pensée? Lorsqu'on passe en revue les formes multiples et variées que prend l'électricité, entre autres, la forme propre aux muscles qu'on appelle l'électrotonus; d'autre part, quand on considère quelles analogies remarquables la pensée offre avec le magnétisme, il est plausible d'admettre **provisoirement** l'essence électrique de la pensée.

V. — Resumé et conclusion.

I. LE CERVEAU. — A. Dans ses *rapports généraux* avec la matière vivante, le cerveau est soumis aux conditions qui sont communes à tous les organes corporels, à savoir : circulation du sang oxygéné, certaine élévation de température, etc.

B. Dans ses *rapports particuliers* avec la matière vivante, le cerveau doit son caractère propre, son originalité, d'abord à la place topographique qu'il occupe dans le plan corporel (il en est de même pour chaque organe corporel), puis à certaines conditions physiques et chimiques, telles que les cellules grises et les graisses phosphorées.

II. L'AME. — A. Dans ses *rapports généraux* avec l'énergie vitale, l'âme ou fonction du cerveau est soumise aux conditions communes à toutes les fonctions organiques ; ses produits, à savoir, les faits psychiques, n'apparaissent qu'à la suite de réactions physico-chimiques. Ces réactions attestent que c'est bien l'énergie potentielle du tissu cérébral qui se convertit en chaleur, en électricité, c'est-à-dire dans les formes de l'énergie actuelle ; or il en est ainsi pour toutes les fonctions organiques.

B. Dans ses *rapports particuliers* avec l'énergie vitale, l'âme ou fonction du cerveau doit son caractère propre, son originalité, à la nature de ses produits psychiques, de même que la fonction de chaque glande doit son originalité à la nature du produit spécial que fabrique la glande.

La nature de la pensée semble être une forme particulière de l'électricité nerveuse.

CHAPITRE V

LE DOMAINE DE LA MÉTAPHYSIQUE

1. — La Forme.

1. LA FORME N'EST PAS EXPLICABLE PAR LES LOIS PHYSIQUES. — Il est chez les êtres quelque chose qui, non seulement n'est pas expliqué, mais n'est même pas explicable par les lois physiques, chimiques et mécaniques; ce quelque chose, c'est la *forme* qu'affecte chacun des êtres. En effet :

1º Les lois naturelles expliquent très bien *comment* le chlorure de sodium, par exemple, cristallise en cubes, c'est-à-dire quelles sont les conditions de cette cristallisation : mais elles sont impuissantes à expliquer *pourquoi* le chlorure de sodium revêt la forme cubique plutôt que toute autre.

Ce que nous venons de dire du chlorure de sodium s'applique à tous les minéraux;

2º Les lois naturelles expliquent très bien *comment* le gland, en évoluant en chêne, se nourrit, s'accroît et vieillit ; mais elles sont impuissantes à expliquer *pourquoi* le gland évolue sous la forme que nous appelons chêne.

Et ainsi de tous les végétaux ;

3º Les lois naturelles expliquent très bien *comment* un animal se nourrit, grandit et vieillit ; mais elles sont impuissantes à expliquer *pourquoi* un ovule fécondé revêt telle forme ou telle autre.

Non seulement les lois naturelles n'expliquent pas les formes des individus, mais rien dans l'essence des individus n'implique virtuellement l'idée de forme ; l'idée de forme est absolument en dehors du concept des lois naturelles ; elle est au-dessus de ce concept. Les lois naturelles acceptent la forme comme un fait irréductible ; elles partent de la forme pour étudier et expliquer tout le reste. Il y a donc dans la nature quelque chose qui n'est pas du domaine des lois physiques ; ce quelque chose, c'est la *forme;* c'est à la forme que commence le domaine de la métaphysique.

II. La forme vivante comprend deux choses, le plan structural et le type fonctionnel. — La forme chez les êtres vivants comprend deux choses : le plan structural et le type fonctionnel.

A. *Plan structural.* — On sait quelle est la variété des plans structuraux chez les végétaux et les animaux.

B. *Type fonctionnel.* — Ce sont les fonctions envisagées abstraitement, en dehors de toute structure particulière d'appareil; telle est, par exemple, dans le règne organique entier, la respiration chez les végétaux et chez les animaux ; puis, dans le règne animal seul, la respiration chez les insectes, chez les poissons, chez les mammifères, etc. On sait que chez les insectes elle se fait par des trachées ; par des branchies chez les poissons ; par des poumons chez les mammifères, etc. La fonction est la même, mais les appareils et le mécanisme sont différents.

En comparant les végétaux et les animaux au point de vue des fonctions, on reconnaît les deux points suivants :

1º Les végétaux et les animaux *vivent ;* de là vient qu'on trouve chez les uns et les autres la communauté d'appareils d'évolution, de nutrition, de reproduction ;

2º Seuls les animaux *sentent* et *pensent* ; de là vient qu'on trouve chez eux seuls un système propre d'appareils qui permettent à l'animal de sentir et de penser : c'est le système nerveux.

II. — La Vie.

I. LA VIE NE SE CRÉE PAS, ELLE CONTINUE. — Par cela qu'un individu vit, ses appareils fonctionnent ; c'est en effet le fonctionnement des appareils organiques qui est la condition même du maintien de la vie ; lorsque les appareils cessent de fonctionner, la vie s'arrête ; l'individu est mort. Alors les matériaux dont les appareils sont composés cessent d'être une matière vivante ; ils redeviennent matière minérale. Pour qu'ils redeviennent matière vivante, il faut qu'ils passent de nouveau par le creuset d'un organisme vivant.

Prenons l'homme, par exemple. Chaque homme vivant actuel est le développement d'une cellule vivante détachée du sein maternel, développement qui se fait conformément au type structural et fonctionnel, à savoir, celui de l'homme, et conformément aux lois qui régissent le fonctionnement du système humain.

Chaque homme vivant *continue* donc la vie des parents.

Le père et la mère, de leur côté, sont chacun une cellule vivante détachée du sein maternel ; et ainsi de suite en remontant dans la nuit des temps.

De chaque homme actuel à l'homme originel, souche de toute la descendance des individus humains, il n'y a pas eu la plus petite interruption ; car si dans la ligne des ancêtres d'un homme vivant actuel il y avait eu la moindre solution de continuité, cet homme n'aurait pu apparaître ; la matière minérale qui compose ses éléments n'eût jamais pu d'elle-même se convertir en matière vivante. Concluons donc : *La vie ne se crée pas ; elle continue.*

II. LA VIE EST UN PRINCIPE, QUANT A SON ORIGINE. — L'un des problèmes les plus anciens qui aient exercé la sagacité des physiologistes est celui-ci : La vie est-elle un principe, ou bien est-elle un résultat ?

Tout d'abord, définissons bien les termes. Que

faut-il entendre par ces propositions : La vie est un principe; la vie est un résultat ?

Voici un certain nombre de kilogrammes de matière terreuse, comprenant des carbonates de chaux et de magnésie, des sulfates et des silicates de potasse, des phosphates de chaux et d'ammoniaque, des fluorures et des chlorures de calcium, des oxydes de fer, bref les quatorze ou quinze corps premiers qui entrent dans la composition des êtres vivants, soit végétaux, soit animaux. Supposons que ce monceau de matière terreuse soit soumis à l'action de la chaleur et de la lumière solaires, de l'oxygène et de l'humidité atmosphériques ainsi que de l'électricité, pendant un temps aussi long qu'on voudra et avec le degré d'intensité qu'on jugera convenable. Si ce monceau de matière terreuse se métamorphosait graduellement en un chêne et en un homme, nous dirions : La formation du chêne et celle de l'homme *résultent* de l'action combinée de la chaleur et de la lumière solaires, de l'humidité, de l'oxygène et de l'électricité atmosphériques, sur la matière terreuse. La formation de l'individu qu'on appelle chêne et de l'autre individu vivant qu'on appelle homme est donc *un résultat.* Comme ce qui est vrai de la formation d'un chêne et d'un homme le serait également de celle de tous les êtres vivants, soit végétaux, soit animaux, on serait en droit de résumer la formation de tous les êtres vivants en la formule abrégée suivante : La vie est un résultat. Ainsi, pour les physiologistes qui admettent exclusivement que la vie est un résultat, cette formule signifie qu'il suffit de la matière terreuse, telle que nous la connaissons, pour que, sous l'action de la chaleur et de la lumière solaires, de l'air humide et de l'électricité, la matière terreuse s'organise d'elle-même en muscles, en nerfs, en os, en appareils circulatoire, digestif, glandulaire, bref en une forme spécifique, soit animale, soit végétale.

Reprenons notre monceau de matière terreuse, et supposons qu'après l'avoir soumis à l'action du soleil, de l'air humide et de l'électricité, pendant tout le temps qu'on voudra et avec l'intensité qu'on jugera le plus efficace, on ne retrouve que la même matière terreuse, combinée en cristaux conformément aux lois chimiques et cristallographiques, mais n'ayant pas évolué en la plus petite parcelle de matière vivante, soit végétale, soit animale, et encore moins en un type d'arbre ou d'animal qui se nourrit et se reproduit. Nous dirons alors : Aussi énergiquement soumise que la matière terreuse peut l'être à l'action des agents chaleur, lumière, oxygène, eau et électricité, cette matière terreuse est incapable, à elle seule, d'évoluer en matière vivante, et à plus forte raison en un type végétal ou animal. Pour qu'elle évoluât en matière vivante d'abord, puis en individus végétaux ou animaux, il a donc fallu que *quelque chose* lui fût ajouté. Ce quelque chose n'existait pas auparavant dans la matière terreuse ; il n'a donc pas d'antécédent ; il est donc *un commencement* ; et comme tout commencement qui a des conséquences s'appelle un *principe*, on a formulé ainsi l'origine des individus vivants, soit végétaux, soit animaux : La vie est un principe.

Tel est le sens qu'il convient de donner à ces deux propositions : la vie est un principe ; la vie est un résultat.

Voyons maintenant quelle déduction jaillit de l'exposé et de l'examen critique des faits scientifiques modernes.

D'après la cosmogonie universellement adoptée, la terre a été primitivement un fragment de nébuleuse qui s'est contracté en soleil ; puis, ce soleil, à la suite de contractions continues, est passé de l'état gazeux à l'état de liquidité ignée ; enfin, à la suite du rayonnement de la chaleur dans l'espace, la surface du globe s'est encroûtée. L'oxygène et l'hydrogène, jusque-là dissociés, se sont combinés pour former la vapeur d'eau. Lorsque l'écorce terrestre fut suffisamment refroidie, la vapeur aqueuse se condensa en pluie et couvrit la surface de la terre d'une immense nappe d'eau. Avec le temps, les continents émergèrent ; la nappe d'eau reflua dans les vallées et donna ainsi naissance aux mers. Quand se furent succédé toutes ces phases d'évolution, lesquelles embrassent des millions d'années ; quand les conditions du milieu terrestre et aérien furent, sauf le degré d'intensité, les mêmes qu'elles sont aujourd'hui, alors apparut la première plante, puis le premier animal. C'est à ce moment que se pose le problème : La vie, à l'origine, fut-elle un principe, ou fut-elle un résultat ?

L'antiquité qui, en l'absence de toute connaissance

scientifique, essayait de deviner ce qu'elle ne pouvait expérimentalement résoudre, inclina à croire que même les hommes étaient nés spontanément de la terre; c'est du moins ce que certains mythes semblent donner à entendre [1]. Ce qui est sûr, c'est qu'elle crut absolument que les insectes naissaient, soit de la terre brute, soit de la matière qui naguère vivante tombait en putréfaction. L'antiquité, en cela, jugeait d'après ce qu'avec les simples yeux humains elle croyait voir et constater. Pour elle donc, la vie végétale et la vie animale, au moins pour les types inférieurs, étaient un résultat.

La croyance à la génération spontanée des insectes dura jusqu'au XVIIe siècle [2], époque où un naturaliste italien, Redi, constata que les insectes ne naissaient pas de la matière en pourriture, mais d'œufs déposés par les insectes vivants dans cette matière putréfiée. De ce fait Redi donna la preuve et la contre-épreuve.

Enfin, les perfectionnements apportés au microscope, en permettant à l'œil humain de discerner les germes qui jusqu'alors étaient restés imperceptibles, restreignirent le domaine qu'on attribuait à la génération spontanée. Lorsque dans la seconde moitié du XIXe siècle, la théorie de la génération spontanée réapparut et qu'une nouvelle discussion sur ce point

---

1. Mythes de Prométhée, de Deucalion et Pyrrha, de Cadmus, de Jason, etc.
2. Même au XVIe siècle, on croyait que les souris étaient engendrées par pourriture et de l'humeur de la terre. Voir *Revue scientifique*, 7 avril 1888, page 430.

s'éleva entre les savants, il ne s'agissait plus que de l'origine des infiniment petits du règne végétal et du règne animal, à savoir, des moisissures et des infusoires. C'est alors que dans le but de combattre cette hypothèse renaissante, Pasteur commença ces travaux qui devaient inaugurer pour la médecine une révolution telle qu'on n'en a point vu d'aussi grande depuis trois mille ans. Pasteur démontra avec toute la rigueur de la méthode expérimentale, preuves, contre-épreuves et vérifications les plus variées, que tout individu végétal, chêne ou moisissure, naît d'une graine ; que tout individu animal, homme ou infusoire, naît d'un ovule, ou, en une formule unique, que *tout individu vivant naît d'un germe;* que là où il n'y a pas de germe, il est impossible que là naisse, soit une moisissure, soit un infusoire.

Puisque la matière terreuse, lorsqu'elle n'est pas dépositaire d'un germe, est incapable de donner naissance directement et immédiatement à un être vivant, soit végétal, soit animal, il s'ensuit que la vie ne peut pas résulter directement ni immédiatement de la matière terreuse ; la vie a donc été, à l'origine, *un principe.*

On a fait à cette conclusion deux objections : l'une tirée des conditions où le globe terrestre a pu se trouver dans l'âge primordial ; l'autre, des admirables synthèses opérées par les chimistes dans la moitié du xixe siècle.

Première objection, tirée des conditions particulières du milieu terrestre dans l'âge primordial de la planète.

— « Durant l'âge primordial de la terre, les conditions du milieu terrestre étaient différentes de celles d'aujourd'hui ; il est donc plausible d'admettre que la terre a pu donner d'elle-même, sans germes, naissance à des êtres vivants, soit végétaux, soit animaux. Si aujourd'hui cette génération spontanée ne se fait plus, c'est que les conditions du milieu terrestre ne sont plus les mêmes. »

Telle est l'objection. Elle repose sur une hypothèse absolument gratuite, à savoir, que les lois naturelles durant l'âge enfantin de la terre ont pu être différentes de celles qui régissent le monde contemporain. Or toute la science humaine est fondée sur la constance et l'invariabilité des lois naturelles. C'est guidés par la foi en cette constance et en cette invariabilité que les savants se livrent à leurs recherches. On peut dire que chaque découverte est due à cette foi et qu'en même temps elle la confirme. On peut supposer que, vu les conditions du milieu atmosphérique et terrestre à l'âge primordial, les effets des lois naturelles se soient produits avec une intensité dix ou vingt fois supérieure à celle dont nous sommes témoins aujourd'hui ; cela est possible et même probable, mais cela n'a rien ajouté à la vertu des lois naturelles. De ce que les effets des lois qui régissent la végétation sont mille fois plus intenses à l'équateur qu'aux régions polaires, ira-t-on conclure que les lois végétales sont autres aux pôles qu'à l'équateur ? Les lois naturelles sont restées les mêmes ; elles n'ont pas aujourd'hui la vertu de fabriquer directement avec un fragment de matière terreuse, *en l'absence de tout germe,* soit une moisissure, soit un infusoire; elle n'ont jamais eu cette vertu, elles ne l'auront jamais; car elles sont constantes et invariables. Concluons donc que l'objection, non seulement ne s'appuie sur aucun fait, mais encore est en opposition avec le fondement même de la science, à savoir, la constance et l'invariabilité des lois naturelles: elle est une pure fantaisie.

Ce qui dans la bouche des savants de cette école rend l'objection d'autant plus étrange, c'est qu'ils s'appuient précisément et avec raison sur la constance et l'invariabilité des lois naturelles pour combattre victorieusement les doctrines des religions révélées ou les hypothèses des métaphysiques *a priori*. Prenons un exemple : — Dieu a créé de rien la matière, disent certains théologiens; il la détruira quand il voudra.
— Rien ne se perd, rien ne se crée, répondent les savants ; Lavoisier, à la fin du XVIIIe siècle, l'a expérimentalement démontré; la matière n'a pu être créée, elle ne sera jamais détruite ; elle est donc éternelle.
— Admettons, répliquent les théologiens, que dans les conditions particulières où était le XVIIIe siècle, où est le XIXe, où seront probablement un certain nombre de siècles futurs, admettons que rien de la matière ne puisse se perdre ni être créé ; mais dans les siècles primordiaux, les conditions physiques ont pu être toutes différentes, la matière alors a pu être créée ; dans les siècles futurs, les conditions pourront redevenir identiques à celles du commencement des choses, alors les Lavoisiers de l'avenir constateront

avec la balance que quelque chose de la matière peut être anéanti ou créé. — Cela est impossible, répondent les savants; les lois qui régissent la matière au XVIIIe et au XIXe siècles sont les mêmes qui la régissaient au commencement des choses; elles la régiront à jamais sans interruption ni affaiblissement, car elles sont constantes et invariables. La doctrine de la création est donc pour jamais démontrée fausse; la matière est éternelle. »

Par cet exemple, on voit qu'en arguant des conditions particulières du milieu terrestre à l'âge primordial dans le but d'introduire la doctrine de la génération spontanée, les savants de cette école abandonnent le terrain solide, fondamental, de la science, à savoir, la constance et l'invariabilité des lois naturelles; ils se plongent dans les hypothèses gratuites, soit des religions révélées, soit des **métaphysiques *a priori***. Renégats de la méthode **expérimentale**, ils cessent d'être des savants; ils ne **sont plus que des** romanciers fantaisistes.

Seconde objection, tirée des synthèses opérées par la chimie moderne. — La chimie a opéré la synthèse de certaines catégories de la matière **vivante**; elle a l'espoir légitime d'opérer la synthèse des autres catégories; elle a donc le droit de conclure que la matière vivante dérive directement de la matière minérale; telle est la seconde objection.

Les synthèses artificielles opérées par les chimistes contemporains sont dignes d'admiration; les conséquences philosophiques en sont très importantes;

mais elles laissent intact le fait capital de la vie principe, quant à l'origine. C'est ce que l'examen critique des synthèses accomplies mettra hors de doute.

Nous avons vu [1] que les principes immédiats qui composent la matière vivante animale (pour se borner à celle-ci) se divisent en deux classes, à savoir, les principes volatils et les principes fixes.

La chimie a opéré la synthèse des principes volatils en vertu de lois générales et de méthodes régulières.

Dans les principes fixes, la synthèse des corps gras a été opérée par Berthelot, mais celle des principes hydrocarbonés et celle des albuminoïdes sont à peine ébauchées. Admettons que cette synthèse soit également accomplie, bref que le chimiste ait créé artificiellement un morceau de viande comme il a su fabriquer une portion de graisse. Résultat assurément merveilleux ! mais le chimiste aura-t-il réellement créé *un individu vivant?* Non. En effet :

1° Un individu vivant n'est pas un simple assemblage de principes immédiats : il est un système étroitement coordonné, où les organes sont, comme l'a dit Claude Bernard, à la fois autonomes et solidaires. Par cela qu'un individu vivant a *une forme*, cela seul suffit pour rendre à jamais inaccessible à l'art du chimiste la création d'un individu vivant.

2° L'individu est soumis à la loi de croissance, de période d'état et de décroissance ; chez lui la nutrition

---

1. Voir page 21.

et la dénutrition agissent simultanément et sans interruption.

Si le chimiste parvenait à fabriquer artificiellement un kilogramme de chair, ce morceau de chair, en supposant qu'il fût soustrait à l'action des ferments aériens, conserverait éternellement le même poids; il ne posséderait aucun des caractères distinctifs de la matière vivante, à savoir : l'évolution et la nutrition.

Sous l'action de l'électricité, un muscle artificiel pourrait se contracter, subir dans l'intimité de ses tissus une combustion chimique et donner de la chaleur, ainsi que le fait le muscle naturel sous l'action du système nerveux; mais au bout d'un certain nombre de contractions, les réserves oxydables du muscle artificiel seraient épuisées; le muscle deviendrait incapable de répondre aux excitations électriques. Au contraire, le muscle naturel de l'individu vivant répare l'usure de la matière au fur et à mesure que cette usure se produit ; il conserve sa propriété contractile tant que la vie n'a pas abandonné le système de l'individu vivant. Ce contraste met en lumière l'abîme qui séparerait le muscle artificiel d'avec le muscle vivant, en supposant que la chimie parvînt à fabriquer un muscle.

3° L'individu vivant se reproduit; on sait quelles sont les conditions et le mécanisme de l'embryogénie. Tant que le chimiste n'aura pas réussi à fabriquer ce que fabriquent les glandes génératrices, à savoir, un ovule et un filament, pour ne parler que du règne animal; puis, tant que ce filament et cet ovule, en supposant que le chimiste soit parvenu à les créer artificiellement, ne seront pas capables de se féconder mutuellement et de donner naissance à un individu vivant; tant que le chimiste n'aura pas accompli cette série de miracles, il ne pourra pas dire qu'il a tiré directement de la matière terreuse la vie, par conséquent il ne pourra pas affirmer que la vie est un résultat.

Si les synthèses accomplies par la chimie moderne n'ont pas résolu le problème de la vie conformément aux vues des physiologistes pour qui la vie n'est pas un principe, il n'en est pas moins vrai que ces synthèses ont rendu un immense service à la philosophie. Elles ont élagué certaines substances métaphysiques, à savoir, les forces vitales de chaque individu végétal ou animal, pures chimères, qui compliquaient le problème et le rendaient insoluble.

En résumé, trois faits capitaux s'opposent invinciblement à ce que la formation des individus vivants puisse provenir directement de la matière minérale, quelles que soient les actions chimiques que le milieu ait pu jadis exercer; ces trois faits sont les suivants :

1° *Les formes* qu'affectent les individus vivants, soit dans leur tout, soit dans chacun de leurs organes;

2° *Les lois d'évolution, de nutrition et de reproduction* qui caractérisent tous les êtres vivants;

3° *La nécessité d'un germe* pour qu'un individu vivant apparaisse.

III. LA VIE EST UN RÉSULTAT, QUANT AUX CONDITIONS DE SON FONCTIONNEMENT. — A l'instant même où le premier individu vivant du règne végétal et le premier individu vivant du règne animal sont apparus, leur organisme est entré en conflit avec les conditions du milieu extérieur. Le conflit vital a déterminé dans l'organisme de chacun des individus vivants deux ordres de phénomènes, à savoir, les phénomènes de destruction organique et les phénomènes de création ; ces deux ordres de phénomènes ont été et sont connexes et inséparables. Pour que la vie, principe à l'origine, ait pu se maintenir et poursuivre son évolution, il a fallu qu'elle trouvât dans le milieu extérieur l'humidité, l'air, la chaleur et une certaine composition minérale chimique ; ces quatre conditions sont, en effet, nécessaires à son fonctionnement. Tout individu vivant qui ne trouve point dans le milieu extérieur les conditions nécessaires à son fonctionnement est voué à la mort. Il s'ensuit que le maintien de la vie et l'évolution vitale *résultent* du conflit de l'individu vivant avec un milieu qui remplit les quatre conditions générales dont nous venons de parler. La vie est donc un résultat, quant aux conditions de son fonctionnement.

III. — **La nécessité d'une cause première.**

Les lacunes et les conquêtes de la **science contemporaine** démontrent la nécessité d'**une Cause première**. En effet :

1° La science moderne, non seulement **est incapable** d'expliquer les formes, mais encore d'**émettre** sur ce point l'ombre même d'une hypothèse ; il s'ensuit que l'existence des formes implique l'existence d'une Cause première.

La théorie de l'évolution pour le règne organique réussit bien à expliquer par la descendance, par l'hérédité et par la divergence des caractères, nombre de formes dérivées ; mais son efficacité se réduit à rattacher ces formes dérivées à des types antérieurs qu'elle accepte comme point de départ. Or c'est précisément sur ces types que la science est réduite au mutisme absolu ;

2º La science moderne a démontré qu'à l'origine la matière terreuse est restée en fusion ignée, à une température de 4000 degrés au moins, pendant des millions d'années, et que par conséquent, lorsque la croûte terrestre se fut refroidie, rien autre chose ne pouvait subsister que la matière minérale.

D'autre part, la science moderne a démontré que la terre est impuissante à donner spontanément naissance à la moindre moisissure ni au plus humble infusoire ; par les travaux de Pasteur, il est, en effet, acquis que le point de départ de tout être vivant est un germe.

Il s'ensuit que l'origine de la vie sur le globe terrestre implique l'existence d'une Cause première.

IV. — Le problème métaphysique.

I. Résultat de la découverte des microbes et de leur rôle : suppression de la génération spontanée. —

Jusqu'à la seconde moitié du xixe siècle, maints savants ont cru ou ont pu croire que l'origine de la vie était explicable par la seule action des agents physiques sur la matière terreuse. L'erreur dans laquelle ils étaient se comprend aisément; dans l'antiquité, en l'absence de microscopes, les philosophes n'avaient que leurs yeux pour observer, alors que les germes infiniment petits exigent, pour être vus, des grossissements de mille à deux mille diamètres. Si au xixe siècle, l'origine terrestre de la vie a pu de nouveau être soutenue, c'est qu'à la puissance des microscopes il fallait adjoindre les précautions de la méthode la plus rigoureuse, les procédés les plus délicats de culture microbienne, les vérifications les plus diverses avec preuves et contre-épreuves, en un mot, toutes les ressources du génie expérimental. Un homme s'est rencontré qui réunissait en lui ces admirables conditions : l'origine terrestre de la vie a été définitivement écartée.

II. Résultat des synthèses de la chimie : suppression des forces vitales, en tant que substances métaphysiques. — En fabriquant artificiellement avec les corps minéraux les principes immédiats volatils et l'un des trois principes fixes, à savoir, le principe gras, la chimie contemporaine a déblayé largement le champ métaphysique ; elle a supprimé, en effet, une multitude de substances métaphysiques subalternes, à savoir, les forces vitales de chaque végétal et de chaque animal. Or la coexistence de ces substances subalternes avec la Substance suprême soulevait des problèmes secondaires tels qu'ils rendaient insoluble le problème de la Cause première.

III. Résultat des travaux de la physiologie cérébrale : suppression des ames individuelles, en tant que substances métaphysiques. — En démontrant expérimentalement que l'âme est la fonction du cerveau, la physiologie contemporaine a débarrassé le terrain d'une autre série de substances métaphysiques, à savoir, les âmes individuelles, dont la coexistence avec la Substance suprême rendait également insoluble le problème de la Cause première.

IV. Les deux termes du problème métaphysique. — Les termes du problème métaphysique se trouvent réduits aux deux suivants :

1° *Une cause première*, terme que posent nécessairement à la fois l'existence inexplicable des formes et l'origine inexplicable de la vie ;

2° La *matière-énergie* et ses deux modes généraux d'évolution, à savoir :

A. Le mode inorganique, qui comprend tous les modes individuels appelés **corps minéraux** ;

B. Le mode organique, qui comprend tous les modes individuels appelés **végétaux et animaux**.

L'ensemble des modes individuels, minéraux, végétaux et animaux, ainsi que leurs évolutions, est connu en philosophie sous le nom consacré de Monde.

V. Comment se pose le problème métaphysique. — Tels sont les deux termes ; voici maintenant comment se pose le problème :

1° La Cause première est-elle immanente au monde,

c'est-à-dire ne fait-elle qu'un avec lui ; en d'autres termes, la Substance est-elle unique ?

2° La Cause première est-elle **transcendante** au monde, c'est-à-dire est-elle distincte **du monde** et supérieure à lui ; en d'autres termes, **y a-t-il deux** Substances ?

Tel est le problème qu'il s'agit de résoudre, **en se** maintenant exclusivement sur le terrain **des données** expérimentales.

LIVRE DEUXIÈME

LES CAUSES FINALES

PRÉLIMINAIRES

1. Il faut distinguer la cause efficiente de la cause finale ; la cause efficiente est ce qui produit quelque chose ; la cause finale est le but poursuivi avec préordination des moyens pour atteindre le but. — Il importe de ne pas confondre la cause finale, soit avec la cause efficiente, soit avec un résultat, un développement logique ou nécessaire. Les exemples suivants mettront la chose en lumière.

1er *Exemple*. Un courant d'air chaud saturé d'humidité règne au-dessus de nos têtes. Survient un courant d'air froid également saturé d'humidité. Les deux courants se mêlent et, par leur mélange, se fondent en une couche d'air uniforme dont la température est moyenne entre ces deux températures composantes. Cette couche d'air, vu sa température, ne peut plus contenir à l'état gazeux la quantité de vapeur d'eau contenue dans les deux courants composants. L'excès de vapeur se condense alors, passe à l'état liquide et tombe : c'est la pluie. Est-ce que la pluie est le but que poursuivaient les deux courants atmosphériques en se mêlant? Non; elle est simplement le résultat nécessaire de ce mélange. La cause efficiente de la pluie est la rencontre de deux courants humides à température inégale.

2º *Exemple*. Un architecte fait extraire des carrières un grand nombre de pierres. Ces pierres sont taillées, puis placées l'une sur l'autre : voilà une maison. L'architecte est la cause efficiente de la maison; la maison est le résultat de l'extraction des pierres, de leur taille et de leur disposition symétrique. Mais elle est aussi un but. Car c'est pour la construire que l'architecte a fait extraire et sculpter les pierres; qu'il les a fait disposer dans un ordre qu'il avait médité et préétabli. La maison est la cause finale du groupement des pierres.

Ainsi, la cause finale n'est pas un simple résultat, développement logique de conditions déterminées; elle est, de plus, un but poursuivi, un résultat obtenu en vertu d'une préordination voulue.

Comme corollaire, il s'ensuit qu'un même fait pourra être, tantôt un simple résultat, tantôt une cause finale, selon les conditions dans lesquelles il sera produit.

3º *Exemple*. La cause efficiente de la fermentation du vin est un végétal, la levûre (*saccharomyces vini*), qui tire sa nourriture du sucre contenu dans le raisin ; le résultat principal de la fermentation vinique est la production de l'alcool.

Mais si je prépare une liqueur renfermant les éléments que contient le grain de raisin; et si dans cette liqueur, à la température convenable, je dépose une petite quantité de levûre, je suis certain que la levûre décomposera le sucre et que je recueillerai de l'alcool, à la fin de l'expérience. L'alcool est non seulement le résultat nécessaire de la fermentation, mais il en est encore la cause finale ; car c'est en vue d'obtenir cet alcool que j'ai préordonné les conditions de sa production.

Ces trois exemples montrent clairement ce qui distingue la cause finale, soit de la cause efficiente, soit d'un simple résultat ou d'un développement nécessaire. Ce qui caractérise la cause finale, **c'est le but poursuivi, c'est la préordination de tous les moyens propres à atteindre ce but.**

Tant qu'il s'agit d'ouvrages humains, on peut assez facilement distinguer si, dans le résultat obtenu, il y a eu but poursuivi et préordination des moyens. Il n'en est plus de même lorsqu'il s'agit des faits naturels : rien n'est plus difficile que de démêler si le fait est un simple résultat, le développement nécessaire d'un fait antérieur ou s'il est un résultat voulu avec préordination des moyens.

II. L'IDÉE DE CAUSE EFFICIENTE EST ESSENTIELLE A L'ESPRIT HUMAIN, C'EST DONC UN PRINCIPE, CELUI DE CAUSALITÉ; LA NOTION DE CAUSE FINALE S'ACQUIERT PAR INDUCTION, ELLE N'EST DONC PAS UN PRINCIPE, C'EST UNE LOI. — L'esprit humain est ainsi fait qu'il lui est impossible de ne pas assigner une cause efficiente à tout phénomène qui commence : c'est le principe de causalité.

Mais si l'esprit humain croit reconnaître que maintes choses ont été créées en vue d'un but, il est certain que pour le plus grand nombre des choses, non seulement l'esprit humain ne saisit pas le but, mais il lui est même impossible de concevoir que ces choses puissent avoir un but. Il résulte de là que l'esprit ne s'élève à la conception de la cause finale que par induction ; c'est-à-dire qu'ayant remarqué que nombre de choses ont été créées en vue d'un but, il en induit que toutes les choses ont été créées en vue d'un but. La cause finale, par cela qu'elle est une induction, est une loi et non un principe.

Ainsi, même pour quiconque admet les causes finales, celles-ci ne peuvent être un principe ; elles ne sont donc pas essentielles à l'esprit humain. Or il en est tout autrement de la cause efficiente ; elle est inséparablement liée au principe de causalité.

III. LE PROBLÈME DES CAUSES FINALES EMBRASSE TROIS POINTS : 1° LA STRUCTURE GÉNÉRALE DES ÊTRES ; 2° LE RAPPORT DES ORGANES AVEC LES FONCTIONS ; 3° LES RAPPORTS DES ÊTRES ENTRE EUX. — La distinction entre la cause efficiente et la cause finale étant bien établie, nous pouvons aborder l'étude de la Nature relativement au problème des causes finales.

Les êtres naturels peuvent être considérés à trois points de vue :

1° Au point de vue de *la structure générale des corps;*

2° Au point de vue des *rapports de chaque organe avec sa fonction;*

3° Au point de vue des *rapports que les êtres ont entre eux.*

Tels sont les trois points que comprend le problème des causes finales.

CHAPITRE PREMIER

LA STRUCTURE GÉNÉRALE

Dans les trois règnes naturels, la structure des individus atteste un plan nettement caractérisé. — Dans la structure des individus appartenant aux trois règnes, minéral, végétal et animal, on remarque un plan nettement caractérisé.

1º *Règne minéral.* Les minéraux cristallisent chacun en leur type cristallin, dont les angles sont invariablement les mêmes, et dont les axes varient pour la longueur en proportions multiples de un, un et demi, deux, deux et demi, etc.

Les molécules minérales, qui dans l'eau-mère viennent se grouper en angles toujours les mêmes et en axes d'une longueur définie, attestent indubitablement un plan préconçu, préordonné ;

2º *Règne végétal.* Les végétaux, par leurs organes de respiration, de circulation, de nutrition et de reproduction, attestent l'existence d'un plan.

3° *Règne animal*. Les animaux offrent dans leur structure une ordonnance qui frappe tous les yeux, même ceux des ignorants.

Les phénomènes vitaux qui se produisent dans ce corps savamment ordonné attestent également un dessin préétabli.

Ce plan qui apparaît dans l'animal adulte se décèle peut-être d'une manière encore plus saisissante dans les phases de formation de l'embryon.

En résumé, la structure des êtres naturels, soit dans leur état adulte, soit en leurs phases de formation embryonnaire, porte l'empreinte irrécusable d'un plan préconçu et préétabli.

CHAPITRE II

L'ORGANE ET LA FONCTION

PREMIÈRE SECTION : THÉORIE DES FINALISTES

LA FONCTION EST LA CAUSE FINALE DE L'ORGANE. — C'est sur les rapports de l'organe et de la fonction que s'est engagée la lutte sérieuse au sujet des causes finales. Il est donc prudent de ne s'avancer que pas à pas.

1er *Exemple.* Lorsqu'on examine un œil bien conformé, il est impossible que ne surgissent pas à l'esprit les deux pensées suivantes :

A. L'arrangement des parties de l'œil atteste un plan savamment préordonné.

B. L'organe œil a été fait en vue de la fonction, c'est-à-dire de la vision.

Ainsi la fonction est la fin pour laquelle a été créé l'organe.

2e *Exemple.* Lorsqu'on examine la structure du cœur et le mécanisme de ses valvules, sur-le-champ viennent à l'esprit les deux jugements suivants :

A. La structure du cœur décèle un plan savamment préordonné ;

B. La fonction du cœur est la fin pour laquelle le plan a été préordonné.

La fonction est donc la cause finale de l'organe.

Les deux propositions que nous venons de formuler au sujet de l'œil et du cœur jaillissent également de l'examen des autres organes et de leurs fonctions. Telles sont les conclusions auxquelles aboutit naturellement une première étude. Sont-elles à l'abri de toute critique? Les objections qu'on a faites se divisent en deux catégories : Les objections des anatomistes et celles des physiologistes.

DEUXIÈME SECTION : THÉORIE DES ANATOMISTES

LA FONCTION N'EST PAS LA CAUSE FINALE DE L'ORGANE ; LA FONCTION EST L'EFFET DE L'ORGANE. — Les objections des anatomistes peuvent être ainsi résumées :

1º Le même organe peut avoir des fonctions différentes ;

2º L'atrophie de l'organe peut annuler la fonction ;

3º Un organe peut être sans fonction.

De ces trois objections résultent les conclusions suivantes :

A. La fonction n'est pas la cause finale de l'organe ;

B. La fonction est l'effet de l'organe.

I. LE MÊME ORGANE PEUT AVOIR DES FONCTIONS DIFFÉ-

RENTES. — Par exemple, le membre antérieur chez les mammifères se compose de quatre tronçons, à savoir, l'épaule, le bras, l'avant-bras, un tronçon terminal.

Ce tronçon terminal est une *main* chez l'homme, une *patte* chez le chien, une *aile* chez la chauve-souris, une *rame* chez le phoque, etc., et cependant c'est toujours le même organe. Le même organe peut donc avoir plusieurs fonctions différentes; il n'a donc pas été créé en vue de la fonction.

Au contraire, c'est lui qui a été préformé; il y a un type idéal de mammifère dont toutes les parties sont liées par une étroite et invariable connexion (loi des connexions); ces parties, sans structure ni forme déterminées, se déterminent *selon le milieu extérieur* où l'animal est plongé; et leur détermination crée la fonction. Au lieu d'être la cause finale de l'organe, la fonction est, au contraire, l'effet de l'organe [1].

II. L'ATROPHIE DE L'ORGANE ANNULE LA FONCTION. — Dans certaines cavernes profondes où règne une obscurité perpétuelle, on trouve une espèce de crabe aveugle. Le pédoncule qui supporte l'œil existe, mais l'œil est absent. Selon l'ingénieuse comparaison de Darwin, le support du télescope est là; mais le télescope et ses verres sont brisés.

On trouve dans les abîmes de la mer, à une profondeur variant entre 1 et 2 kilomètres, un genre de

---

1. ET. GEOFFROY-SAINT-HILAIRE, *Philosophie zoologique*, pages 9-14.

crustacés, les Galathodes, qui sont aveugles; l'œil existe, mais il manque de pigment [1].

Ces faits prouvent que la fonction, loin d'être la cause finale de l'organe, est dans sa dépendance; elle en est l'effet.

Inexplicables dans la théorie de la cause finale, ces faits s'expliquent aisément par la théorie de l'unité de plan. Ce qui est préformé à l'origine, c'est le type idéal. De même que, pour s'adapter au milieu extérieur, l'organe se détermine à telle ou telle fonction, de même aussi le défaut d'exercice amène l'atrophie de l'organe, et l'atrophie de l'organe entraîne la perte de la fonction. Au contraire, l'exercice fréquent de l'organe produirait un accroissement dans l'organe; l'accroissement se manifesterait par une plus grande énergie de la fonction.

III. IL EXISTE DES ORGANES SANS FONCTION. — Dans tout le règne organique, les cas d'organes rudimentaires et sans fonction sont nombreux. En voici quelques exemples:

1° *Chez les mammifères*, les mâles ont les deux glandes mammaires absolument sans fonction.

Le veau, avant sa naissance, a des dents à sa mâchoire supérieure; mais ces dents ne percent jamais le gencive.

Le fœtus de la baleine a des dents; chez la baleine adulte, il n'y en a plus trace.

---

1. *Comptes rendus*, tome XCIII, pages 879, 932. Dragages sous-marins exécutés par Alphonse Milne-Edwards.

« Dans les animaux herbivores, le cheval, le bœuf, dans certains rongeurs, le gros intestin présente un vaste repli en forme de cul-de-sac appelé cœcum. Chez l'homme, ce repli n'existe pas, mais il est représenté par un petit appendice auquel sa forme et sa longueur ont fait donner le nom d'appendice vermiforme. Les aliments digérés ne peuvent pas pénétrer dans cet appendice étroit, qui est dès lors sans usage. Mais si par malheur un corps dur tel qu'un pépin de fruit ou un fragment d'os s'insinue dans cet appendice, il en résulte d'abord une inflammation, puis la perforation du canal intestinal, accidents suivis d'une mort presque certaine. Ainsi nous sommes porteurs d'un organe qui non seulement est sans utilité, mais qui peut devenir un danger sérieux[1]. »

2° *Chez les oiseaux*, l'embryon a un système dentaire complet ; l'oiseau adulte a un bec corné.

L'aptéryx, oiseau de la Nouvelle-Zélande, a une aile qui ne lui sert à rien.

3° *Chez les reptiles*, un lobe du poumon des serpents est rudimentaire.

Puisqu'il existe des organes sans fonction, c'est que l'organe n'a pas été créé pour la fonction.

D'un autre côté, ces faits trouvent leur explication dans un type idéal d'organes préétabli ; l'adaptation au milieu où vit l'animal et le manque d'exercice suivi d'atrophie expliquent naturellement les déchéances

---

1. Ch. Martins, De l'unité organique (*Revue des Deux-Mondes*, 15 juin 1861).

de certains organes. Quoique la fonction ait disparu, l'organe survit encore, soit temporairement, soit en permanence, décelant par sa présence *un plan originel*, où le système des organes est préétabli.

En résumé, les objections des anatomistes sont dirigées contre la fonction cause finale de l'organe ; mais loin de contredire le plan organique, elles l'affirment et même s'en servent pour combattre le finalisme des fonctions.

EXAMEN CRITIQUE DE LA THÉORIE DES ANATOMISTES

LES OBJECTIONS DES ANATOMISTES SONT VALABLES CONTRE TOUTE CAUSE FINALE INTERVENANT DANS LA STRUCTURE PARTICULIÈRE DE CHAQUE INDIVIDU, MAIS NON CONTRE LES CAUSES FINALES AYANT PRÉSIDÉ A LA CONCEPTION DU TYPE IDÉAL DE STRUCTURE. — Il faut avouer que l'argumentation des anatomistes est d'une très grande force, et que l'explication qu'ils donnent, soit de la pluralité des fonctions pour un même organe, soit de l'atrophie ou de l'inutilité de certains autres organes, entraîne irrésistiblement la conviction. Cependant cette argumentation semble valable plutôt contre une intervention particulière de la cause efficiente à la naissance de chaque être que contre *la pensée directrice initiale* qui a présidé au plan originel, au dessin primordial. En style théologique, on dirait : « Les anatomistes rejettent la Providence particulière, mais ils acceptent la Providence générale. Or la Providence générale est, en philosophie scientifique, l'ensemble des lois naturelles ; parmi celles-ci sont les lois biologiques, le plan organique.

Reprenons les faits objectés par les Anatomistes. On comprend très bien que le manque d'exercice et l'influence permanente d'un certain milieu aient amené chez plusieurs animaux l'altération ou l'atrophie et même la perte de l'œil : puis, que l'hérédité ait fixé cette anomalie dans un genre entier. Mais par cela même qu'on explique la perte d'un organe, on avoue que cet organe existait dans le plan primitif ; que les crabes aveugles et les Galathodes, par exemple, avaient des yeux tout aussi bien que les autres crustacés. Alors la question se pose ainsi : Est-il possible de concevoir que l'œil ait été conformé pour autre chose que pour la vision ?

L'exemple du 4ᵉ tronçon du membre antérieur n'est pas, au sujet de la pluralité des fonctions, aussi probant qu'il en a l'apparence. S'il est vrai que ce tronçon terminal sert, ici à saisir, là à marcher, ailleurs à voler ou à ramer, ces quatre fonctions sont loin d'être aussi radicalement différentes qu'on veut le dire. Au fond, saisir, marcher, voler et ramer ne sont que quatre modes particuliers d'une même fonction, le *mouvement*. De ce que l'homme, peu avancé dans la connaissance des choses naturelles, a tout d'abord attribué au 4ᵉ tronçon le mécanisme particulier de *saisir*, à l'exclusion des autres modes du mouvement, il ne s'ensuit pas que l'ignorance de l'homme doive être érigée en argument contre les finalités du plan organique primordial. Ce qui serait un argument sans réplique, ce serait de prouver qu'un organe a deux emplois tout à fait opposés[1]; de prouver, par exemple, que l'œil, non seulement voit, mais qu'il odore ou qu'il entend ; percevoir les odeurs ou les sons n'a rien de commun avec percevoir la lumière et les images. Voilà ce que les anatomistes n'ont pas démontré. Par conséquent si l'organisation de l'œil est faite exclusivement pour la vision, il n'est pas absurde d'induire que, dans le plan organique, l'intention de faire percevoir la lumière et les images à l'être vivant a dicté l'arrangement des parties oculaires et qu'ainsi à l'origine, *mais à l'origine seulement*, la fonction a été la cause finale de l'organe.

Au demeurant, les anatomistes refusent à la fonction d'être le but en vue duquel a été fait l'organe, mais ils acceptent l'unité de plan ; ils rejettent la finalité d'usage, mais ils admettent la finalité de plan. Une école physiologiste rejette les deux finalités : elle nie qu'il y ait un plan préconçu et préordonné ; tout

---

1. Il semble qu'il y ait des exemples ; en voici un : la face interne de la cavité du polype digère ; si on retourne le tube comme un doigt de gant, la face interne devient externe ; alors elle respire. Mais dans le polype, il n'y a pas division du travail physiologique ; dans ces organismes confus, c'est dans *une place* et non dans un appareil spécial qu'est localisée la fonction. Chez le polype, la fonction respiratoire est dans la place externe, et la fonction digestive dans la place interne. Notons enfin que les deux fonctions respiratoire et digestive sont des fonctions chimiques.

ce qui est actuellement, végétaux et animaux, dérive de l'évolution d'une cellule ; la cellule elle-même n'est que la première détermination physiologique d'une substance amorphe, le protoplasma.

TROISIÈME SECTION : THÉORIES DES PHYSIOLOGISTES

Préliminaires.

Les solutions que, dans la série des siècles, les physiologistes ont données du problème des causes finales sont en correspondance avec celles qu'ont données les systèmes de philosophie. Rien d'étonnant à cela ; chaque savant, en effet, apporte à interpréter les faits naturels une tendance en corrélation, soit avec son éducation première et le milieu où il vit, soit avec le nombre et la précision plus ou moins grande des faits donnés et définitivement acquis à la science. Chacune des interprétations données au Finalisme, soit par les philosophies, soit par les physiologies, a encore aujourd'hui des partisans. En faire l'exposé dans une notice très sommaire aura le double avantage de poser nettement le problème sous ses faces diverses et d'en préparer la solution.

I. A. PHILOSOPHIE SPIRITUALISTE ET RELIGIONS SPIRITUALISTES. — Toute philosophie spiritualiste et la plupart des religions admettent deux substances, l'une spirituelle et l'autre matérielle, Dieu et le Monde. En omettant la question de création qui est inutile au débat, philosophies dualistes et religions s'accordent pour proclamer deux choses :

1º Dieu gouverne le monde par les lois générales ; c'est ce qu'on appelle la Providence générale ;

2º Dieu intervient particulièrement dans les affaires du monde, soit par intermittences, soit continûment : c'est ce qu'on appelle la Providence particulière.

Par cela qu'elles voient la main de Dieu partout, les philosophies dualistes et les religions voient partout des causes finales. Expliquant tous les phénomènes par des causes finales, elles regardent comme peu utiles d'en rechercher les causes physiques.

B. PHYSIOLOGIES ANIMISTE ET VITALISTE. — L'animisme, créé par Stahl, médecin bavarois né à Anspach, a régné de 1660 à 1734.

Le vitalisme, créé plus tard par le médecin français Barthez, né à Montpellier, a régné de 1734 à 1806. Il compte encore quelques partisans.

1º L'*Animisme* regardait l'âme, *anima*, comme le principe même de la vie. La vie est pour Stahl un des modes du fonctionnement de l'âme. C'est son *acte vivifique*. L'âme immortelle, force intelligente et raisonnable, gouverne la substance corporelle, la met en mouvement et la dirige avec intelligence vers un but poursuivi. L'âme agit directement et sans intermédiaire sur les organes. Elle fait circuler le sang, battre le cœur, sécréter les glandes, contracter les muscles et s'exercer toutes les fonctions. C'est l'âme qui est l'artisan et le constructeur du corps. Si l'harmonie est troublée, si la maladie survient, c'est que l'âme n'a pas rempli ses fonctions ou n'a pu résister efficacement aux causes extérieures de destruction ;

2° *Le Vitalisme* est un dédoublement et une correction de l'animisme, dont il émane. L'école de Montpellier (BARTHEZ, BORDEU) rejette l'âme de Stahl, elle enseigne que le principe de la vie est distinct de l'âme et du corps, mais cette force vitale est, comme l'âme de Stahl, un principe recteur dont l'unité donne la raison de l'harmonie des manifestations vitales ; il agit en dehors des lois de la mécanique, de la physique, de la chimie [1].

La physiologie animiste et vitaliste admet donc l'intervention générale et l'intervention particulière incessantes d'un principe distinct et surnaturel : c'est le transport à la physiologie de la doctrine philosophique et religieuse de la Providence générale et de la Providence particulière.

II. A. PHILOSOPHIE MATÉRIALISTE. — La philosophie matérialiste, qui dans l'antiquité eut pour chefs Démocrite et Epicure, n'admet pour l'explication de l'univers que la matière et le mouvement. Leur système mécanique, tout système mécanique, par cela qu'il n'emploie que les **causes immédiates**, rejette toute intervention, soit **générale**, soit particulière, de la cause première.

Il est bon de noter que Descartes et Leibniz, s'ils séparent l'âme du corps, Dieu du monde matériel,

---

1. CLAUDE BERNARD, *Phénomènes de la vie*, tom II, p. 426-427, et *Science expérimentale*, pages 155-157.

n'en expliquent pas moins le corps et le monde par la matière et le mouvement.

B. PHYSIOLOGIE MATÉRIALISTE. — La physiologie matérialiste, dont le chef en France dans la seconde moitié du XIXe siècle a été Charles Robin, explique les corps, leurs propriétés et leurs fonctions par l'évolution, en s'appuyant sur le principe des conditions d'existence. Pour écarter définitivement toute cause surnaturelle, elle admet la génération spontanée. Il n'y a pas de plan organique et par conséquent ni but ni moyens; il n'y a qu'un enchaînement de causes et d'effets. Toute intervention générale ou particulière d'une cause efficiente supérieure au corps vivant est absolument rejetée.

III. A. PHILOSOPHIE INTERMÉDIAIRE[1]. — Entre les doctrines qui admettent la Providence générale et la Providence particulière et les doctrines qui les rejettent toutes les deux, il en est une qui prend une position intermédiaire : elle rejette la Providence particulière; elle admet la Providence générale. D'ordinaire cette doctrine appartient aux philosophes désignés sous le nom impropre de déistes, lesquels reconnaissent une Cause première distincte du monde et s'en tiennent là. Cependant elle appartient aussi à des philosophes panthéistes, tels que les stoïciens. Le père Malebranche, l'un des plus sublimes esprits du XVIIe siècle,

---

1. Je me sers du mot *intermédiaire*, faute d'un autre plus précis, pour désigner les doctrines qui, bien que divisées sur la question d'un Dieu immanent ou transcendant, s'accordent toutefois à rejeter la Providence particulière.

ainsi que l'appelle Bayle, et l'un des plus grands écrivains qu'ait eus la France, n'admet que la Providence générale ; il rejette presque avec indignation la Providence particulière, les miracles et la prière comme étant des insultes à la sagesse de l'auteur des lois stables, constantes et parfaites qui régissent la nature (Méditations 7e et 8e). Si l'on remplace l'expression mystique « providence générale » par l'expression scientifique « ensemble des lois naturelles », cette doctrine peut être acceptée par tous les philosophes, quelle que soit leur théorie sur la Cause première, immanente ou transcendante.

B. Physiologie déterministe. — La physiologie déterministe part de ce principe que dans toute science expérimentale on ne connaît pas autre chose que les conditions physico-chimiques des phénomènes ; que le rôle de la science consiste à *déterminer* ces conditions ; de là le nom de déterminisme donné à cette doctrine. « Le déterminisme fixe les conditions des phénomènes, permet d'en prévoir l'apparition et de la provoquer lorsqu'ils sont à notre portée [1]. »

Le chef de cette école, Claude Bernard, résume de la manière suivante les deux conclusions auxquelles aboutit le déterminisme physiologique :

1° Il y a des *conditions matérielles déterminées* qui règlent l'apparition des phénomènes de la vie ;

2° Il y a des *lois préétablies* qui en règlent l'ordre et la forme [2].

---

1. Cl. Bernard, *Phénomènes de la vie*, tome 1er, page 397.
2. Cl. Bernard, *Phénomènes de la vie*, tome 1er, page 62.

Il résulte de là que la physiologie déterministe rejette toute intervention particulière dans la manifestation des phénomènes ; il n'y a qu'un enchaînement de causes et d'effets.

Mais par cela que la physiologie déterministe place à l'origine certaines lois préétablies, elle admet ce qu'on appelle, en style mystique, la Providence générale.

IV. Haine des savants contre les causes finales particulières. — Rien n'égale la haine qu'ont les savants contre les causes finales particulières, c'est-à-dire contre cette doctrine qui prétend que la Cause première a façonné chaque être et chaque partie d'un être en vue d'un but; qu'elle a disposé chaque chose dans l'univers et réglé l'apparition de chaque phénomène en vue d'un but; et ce but, la doctrine cause-finalière prétend le connaître. Cette doctrine n'est pas autre chose qu'un des aspects de la doctrine de la Providence particulière. En détournant les esprits de la recherche du *comment* et en les égarant à la poursuite du *pourquoi*, la doctrine des causes finales a fait obstacle à la marche de la science pendant plus de quinze siècles. Aussi les savants regardent-ils comme un malheur que la philosophie de Socrate et de Platon ait détrôné celle de l'École mécaniste des Ioniens et d'Epicure. « Sous l'action de l'école philosophique dont nous parlons, l'esprit scientifique des Grecs commençait à sortir de son long et pénible enfantement. Héraclite, Démocrite, Anaxagore et Leucippe séparant la science naissante de la philosophie, se préoccupaient de savoir *comment* se produisent les phénomènes, et non *pourquoi* ils se produisent. Ils tendaient à substituer la poursuite des causes secondes à la vaine recherche des causes premières. C'est contre ces tendances que protestait Socrate et que Platon, son disciple, lutta avec trop de succès. La science physiologique, pas plus qu'aucune autre, n'a rien à faire avec les doctrines platoniciennes; car celles-ci ont repoussé la science. La philosophie de Platon a fait plus de tort à la science que celle d'Epicure[1]. »

I. — Physiologie matérialiste.

L'argumentation de la physiologie matérialiste se résume en les deux propositions suivantes[2] :

1º Il n'y a pas de plan primordial, par conséquent ni but ni moyens; il n'y a que des causes et des effets;

2º L'appropriation des organes aux fonctions s'explique par la différenciation des tissus vivants et par leur contiguité.

I. IL N'Y A PAS DE PLAN PRIMORDIAL : 1º PARCE QUE LE PROTOPLASMA, BASE PHYSIQUE DE LA VIE, EST AMORPHE; 2º PARCE QUE L'EMBRYON SE FORME PAR ÉPIGÉNÈSE; 3º PARCE QU'IL Y A DES MONSTRUOSITÉS. — Le germe n'est pas préformé ni emboîté dans un germe précédent, comme le croyait le XVIIIᵉ siècle.

---

1. CL. BERNARD, *Les Phénomènes de la vie*, tome II, p 105, 110.
2. Voir PAUL JANET, *Les Causes finales*, p. 156 et suivantes.

L'œuf ne renferme pas l'animal entier en puissance, laquelle passerait en acte après la fécondation, comme le soutient l'École allemande de Müller. En effet :

1° La théorie du protoplasma a démontré que la base physique de la vie est amorphe ;

2° La théorie de l'épigénèse démontre que dans l'œuf fécondé l'animal n'apparaît pas tout entier en miniature aussi petite que l'on voudra ; au contraire, les organes se forment pièce à pièce, par une addition extérieure, et naissent l'un après l'autre ; ce n'est donc pas le *tout* qui précède les parties, ce sont les parties qui précèdent le *tout*. Or dans l'hypothèse d'un plan primordial, c'est le *tout*, le système total, qui doit précéder les parties. La théorie du protoplasma et celle de l'épigénèse excluent donc toute préformation, tout emboîtement, tout plan primordial ;

3° Cette démonstration directe est confirmée indirectement par l'existence des monstruosités. En effet, il se produit souvent des monstres ; les monstres vivent. Or s'il y a un plan primordial, il faudra admettre que la Cause intelligente a médité, arrangé et réalisé le plan d'un monstre aussi bien que celui d'un être parfait : cela est contradictoire avec l'hypothèse même d'une Cause intelligente, laquelle serait à la fois *intelligente* par le plan préconçu d'un être parfait, et *stupide* par celui d'un monstre.

Conclusion. — Il n'y a donc pas de plan primordial ; il n'y a nulle trace de but préconçu ni de moyens pour atteindre ce but ; il n'y a que des conditions d'existence, des causes et des effets.

II. L'APPROPRIATION DES ORGANES AUX FONCTIONS S'EXPLIQUE PAR LA DIFFÉRENCIATION DES TISSUS VIVANTS ET PAR LEUR CONTIGUÏTÉ. — Il n'est pas besoin d'un plan primordial pour expliquer l'appropriation des organes aux fonctions ; cette appropriation s'explique naturellement par la différenciation des éléments anatomiques et par la contiguïté des tissus vivants. En effet, les éléments anatomiques se différencient l'un de l'autre et s'individualisent; leur individuation détermine la place qu'ils occuperont dans l'organisme; ainsi est expliquée la diversité des organes et la diversité des fonctions.

Quant au concert et à l'harmonie de l'ensemble des tissus de l'être vivant, ils sont expliqués par leur contiguïté. L'activité de l'un suscite l'activité du voisin, et ainsi de l'un à l'autre dans tout le système. C'est ainsi que l'activité du balancier suscite de proche en proche l'activité des rouages les plus divers du système qu'on appelle une horloge.

CONCLUSION. — La diversité des organes et des fonctions s'explique par la différenciation des tissus; le concert et l'harmonie des organes s'expliquent par la contiguïté ; il est donc inutile d'avoir recours à l'hypothèse d'un plan primordial.

EXAMEN CRITIQUE DES CONCLUSIONS DE LA PHYSIOLOGIE MATÉRIALISTE

I. L'ÉPIGÉNÈSE PROUVE LE PLAN PRIMORDIAL PARCE QUE CHAQUE PARTIE SE REND FATALEMENT A SA PLACE EN VERTU

D'UNE CONSIGNE PRÉÉTABLIE. — Pour affirmer qu'une maison est une œuvre d'art[1], il n'est pas nécessaire que la première pierre soit elle-même la maison en miniature. Il suffit que s'étant formée pierre à pierre et par additions successives, la maison présente, une fois achevée, les traces d'une pensée directrice et l'exécution d'un plan. Il en est de même de l'édifice qu'on appelle un être vivant; la formation de l'embryon par épigénèse est donc loin de renverser la doctrine du plan primordial. Tout au contraire, elle lui donne une grande force en montrant que chaque pièce, quoique formée isolément, se rend à une place marquée d'avance comme si elle obéissait à la consigne d'un invisible architecte. « Les phénomènes de l'évolution, dit Claude Bernard, s'exécutent par suite d'une cause initiale donnée; leur apparition représente une série de *consignes réglées d'avance* qui en réalité s'exécutent isolément. Si vous voyez deux organes se développer successivement ou simultanément pour concourir en apparence à un but commun, vous pouvez croire que l'influence ou la présence de l'un a commandé logiquement la formation de l'autre, ce serait une erreur : ces deux organes se sont développés *aveuglément* par suite d'une consigne qui peut nous paraître parfois complètement illogique, comme le sont d'ailleurs toutes les consignes quand on les considère dans leur application à des cas particuliers imprévus. Prenons un exemple : Si l'on observe le premier développement

---

1. PAUL JANET, *Les Causes finales*, page 181.

du poulet, on voit le cœur se former dans la cicatricule, et tout autour s'épanouir un système de vaisseaux, l'*area vasculosa*, qui se relie au système circulatoire central de l'embryon. Il paraît bien naturel que le système vasculaire périphérique se forme parce que le cœur de l'embryon le commande ; il n'en est rien. Si vous empêchez l'embryon d'apparaître, l'*area vasculosa* ne se produit pas moins, quoique sa formation soit devenue tout à fait inutile[1]. »

II. Les monstruosités, contraires a un plan particulier et individuel, ne le sont pas a un plan général et primordial ; elles s'expliquent par les réactions particulières du milieu où apparaît et se développe l'embryon. — L'objection tirée des monstruosités est valable contre une théorie qui soutiendrait l'intervention actuelle, particulière et continue de la Cause première à la naissance de chaque être (théorie de la Providence particulière) ; mais elle est sans valeur si le plan préconçu est reporté à l'origine des êtres (Providence générale ou lois naturelles). Dans ce dernier cas, chaque être est soumis d'*abord* au plan primordial, quant à son type spécifique ; *puis* aux déviations que son organisme peut subir par suite de ses rapports avec le milieu extérieur auquel le soumet son apparition dans un temps et dans un lieu déterminés. Le type *spécifique* de l'être vivant est expliqué par le plan primordial ; sa *monstruosité*, par les réactions particulières du

---

1. Cl. Bernard, *Phénomènes de la vie*, tome Ier, page 334. — Voir aussi Vulpian, *Physiologie du système nerveux*, pages 862 et 866.

milieu où est apparu l'embryon et où s'opère son développement.

III. La contiguïté des tissus suffit pour expliquer la sympathie et la communication; elle n'explique pas la correspondance et la coopération. — La contiguïté des tissus suffit pour expliquer la sympathie et la communication; elle est insuffisante pour expliquer la correspondance et la coopération. Exemple : L'union féconde de l'homme et de la femme prouve déjà un plan préconçu dans la structure de ces deux expressions du type humain. Mais voilà qu'au neuvième mois, à l'instant précis où la femme met au monde le fruit de cette union, ses seins, jusqu'alors aussi stériles que les seins rudimentaires de l'homme, sécrètent un liquide particulier, le lait; et il se trouve précisément que ce liquide, non seulement convient à la nourriture de l'enfant, mais encore qu'il est le *seul aliment* qui lui convienne. Est-ce que la contiguïté des tissus est capable de donner l'explication d'une concordance aussi merveilleuse? Entre la sécrétion nouvelle qui s'établit et l'apparition du jeune être qui ne peut vivre que grâce à cette sécrétion, il y a correspondance et coopération. La chose est tellement éclatante qu'il est impossible de la nier.

IV. La connaissance de l'embryogénie a mis hors de doute qu'il y a un dessin préétabli dans la manière dont se forment et s'arrangent harmonieusement les organes de l'être vivant. — C'est au nom des conquêtes de la physiologie moderne, que les matérialistes ont combattu la vue philosophique d'un plan primordial;

c'est au nom de ces mêmes conquêtes que Claude Bernard affirme avec énergie l'existence de ce plan : « Il y a dans le corps animé un arrangement, une sorte d'ordonnance que l'on ne saurait laisser dans l'ombre, parce qu'elle est véritablement le trait le plus saillant des êtres vivants... Les phénomènes vitaux ont bien leurs conditions physico-chimiques rigoureusement déterminées ; mais en même temps ils se subordonnent et se succèdent dans un enchaînement et suivant une loi fixée d'avance ; ils se répètent éternellement, avec ordre, régularité, constance, et s'harmonisent en vue d'un résultat qui est l'organisation et l'accroissement de l'individu, animal ou végétal. Il y a comme un dessin préétabli de chaque être et de chaque organe, en sorte que, si considéré isolément, chaque phénomène de l'économie est tributaire des forces générales de la nature, pris dans ses rapports avec les autres il révèle un lien spécial, il semble *dirigé par quelque guide invisible* dans la route qu'il suit, et amené dans la place qu'il occupe. La plus simple méditation nous fait apercevoir un caractère de premier ordre, un *quid proprium* de l'être vivant, dans cette ordonnance vitale préétablie [1]. »

II. Physiologie déterministe.

L'argumentation de la Physiologie déterministe aboutit à ces deux propositions :

1. Cl. Bernard, *Phénomènes de la vie*, tome Ier, page 50. *Science expérimentale*, page 209.

1º Il n'y a pas de cause finale actuellement agissante ; c'est-à-dire, en style théologique, il n'y a pas de Providence particulière ;

2º Il y a, à l'origine des types, un plan et une idée directrice ; c'est-à-dire, en style théologique, il y a une Providence générale.

I. Il n'y a pas de cause finale actuellement agissante. — Claude Bernard nie à chaque instant et avec une vivacité croissante toute intervention d'une cause finale qui agirait *actuellement* dans chaque être apparaissant au jour. La page suivante résume, avec preuves à l'appui, la doctrine de l'illustre physiologiste sur ce point capital : « L'ordre des causes finales se confond avec l'ordre des causes initiales ou premières. Prenons un exemple : imaginons qu'on suive le développement d'un être donné, d'un lapin. On verra successivement se constituer les différents organes. L'œil avec sa structure si particulière est organisé précisément afin de recevoir l'impression de la lumière ; et, suivant un partisan des causes finales, c'est ce but qui déterminera sa formation et qui présidera à sa constitution successive. C'est contre cet abus qu'il faut protester en physiologie. La cause finale n'intervient point comme loi de nature *actuelle* et *efficace*. Ce lapin n'arrivera peut-être pas à terme, son œil lui sera inutile ; il ne recevra jamais l'action de la lumière. Il en est de même dans le cas d'une poule sans mâle qui pond un œuf nécessairement infécond. L'organe n'est pas fait *actuellement* dans la prévision de la fonction, car la cause finale se serait singulièrement trompée. Ce serait une prévoyance bien aveugle que celle dont les calculs seraient si souvent déjoués. L'œil se fait chez le lapin parce qu'il s'est fait chez ses antécédents et que la nature répète éternellement sa consigne. Ce n'est point pour l'usage que celui-ci en tirera que la nature travaille. *Elle refait ce qu'elle a fait* : c'est là la loi. C'est donc seulement au début que l'on peut invoquer sa prévoyance; c'est à l'origine. Il faut remonter à la Cause première. La cause finale est la conséquence de la Cause première; elles se fondent l'une et l'autre dans un inaccessible lointain. La raison qui fait que la poule couve ses œufs n'est pas *actuellement* de produire le développement du jeune animal. Donnez-lui un œuf de plâtre, elle le couvera également, et elle poussera des cris si on le lui enlève. Elle couve en vertu d'une consigne que ses antécédents ont conservée, et non dans un but et pour un mobile actuels. La loi préétablie n'existe qu'à l'origine, et tout ce qui est actuel en est le déroulement [1]. »

II. Il y a, à l'origine primordiale des types, un plan et une idée directrice. — « Ce qui est essentiellement du domaine de la vie et ce qui n'appartient ni à la chimie, ni à la physique, ni à rien autre chose, c'est *l'idée directrice* de l'évolution vitale. Dans tout germe vivant, il y a une idée créatrice qui se développe et se manifeste par l'organisation [2]. »

---

1. Cl. Bernard, *Phénomènes de la vie*, tome Ier, page 336. Voir aussi pages 331-337.
2. Cl. Bernard, *Introduction à la Médecine expérimentale*, page 162.

Dans le passage suivant, Claude Bernard délimite avec plus de précision encore le rôle de la cause directrice et celui de la physico-chimie :

« Il y a dans un phénomène vital, comme dans tout autre phénomène naturel, deux ordres de causes :

1° Une Cause première *créatrice*, *législatrice* et *directrice* de la vie, et inaccessible à nos connaissances ;

2° Une cause prochaine ou exécutrice du phénomène vital, qui toujours est de nature physico-chimique et tombe dans le domaine de l'expérimentateur [1]. »

Quant au plan primordial, on peut aux citations précédentes ajouter les extraits suivants : « Quand on observe l'évolution ou la création d'un être vivant dans l'œuf, on voit clairement que son organisation est la conséquence d'une loi organique qui préexiste d'après une idée préconçue, et qui s'est transmise par tradition organique d'un être à l'autre. Nous voyons dans l'évolution apparaître une simple ébauche de l'être avant toute organisation. Les contours du corps et des organes sont d'abord simplement arrêtés, en commençant, bien entendu, par les échafaudages organiques provisoires, qui serviront d'appareils fonctionnels temporaires au fœtus. Aucun tissu n'est d'abord distinct ; toute la masse n'est constituée que par des cellules plasmatiques ou embryonnaires ; mais dans ce canevas vital, est tracé le dessin

---

1. CL. BERNARD, *Science expérimentale*, page 12.

idéal d'une organisation encore invisible pour nous, qui a assigné d'avance à chaque partie, à chaque élément, sa place, sa structure et ses propriétés. Là où doivent être des vaisseaux sanguins, des nerfs, des muscles et des os, les cellules embryonnaires se changent en globules de sang, en tissus artériels, veineux, musculaires, nerveux et osseux. L'organisation ne se réalise pas d'emblée; d'abord vague et seulement ébauchée, elle ne se perfectionne que par différenciations élémentaires, c'est-à-dire par un fini dans le détail de plus en plus achevé [1]. »

Et plus loin : « Il y a comme un dessin vital qui trace le plan de chaque être et de chaque organe en sorte que si, considéré isolément, chaque phénomène de l'organisme est tributaire des forces générales de la nature, pris dans leur succession et dans leur ensemble, ils paraissent révéler un lien spécial ; ils semblent dirigés par quelque condition invisible dans la route qu'ils suivent, dans l'ordre qui les enchaine [2]. »

EXAMEN CRITIQUE DES CONCLUSIONS DE LA PHYSIOLOGIE DÉTERMINISTE

I. TOUTE CAUSE FINALE ACTUELLEMENT AGISSANTE EST EN CONTRADICTION ABSOLUE AVEC LES FAITS EMBRYOGÉNIQUES ET AVEC LES MONSTRUOSITÉS. — Avec Claude Bernard, il est

---

[1]. CL. BERNARD, *Science expérimentale*, page 131.
[2]. CL. BERNARD, *Science expérimentale*, page 209. Voir aussi, *Phénomènes de la vie*, tome Ier, pages 233, 330, 50, 334.

impossible de ne pas rejeter toute cause finale actuellement agissante, c'est-à-dire la Providence particulière, comme étant en contradiction absolue avec les faits naturels (embryogénie et monstruosités).

II. Il y a, a l'origine primordiale des types, un plan et une idée directrice. — Avec Claude Bernard, il est impossible de ne pas admettre, à l'origine des types, un plan et une idée directrice, tout en réservant la question de savoir si cette Cause première directrice est immanente au monde ou transcendante.

Enfin, cela accepté, il restera à décider quel profit la métaphysique peut tirer de cette déduction des faits naturels rigoureusement observés.

CHAPITRE III

RAPPORTS DES GROUPES D'ÊTRES LES UNS AVEC LES AUTRES

La théorie des causes finales a été appliquée non seulement à l'individu, structure et fonctions (*finalité interne* des philosophes), mais encore aux groupes entiers dans leurs rapports les uns avec les autres. On a soutenu que les végétaux avaient été créés pour nourrir les animaux herbivores ; les herbivores, pour nourrir les carnivores ; enfin que tout dans la nature avait été fait pour l'homme ; bref, que l'homme était le centre de la création. Ces points de vue constituent ce qu'on appelle en philosophie *la finalité externe*. Les littérateurs cause-finaliers les ont développés sous le nom d'harmonies de la nature ou harmonies providentielles.

PREMIÈRE SECTION : THÉORIE DES HARMONIES ENTRE LE RÈGNE VÉGÉTAL ET LE RÈGNE ANIMAL

I. RESPIRATION. — La respiration des animaux produit de l'acide carbonique; celle des végétaux produit de l'oxygène. — 1° Les animaux, par la respiration, consomment de l'oxygène; cet oxygène dans l'organisme brûle le carbone; l'acide carbonique formé est exhalé par l'expiration. Comme l'acide carbonique est un gaz irrespirable, il s'ensuit que les animaux empoisonnent l'air ;

2° Les végétaux décomposent l'acide carbonique, fixent le carbone et mettent l'oyygène en liberté. Il s'ensuit que par cette réduction [1] les végétaux purifient l'air empoisonné par les animaux.

II. ALIMENTATION. — Le végétal fabrique les aliments; l'animal les reçoit tout formés. — 1° Le végétal seul fabrique les principes immédiats, albumine, graisse, amidon, sucre; il les fournit directement à l'animal ;

2° L'animal reçoit directement tout formés les principes immédiats; puis il les consomme ou brûle [2].

---

1. En chimie, la séparation de l'oxygène du corps avec lequel il est combiné s'appelle une *réduction*.

La combinaison de l'oxygène avec un corps s'appelle une *oxydation*, et vulgairement une *combustion*.

A réduction correspond le verbe *réduire*; à combustion, le verbe *brûler*.

2. Discussion mémorable à l'Académie des sciences de 1843-1847. Mémoire de Payen cherchant à établir que les matières

Cette opposition harmonique entre les fonctions des deux règnes a été développée par Dumas et Boussingault dans leur théorie de la circulation matérielle. D'après ces deux illustres savants, l'organisme animal est incapable de former aucun des principes qui entrent dans sa constitution. Graisse, albumine, fibrine, amidon, sucre, tout lui est fourni par le règne végétal. L'alimentation des animaux n'est que la mise en place des matériaux uniquement élaborés par les plantes. Le lait sécrété par l'herbivore, la caséine, le beurre, le sucre, doivent se retrouver, *poids pour poids*, dans les herbages dont il fait sa nourriture.

Ces idées sont rassemblées et formulées dans le tableau suivant :

Un végétal	Un animal
1º *Fabrique* les matières sucrées, grasses, albuminoïdes ;	1º *Consomme* les matières grasses, sucrées, albuminoïdes ;
2º *Réduit* l'acide carbonique avec dégagement d'oxygène ;	2º *Produit* de l'acide carbonique avec absorption d'oxygène ;
3º *Absorbe* de la chaleur ;	3º *Dégage* de la chaleur ;
4º *Est immobile.*	4º *Se meut.*

grasses, lesquelles existent en plus ou moins grande abondance dans tous les êtres vivants, se forment exclusivement dans les plantes, et qu'elles passent toutes formées dans les animaux.

Dumas a donné une formule plus absolue encore en énonçant cette règle générale : « Les animaux, quels qu'ils soient, ne font ni graisse, ni aucune matière organique alimentaire : ils empruntent tous leurs aliments, quels qu'ils soient, sucrés, amylacés, gras ou azotés, au règne végétal. »

Voir Claude Bernard, *Phénomènes de la vie*, tome II, pages 21-28.

Il résulte de la théorie dualiste que :

1º Les végétaux sont des appareils de réduction, de fabrication ou de synthèse organique ;

2º Les animaux sont des appareils de combustion, de destruction ou d'analyse organique.

Les phénomènes de destruction vitale sont donc entièrement séparés des phénomènes de création vitale. La création organique appartient aux végétaux ; la destruction organique aux animaux. Telle est la théorie du dualisme harmonique du règne végétal et du règne animal.

RÉFUTATION DU DUALISME HARMONIQUE VITAL

I. RESPIRATION. — I. LA RESPIRATION CHEZ LES ANIMAUX ET LES VÉGÉTAUX EST IDENTIQUE ; IL Y A ABSORPTION D'OXYGÈNE ET EXHALATION D'ACIDE CARBONIQUE. — Chez les animaux et chez les végétaux, la respiration n'est pas antagoniste ; elle est identique. Les végétaux respirent comme les animaux ; ils empruntent à l'air son oxygène et lui restituent de l'acide carbonique, avec production de chaleur.

II. LA FONCTION CHLOROPHYLLIENNE, PRISE A TORT POUR UNE RESPIRATION, EST UN PHÉNOMÈNE DE CRÉATION ORGANIQUE. — L'erreur, si longtemps régnante, provient de ce qu'on prenait pour une respiration la fonction des parties vertes ou fonction chlorophyllienne. Pendant le jour, sous l'action de la lumière solaire, la fonction de la chlorophylle s'exerce avec une telle intensité qu'elle masque la vraie respiration. Voilà pourquoi la respiration des végétaux a été si longtemps méconnue [1].

II. ALIMENTATION. — La nutrition n'est pas directe, elle est indirecte; elle se fait a l'aide de réserves [2]. — La théorie dualiste supposait que les aliments passent directement des plantes dans les animaux et que leurs principes immédiats s'y mettent en place, chacun selon sa nature. L'étude physiologique des phénomènes prouve que rien de semblable n'a lieu, et que la nutrition est indirecte. L'aliment ingéré disparaît d'abord en tant que matière chimique définie, par suite de l'action des sucs digestifs de l'estomac, du pancréas, du tube intestinal, etc. Ce n'est que plus tard, après un travail organique à longue portée, après une élaboration vitale complexe que l'aliment arrive à constituer les réserves toujours identiques qui servent à la nutrition de l'organisme. La nutrition et la digestion sont deux choses complètement distinctes ; quelle que soit la variété des aliments, l'alimentation dans l'état normal n'a jamais d'effet sur la formation des réserves qui restent fixes comme la constitution des liquides et des tissus organiques. En un mot, le corps ne se nourrit jamais directement d'aliments variés, mais toujours à l'aide des réserves identiques

---

1. Voir les détails dans mon livre, *la Vie et l'Ame,* pages 112 à 121.

2. La question a été traitée longuement dans mon livre, *la Vie et l'Ame,* chap. II, la Digestion, pages 72 à 108. Elle est reprise ici uniquement au point de vue de la théorie dualiste.

préparées par une sorte de sécrétion. Le procédé de formation des réserves nutritives se retrouve dans les deux règnes, aussi bien chez les animaux que chez les végétaux.

Tous les êtres vivants se nourrissent de même : l'animal pas plus que le végétal ne procède par **nutrition directe**. L'animal et le végétal modifient les aliments, les élaborent et en forment des réserves appropriées à leur nature et utilisées ultérieurement pour leur propre compte. Tantôt la formation de sa réserve et sa dépense peuvent être à peu près simultanées ou très rapprochées, tantôt elles sont successives et à long intervalle. Ce dernier cas s'observe pour les végétaux, surtout pour les végétaux bisannuels. Pendant la première année, la plante accumule ses réserves, et on peut croire qu'elle n'est *alors* qu'un appareil de création ou de synthèse.

Pour les animaux, au contraire, et particulièrement pour les animaux à sang chaud, les réserves ne durent pas longtemps et se dépensent en quelque sorte au fur et à mesure, de sorte qu'on peut croire que ces derniers êtres sont uniquement des appareils de combustion, de destruction. Chez les animaux à sang froid, les réserves sont faites dans certains cas à longue portée et se rapprochent par ce côté de celles des végétaux [1].

II. LES ANIMAUX FABRIQUENT LEURS PRINCIPES IMMÉDIATS, GRAISSE, ALBUMINE, AMIDON, SUCRE. — Pour ce qui est de

---

1. CL. BERNARD, *Phénom. de la Vie*, tome I, pages 110-119.

la formation des principes immédiats, la question a été résolue et la solution acceptée de tous. Il a été démontré que les animaux forment réellement de la graisse, indépendamment de celle qu'ils ingèrent et qu'ils pourraient emprunter à l'alimentation. L'herbivore crée la graisse, au lieu de la trouver toute formée ; le carnivore agit de même. Non seulement les animaux font de la graisse, mais ils n'emploient pas directement celle que renferme leurs aliments. Cette sorte d'économie qu'il y aurait à utiliser la substance déjà formée et qui nous vient à l'esprit, la nature ne la connaît pas. Elle ne profite point de la besogne toute faite, comme si c'était autant de gagné. Le chien, par exemple, ne s'engraisse pas du suif de mouton ; il fabrique de la graisse de chien. Il n'y a donc pas une simple mise en place de l'aliment introduit [1].

1. CL. BERNARD, *Phenom. de la vie*, tome II, page 31. Expérience de Claude Bernard sur l'évolution des aliments gras dans l'organisme. « Je commençais par inanitier un chien de manière à faire disparaître toute surcharge graisseuse et à réduire la quantité de matière adipeuse au strict minimum. Je nourrissais alors l'animal abondamment, en mêlant à son régime une graisse chimiquement reconnaissable que M. Berthelot préparait. C'était une *graisse chlorée* dans laquelle il y avait substitution partielle du chlore à l'hydrogène. Lorsque après quelque temps de ce régime je sacrifiais l'animal, je recueillais le tissu adipeux ; M. Berthelot n'y a point retrouvé, par l'analyse, la substance grasse chlorée avec laquelle l'animal avait été nourri. Il n'y a donc point simple mise en place de l'aliment gras, et l'animal ne s'engraisse point directement par l'alimentation. Quant à celle qu'on lui fournit, il commence par la détruire ; il la digère, l'émulsionne et la dédouble par saponification. »

On pourrait démontrer de même que les substances albuminoïdes qui constituent les tissus animaux ne sont pas empruntées directement aux substances alibiles des végétaux.

Mais c'est surtout pour la formation de la matière sucrée que les doutes ont été entièrement levés. Il y a une quarantaine d'années, on croyait que le sucre était incontestablement une substance végétale et que celui qui existait dans les organismes animaux avait été nécessairement emprunté aux plantes. Claude Bernard a réussi à démontrer qu'il en est tout autrement : l'animal fabrique lui-même cette substance, indispensable au fonctionnement vital, aux dépens des matériaux alimentaires très différents qu'on lui fournit.

Claude Bernard a prouvé de plus que le sucre se produit dans l'animal par un mécanisme identique à celui du végétal. La matière qui est le générateur du sucre est un véritable amidon animal, le **glycogène** ; c'est aux dépens de l'amidon que le sucre se forme chez l'animal et le végétal. Très abondant dans le fœtus, le glycogène est partout ; dans l'adulte, sa fabrication est localisée dans le foie [1].

Ainsi, à l'égard de la formation des principes immédiats, l'expérience démontre que les animaux et les végétaux ne se distinguent pas, et que les uns et les autres peuvent former les mêmes principes organiques.

---

[1] Cl. Bernard, *Phénom. de la vie*, tome I, page 238.

CONCLUSION. — En définitive, le végétal et l'animal sont deux machines vivantes distinctes, munies d'instruments et d'appareils variés, avec des modes de fonctionnement qui donnent aux phénomènes de leur existence des apparences fort différentes. Mais l'unité de la vie ne doit pas nous être dissimulée par la variété de la fonction ; le muscle, la glande, le cerveau, les nerfs, les organes électriques, etc., vivent semblablement, mais fonctionnent très différemment. Les végétaux, les animaux *vivent identiquement* mais *fonctionnent autrement*. Même en admettant que la fonction chlorophyllienne soit spéciale aux végétaux, il ne faut pas en tirer la conclusion que les végétaux vivent autrement que les animaux, ce serait une erreur ; le protoplasma chlorophyllien, qui a pour fonction de réduire l'acide carbonique et de dégager l'oxygène, ne vit pas moins comme tous les protoplasmas animaux et végétaux, en absorbant de l'oxygène et en exhalant de l'acide carbonique. La vie est toujours entière et complète dans la plante comme dans l'animal. Ils ne représentent donc pas chacun une demi-vie qui, se complétant réciproquement, rendrait les deux êtres étroitement complémentaires l'un de l'autre [1].

III. MOTRICITÉ. — LES PLANTES N'ONT PAS LA LOCOMOTION, MAIS ELLES SE MEUVENT ; IL EN EST DE MÊME D'UN GRAND NOMBRE D'ANIMAUX INFÉRIEURS, APPELÉS A CAUSE DE CELA ANIMAUX-PLANTES OU ZOOPHYTES. — Les plantes n'ont pas,

---

[1]. CL. BERNARD, *Phénom. de la vie*, tome I, pages 114-150.

comme la plupart des animaux, la faculté de quitter un lieu pour aller dans un autre; mais elles sont loin d'être dénuées de mouvement sur place. Darwin a accumulé d'innombrables preuves de la faculté motrice chez les plantes [1]. Il donne même le dessin graphique de ces mouvements, dessin tracé par les plantes elles-même au moyen d'un ingénieuse disposition. Du reste, au bas de l'échelle animale, un grand nombre de zoophytes n'ont pas la locomotion; ils ont même reçu en grande partie le nom d'animaux-plantes, à cause de la privation de ce genre de mouvement. La prétendue antithèse entre l'immobilité des plantes et la mobilité des animaux est donc absolument **démentie** par les faits.

DEUXIÈME SECTION : THÉORIE DES HARMONIES ENTRE L'HERBIVORE ET LE CARNIVORE

L'harmonie que les cause-finaliers trouvaient entre l'ensemble du règne végétal et l'ensemble du règne animal, ils la transportent au sein du règne animal, entre l'herbivore et le carnivore. Voici quelle est leur thèse :

I. L'HERBIVORE EST CRÉÉ POUR FOURNIR DES ALBUMINOÏDES AU CARNIVORE. — C'est, appliquée aux herbivores, la thèse soutenue par les dualistes au sujet des rapports du règne végétal avec le règne animal.

---

1. CH. DARWIN, *De la faculté motrice chez les Plantes*, in-8 de 580 pages.

II. L'AGNEAU EST FAIT POUR ÊTRE MANGÉ PAR LE LOUP, LA MOUCHE PAR L'HIRONDELLE. — « Les espèces, dit Cuvier, sont mutuellement nécessaires, les unes comme proie, les autres comme destructeurs ou modérateurs de la propagation. On ne peut pas se représenter raisonnablement un état de choses où il y aurait des mouches sans hirondelles et réciproquement. » Cette thèse particulière n'est que la reproduction, sous une forme incisive et piquante, de la thèse générale précédente.

RÉFUTATION

I. L'HERBIVORE N'EST PAS CRÉÉ POUR FOURNIR LES ALBUMINOÏDES AU CARNIVORE PARCE QUE LA NUTRITION EST, NON PAS DIRECTE, MAIS INDIRECTE. — Aux preuves du fait physiologique de la nutrition indirecte qui ont été données précédemment, on peut ajouter la page suivante de Claude Bernard : « La transformation et l'appropriation des matériaux nutritifs à chaque organisme sont tellement nécessaires que les expériences de transfusion prouvent que le sang d'une espèce animale ne pourrait servir à la nutrition d'une autre espèce. Malgré les analogies considérables qui existent entre les produits immédiats, le liquide sanguin du lapin (*herbivore*) serait impropre à entretenir la vie du chien (*carnivore*), c'est-à-dire incapable de prendre part aux échanges nutritifs interstitiels ; il ne faudrait donc pas s'imaginer, si l'on faisait digérer du sang de lapin à un chien, que les matériaux du sang de l'herbivore iraient reprendre chacun sa place respective dans le corps du carnivore. De telles idées seraient complètement opposées à la saine physiologie. Le sang digéré est dénaturé; ses matériaux, revenus en quelque sorte à un état indifférent, reprennent les modes de groupement ou de combinaison que les phénomènes de la vie exigent[1]. »

II. C'EST LA FORME PHYSIQUE DE L'ALIMENT ET NON SA NATURE QUI FAIT QUE TEL ANIMAL CHOISIT POUR SE NOURRIR L'ALIMENT HERBE, ET TEL AUTRE, L'ALIMENT CHAIR. — La distinction d'animaux qui se nourrissent de **végétaux** et d'animaux qui se nourrissent de viande est importante aux yeux des zoologistes, car elle commande une foule de particularités d'organisation et régit la structure de l'être. Mais cette distinction est nulle aux yeux de la physiologie générale, car le même être qui est astreint, par le caractère imprimé à son organisme, à se nourrir d'herbages, digère parfaitement la viande si on la lui présente sous une forme physique acceptable. La réciproque est également vraie.

Un chien, par exemple, mourra de faim à côté d'un tas de blé; il n'y touchera point. Son instinct s'arrête à la forme physique, laquelle n'est effectivement pas appropriée aux premières parties de son tube digestif. Broyez ce froment et mêlez un peu d'eau à cette farine, voici l'animal qui acceptera parfaitement le pain, genre de nourriture dont la forme physique

---

1. CL. BERNARD, *Phénom. de la vie*, tome II, page 135.

n'a plus rien d'incompatible avec son organisation.

De même un lapin périra d'inanition à côté d'une proie vivante ou même d'un quartier de viande; réduisez cette viande en fragments, faites-la bouillir; il l'acceptera sans difficulté et la digérera le plus facilement du monde.

Ainsi, nous le voyons, les qualités chimiques essentielles d'un aliment sont cachées à l'animal; son instinct s'arrête aux qualités physiques. L'homme, au contraire, doué de l'intelligence qui corrige l'instinct, est omnivore. Il sait donner aux aliments la forme qui les rend acceptables; il a recours pour cela aux artifices de la cuisson et de toutes les préparations culinaires, devant lesquelles disparaissent les qualités physiques. Tout animal serait omnivore comme l'homme, s'il savait se procurer les aliments végétaux ou des proies vivantes et les préparer d'une façon convenable; son tube digestif est, en effet, capable de les digérer [1].

III. L'AGNEAU EST MANGÉ PAR LE LOUP, MAIS IL N'EST PAS FAIT POUR ÊTRE MANGÉ PAR LE LOUP. — L'agneau est mangé par le loup, c'est un fait; mais il est absolument faux qu'il ait été créé pour servir d'aliment au loup. L'agneau est fait pour grandir, devenir bélier, épouser la brebis et être père de nombreux petits agneaux. Lorsqu'un loup mange un agneau, tant s'en faut qu'il lui fasse accomplir sa destinée! C'est le contraire qui est vrai; l'agneau croqué est arrêté net dans

---

1. Cl. BERNARD, *Phénom. de la vie*, tome II, page 256.

sa carrière; il est distrait par le loup du but auquel le conduit son organisme [1].

Le loup est ainsi construit qu'il doit prendre ses aliments sous forme de viande, tel est le fait; et ce fait se rattache au plan primordial. Mais il n'a pas été écrit dans le plan primordial que l'agneau lui servirait de nourriture. Le loup mange l'agneau lorsqu'il peut le faire, voilà tout. En fait, dans les régions où abondent les troupeaux, le loup recherche l'agneau pour deux raisons : d'abord, parce que l'agneau est sans défense; ensuite, parce que sa chair est tendre et savoureuse. Mais lorsque la région est exclusivement consacrée à l'élevage du gros bétail ou à celui des chevaux, c'est aux bœufs ou aux chevaux que s'attaque le loup. En ce cas, comme la lutte est difficile et même dangereuse, le loup s'associe d'habitude à d'autres loups pour se procurer l'aliment viande. Enfin, dans d'autres contrées, telles que la Russie, où durant les huit mois d'hiver les animaux domestiques sont mis à l'abri, le loup n'ayant plus à se mettre sous la dent une proie sans défense se jette sur son compagnon

---

[1]. Un savant anglais, Buckland, se pâmait d'admiration sur la sagesse et la bonté souveraine qui avaient armé un monstre fossile de dents tranchantes et d'ongles acérés pour déchirer aisément sa proie, sans s'inquiéter si les animaux croqués avaient le même enthousiasme pour la bonté et la sagesse du Créateur.

Quant aux mouches et aux hirondelles de Cuvier, si un monarque s'amusait à créer des mouches pour les faire manger ensuite par les hirondelles, il faudrait l'enfermer dans une maison de fous. Il était si simple de ne faire ni mouches ni hirondelles!

8.

plus faible ou désarmé par une blessure : il le dévore. Dira-t-on que le loup a été créé pour être mangé par le loup?

Non ; il n'y a qu'une seule finalité, à savoir, la *finalité interne :* le loup est contraint par sa structure à prendre ses aliments sous la forme viande ; le reste est subordonné aux hasards de la bataille pour l'existence. Le loup, comme tous les animaux, comme l'homme, préfère un aliment tendre et d'une conquête facile, à un aliment coriace dont la possession exige un combat, le risque de blessures cruelles, et même celui de la mort. C'est pourquoi le loup préfère l'agneau au bœuf et au cheval ; puis le bœuf et le cheval à son propre frère, le loup. Il n'y a donc pas l'ombre de *finalité externe* dans les rapports du loup avec tel animal particulier. Manger de la viande, la manger délicate et facile à prendre sans courir aucun danger, telle est la règle de conduite qui dirige le loup et aussi l'homme dans leur alimentation.

IV. Tous les carnivores se mangent entre eux ; l'homme est de tous celui qui recherche la chair de son semblable avec le plus d'appétit. — Tous les carnivores se mangent entre eux ; la souris, pressée par la faim, mange ses petits ; le lérot tombé dans un piège est dévoré vivant par les autres lérots ; mais de tous les animaux, celui qui révèle le dessein le plus net, la préméditation la plus marquée et l'arrangement le plus soigneusement combiné pour se nourrir de la chair de son semblable, c'est l'homme. Ce qui nous fait illusion à nous, Européens occidentaux du xixᵉ siècle, c'est qu'autour de nous, nous ne voyons que des hommes civilisés, c'est-à-dire des hommes en qui la vie morale a relégué à un plan très inférieur la vie organique ; or la vie morale se résume dans les admirables vers de Juvénal : « *Summum crede nefas vitam prœferre pudori, et propter vitam vivendi perdere causas.* Regarde comme l'infamie suprême de préférer la vie à l'honneur, et pour sauver tes jours, de sacrifier le bien qui donne du prix à la vie. » (Traduction d'Eugène Despois.) Et encore suffit-il d'une calamité subite pour que l'anthropophagie reparaisse ; témoin la famine de 1867 en Algérie, pendant laquelle des pères et des mères arabes ont fait cuire successivement leurs enfants et s'en sont repus. On sait aujourd'hui, de science certaine, que nos ancêtres préhistoriques, ici même, en France, pendant une longue série de siècles, se sont mangés délicieusement entre eux. Mais, lorsque sorti du vieux continent on parcourt les îles océaniennes et l'Australie, alors l'anthropophagie apparaît au milieu d'une race d'hommes tout entière, avec un caractère de dessein préconçu, avec un appétit enraciné tel qu'on ne pourrait jamais convaincre un cause-finalier anthropophage de ces régions, que l'homme n'a pas été créé pour être mangé par l'homme, tant le fait semble évident !

« Les Australiens, dit M. Oldfield, égorgent généralement leurs femmes avant qu'elles ne deviennent vieilles et maigres, de peur de laisser perdre tant de bonne nourriture. Bref, on y attache tellement peu d'importance, soit avant, soit après la mort, qu'il est permis de se demander si l'homme ne met pas son chien, quand celui-ci est vivant, absolument sur la même ligne que sa femme, et s'il pense plus souvent et plus tendrement à l'une qu'à l'autre, après qu'il les a mangés tous deux [1]. »

Ainsi voilà des milliers d'hommes qui mangent leurs femmes exactement pour les mêmes motifs que le loup mange l'agneau, à savoir : parce que la femme est une proie sans défense et que sa chair est délicate et savoureuse. Le cause-finalier européen doit-il conclure, comme le fait le cause-finalier australien, que la femme a été créée pour être mangée par l'homme ?

Aux îles Fidji, le cannibalisme est invétéré. Les Fidjiens aiment tellement la chair humaine qu'ils ne peuvent donner de plus grand éloge d'un mets que de dire : « Il est tendre comme de l'homme mort. »

---

[1]. *Transactions de la Société ethnologique*, tome III, p. 248. — Dans la *Revue scientifique*, 11 février 1882, page 189, on lit les extraits suivants de la *Nouvelle Nursie*, histoire d'une colonie bénédictine dans l'Australie occidentale, par Don Bérengier ; la colonie est dirigée par l'évêque Salvado, qui a groupé des sauvages australiens autour du monastère et a fait d'eux des forgerons, des maçons, des laboureurs ; les enfants fréquentent l'école du monastère et eux-mêmes sont assidus à des cours qu'on leur fait le soir : « Biglialoro, le catéchiste et le fidèle suivant de Mgr Salvado, lui a confessé qu'étant jeune, il avait pris part à un horrible festin dont c'était le cadavre de sa propre sœur qui faisait les frais. « Les chairs étaient à peine rôties, racontait-il, que déjà les convives y mordaient à belles dents. Je fis comme les autres, et quoique le sang qui coulait sur mes lèvres fût celui de ma sœur, je n'y pensais pas, car j'étais bien jeune, et la faim me talonnait. »

Ils préfèrent la chair des femmes à celle des hommes et considèrent l'avant-bras et la cuisse comme les morceaux les plus friands. On engraisse les esclaves pour les vendre au marché ! Quelquefois les Fidjiens les font rôtir tout vivants pour les manger immédiatement, tandis que dans d'autres cas ils conservent les corps jusqu'à un état de décomposition avancée ; en un mot, ils les font faisander. Ra Undré-Undré, chef de Raki-Raki, avait mangé à lui seul neuf cents personnes sans qu'il eût permis à qui que ce fût d'en prendre sa part [1].

Ainsi voilà des hommes qui, pour apaiser leur faim, ont à leur disposition de la volaille et des animaux domestiques ; et cependant quel est l'aliment qu'ils préfèrent ? Quel est celui qu'ils recherchent, qu'ils préparent avec le plus de soin ? C'est l'homme lui-même. Peut-on signaler chez le loup **un goût** aussi franc pour l'agneau, un dessein aussi nettement accusé pour en amollir les chairs que le font les Fidjiens à l'égard des femmes et des esclaves ? Faut-il en conclure avec les cause-finaliers d'Australie et d'Europe que les hommes ont été créés manifestement pour être mangés par les hommes ?

Conclusion. — Les animaux carnivores naissent avec une structure qui commande leur genre de nourriture ; cette nourriture, ils la préfèrent délicate et facile à prendre ; mais, en définitive, ils la conquiè-

---

[1]. Faits extraits du célèbre ouvrage de Sir John Lubbock, *l'Homme avant l'histoire*.

rent comme ils peuvent et sur qui ils peuvent, à leurs risques et périls. Il n'y a donc pas de groupes d'animaux qui aient été créés pour servir d'aliment à d'autres groupes : *il n'y a pas de finalité externe.*

TROISIÈME SECTION : THÉORIE DE L'HARMONIE ENTRE LES RÈGNES NATURELS ET L'HOMME

ABSURDITÉ DE LA DOCTRINE QUI FAIT DE L'HOMME LE CENTRE ET LE BUT DE LA CRÉATION. — La plus grande erreur où soient tombés les partisans des causes finales est celle qui consiste à faire de l'homme le centre et le but de la création, et à croire que tout a été fait pour son usage et sa commodité. « L'homme, dit Gœthe, est naturellement disposé à se considérer comme le centre et le but de la création, et à regarder tous les êtres qui l'entourent comme devant servir à son profit personnel. Il s'empare du règne animal et du règne végétal, les dévore et glorifie le Dieu dont la bonté paternelle a préparé la table du festin. Il enlève son lait à la vache, son miel à l'abeille, sa laine au mouton ; et parce qu'il utilise ces animaux à son profit, il s'imagine qu'ils ont été créés pour son usage. Il ne peut pas se figurer que le moindre brin d'herbe ne soit pas pour lui [1]. »

Dans le préambule des *Harmonies* de Bernardin de

---

1. *Entretiens de Gœthe et d'Eckermann*, édition Hetzel, pages 283-285.

Saint-Pierre, Aimé Martin résume cette théorie en la ligne suivante : « Dieu a fait les éléments, les plantes et les animaux pour l'homme, et l'homme pour lui-même [1]. »

On ne perd plus son temps à réfuter une thèse aussi absurde. Du reste, il y a trois siècles, Montaigne en a fait justice avec la seule arme que mérite ce naïf orgueil, avec le ridicule : « Pourquoi un oison ne dirait-il pas aussi : Toutes les pièces de l'univers me regardent ; la terre me sert à marcher, le soleil à m'éclairer, les étoiles à m'inspirer leurs influences. J'ai telle commodité des vents, telle des eaux ; il n'est rien que cette voûte regarde aussi favorablement que moi : je suis le mignon de la nature! N'est-ce pas l'homme qui me traite, qui me loge, qui me sert ? C'est pour moi qu'il fait semer et moudre ; s'il me mange, aussi fait-il bien l'homme son compagnon ; et aussi fais-je moi les vers qui tuent l'homme et le mangent [2]. »

Tant que les cause-finaliers se contentent, à l'instar de Bernardin de Saint-Pierre, de prétendre que le melon a été divisé en côtes par le Créateur afin qu'il fût mangé en famille, et que la citrouille étant plus grosse peut être mangée avec les voisins [3], le mal

---

1. B. DE SAINT-PIERRE, *Harmonies de la nature*, tome Ier Préambule, page xxxi.
2. MONTAIGNE, *Essais*, livre II, chap. xii, page 635. Édition Victor Leclerc.
3. B. DE SAINT-PIERRE, *Études de la nature*, Étude xie, harmonies végétales des plantes avec l'homme, page 376. Édition Aimé Martin.

n'est pas grand. Mais il en est autrement lorsque les fanatiques s'élèvent avec violence contre les inventions utiles à l'humanité. C'est ainsi que Jenner fut dénoncé comme un ennemi de Dieu lorsqu'il eut découvert et fait connaître le vaccin, ce préservateur de l'un des plus grands fléaux de l'humanité. « La petite vérole, s'écriait le docteur Rowley, est une maladie imposée par les décrets célestes; la vaccine est une violation audacieuse et sacrilège de notre sainte religion; les desseins des vaccinateurs semblent défier le ciel lui-même et jusqu'à la volonté de Dieu [1]. »

CONCLUSION GÉNÉRALE

La conclusion générale peut se formuler en deux propositions : l'une qui admet la finalité *interne*; l'autre qui rejette la finalité *externe*.

I. UN ÊTRE EST UN TOUT QUI A SA CAUSE EN LUI ET NON HORS DE LUI (*Admission de la finalité interne*). — La loi de la finalité physiologique est dans chaque être en particulier et non hors de lui; l'organisme vivant est fait pour lui-même, il a ses lois propres, intrinsèques. Il travaille pour lui et non pour d'autres. Il n'y a rien dans la loi de l'évolution de l'herbe qui implique qu'elle doit être broutée par l'herbivore; rien dans la loi d'évolution de l'herbivore qui indique

---

1. Voir PAUL JANET, *les Causes finales*, page 265.

qu'il doit être dévoré par un carnassier ; rien dans la loi de végétation de la canne qui annonce que son sucre devra sucrer le café de l'homme. Le sucre formé dans la betterave n'est pas destiné non plus à entretenir la combustion respiratoire des animaux qui s'en nourrissent ; il est destiné à être consommé par la betterave elle-même dans la seconde année de sa végétation, lors de sa floraison et de sa fructification. L'œuf de la poule n'est pas pondu pour servir d'aliment à l'homme, mais bien pour produire un poulet. Toutes ces finalités utilitaires à notre usage sont des œuvres qui nous appartiennent, mais qui n'existent point dans la nature en dehors de nous. La loi physiologique ne condamne pas d'avance les êtres vivants à être mangés par d'autres ; l'animal et le végétal sont créés pour la vie.

D'autre part, une conséquence impérieuse de la vie est de ne pouvoir naître que de la mort ; la création organique implique la destruction organique. Ce qui s'observe dans les phénomènes intimes de la nutrition, dans la profondeur de nos tissus, se manifeste dans les grands phénomènes de la nature. Les êtres vivants ne peuvent exister qu'avec les matériaux d'autres êtres morts avant eux ou détruits par eux : telle est la loi [1]. »

Claude Bernard revient avec insistance sur ce fait que chaque être travaille pour lui et non pour autrui. « Les matériaux, dit-il, sur lesquels s'exerce la

---

1. Cl. Bernard, *Phénom. de la vie*, tome 1er, page 147.

digestion sont toujours les mêmes pour la plante et pour l'animal. On a établi l'identité des albuminoïdes, albumine, fibrine, caséine, avec la légumine, l'albumine végétale, la fibrine végétale, le gluten. Les aliments gras, les aliments féculents et sucrés sont également communs aux deux règnes, et l'on peut dire que chaque être vivant confectionne pour lui-même ses aliments ; c'est pour lui qu'il fait ses réserves, et non pour autrui. Ce n'est pas au profit de l'animal que la plante élabore ses principes immédiats ; c'est pour elle-même, en vue de son alimentation future. Un règne ne travaille point pour l'autre : il travaille pour lui. Si l'être botanique est empêché par l'animal qui le mange d'utiliser pour sa propre nutrition les épargnes de fécule ou de sucre qu'il avait faites, il faut voir dans cette circonstance, non point le cours naturel des choses, mais plutôt le *renversement* de cet ordre naturel [1]. »

Dans les lignes suivantes, Claude Bernard résume avec netteté les faits qui établissent exclusivement la finalité interne. « **Tout acte d'un organisme vivant**, dit-il, **a sa fin dans l'enceinte de cet organisme.** Celui-ci forme, en effet, un petit monde où les choses sont faites les unes pour les autres, et dont on peut saisir la relation parce que l'on peut embrasser l'ensemble naturel de ces choses. Cette finalité particulière (*finalité interne*) est seule absolue. Dans l'enceinte de l'individu seulement, il y a des lois absolues

---

[1]. Cl. Bernard, *Phénom. de la vie*, tome II, page 325.

prédéterminées. Là seulement on peut voir *une intention* qui s'exécute. Par exemple, le tube digestif de l'herbivore est fait pour digérer des principes alimentaires qui se rencontrent dans les plantes ; mais les plantes ne sont pas faites pour lui. Il n'y a qu'une nécessité pour sa vie, nécessité qui sera obéie, c'est qu'il se nourrisse : le reste est contingent. Les rapports de l'animal avec la plante sont purement contingents, et non plus nécessaires. La nature a fait les choses pour elles-mêmes, sans s'occuper du contingent. Elle ne condamne pas certains êtres à être dévorés par d'autres ; elle leur donne, au contraire, l'instinct de conservation, de prolifération, et des moyens de résistance pour échapper à la mort. En résumé, les lois de la finalité particulière (*finalité interne*) sont rigoureuses ; les lois de la finalité générale (*finalité externe*) sont contingentes [1]. »

II. La différence des mécanismes vitaux engendre la concurrence vitale ou lutte pour l'existence (*Rejet de la finalité externe*). — Si au lieu de considérer la vie dans ses deux manifestations nécessaires et universelles, à savoir : la création et la destruction vitale, nous pénétrons dans le jeu des divers mécanismes vitaux que la nature nous présente ; si nous descendons dans l'arène où se passe la lutte pour l'existence, alors nous trouverons des différences fonctionnelles et des variétés infinies. Non seulement nous trouverons que des animaux sont conformés

---

[1]. Cl. Bernard, *Phénom. de la vie*, tome Ier, page 340.

pour manger des végétaux, mais que des animaux sont armés pour dévorer d'autres animaux plus faibles qu'eux. C'est, en un mot, le règne de la loi du plus fort, loi qui n'a rien de nécessaire puisque les hasards du combat vital peuvent faire que tel être échappe à la mort, tandis que tel autre succombe.

Toutefois, au milieu de cette mêlée silencieuse, que nous appelons par antiphrase l'harmonie de la nature, et dans laquelle viennent s'entre-détruire toutes les existences, jamais la loi fondamentale de la physiologie générale n'est violée. Jamais la vie ne se manifeste sans entraîner avec elle dans le même être un double mouvement de création et de destruction organique équivalente, de sorte que nous ne trouvons jamais des êtres vivants jouant séparément le rôle d'organismes créateurs de la matière organique, tandis que d'autres auraient le rôle contraire de détruire cette matière organique pour la restituer au monde minéral [1]. En résumé :

1° Chaque être a été conformé d'après un plan primordial ; sa destinée est réglée par sa structure ; il y a donc une *finalité interne ;*

2° Chaque être est jeté dans le monde avec les besoins que lui crée sa structure ; c'est à lui de lutter pour l'existence, comme il le pourra ; aucun privilège, aucun droit, aucun revenu ne lui a été accordé autre que sa structure ; c'est à lui de combattre et

---

[1]. Cl. Bernard, *Phénom. de la vie,* tome I*er*, page 148. — Voir Darwin, *Origine des Espèces,* chap. iii, La lutte pour la vie.

d'assurer à ses risques et périls l'évolution complète de sa destinée ; il n'y a donc pas de *finalité externe*.

III. La méthode scientifique doit s'occuper du comment des choses, mais bannir le pourquoi. — L'examen critique des arguments donnés en faveur des causes finales nous indique avec sûreté quel doit être l'esprit de la méthode dans l'étude de la nature. La méthode scientifique doit s'occuper du *comment* des choses, et non du *pourquoi;* telle est la conséquence qui découle de la discussion précédente. C'est cette méthode que Gœthe expose en ces termes avec la netteté et le tour original qui lui sont propres : « Les apôtres de la doctrine de l'utilité se plaisent à dire : Les cornes du bœuf lui servent pour se défendre. Je leur demanderai à mon tour : Pourquoi la brebis n'en a-t-elle pas ? Et si elle en a, pourquoi sont-elles enroulées autour de ses oreilles, de telle sorte qu'elles ne lui servent à rien ? — C'est tout autre chose quand je dis : Le bœuf se défend avec ses cornes parce qu'il les a. La question du but, le *pourquoi* n'est nullement scientifique. L'esprit mieux éclairé se pose la question du *comment*. En effet, lorsque je dis : comment se fait-il que le bœuf ait des cornes ? Cela me conduit à étudier son organisation et m'apprend en même temps pourquoi le lion n'a et ne saurait avoir des cornes. C'est ainsi que le crâne de l'homme a deux endroits creux et vides. Avec le *pourquoi* l'on n'irait guère loin ; mais avec le *comment* je découvre que ces cavités sont le reste du crâne animal ; que, dans les organisations secondaires, elles se trouvent en proportion plus forte et n'ont pas disparu complètement dans l'homme, malgré son élévation spécifique[1]. »

---

[1]. *Entretiens de Gœthe et d'Eckermann,* page 283, édition Hetzel. — Voir aussi Cl. BERNARD, *Introduction à la médecine expérimentale,* pages 138. 142.

CHAPITRE IV

CONCLUSIONS DÉDUITES DES FAITS SCIENTIFIQUES

I. — Conclusions positives.

I. LES TYPES DES ÊTRES ANIMÉS DÉCÈLENT UN PLAN ORGANIQUE ET UNE IDÉE DIRECTRICE, MAIS SEULEMENT A L'ORIGINE PRIMORDIALE. — Conclusion déduite de l'embryogénie, de la structure générale, de la correspondance et de la coopération des fonctions pour un but déterminé.

II. CHAQUE ÊTRE A SA FINALITÉ EN LUI, MAIS NON HORS DE LUI. — C'est pour lui que l'être travaille, qu'il évolue, qu'il se nourrit, qu'il prolifère, etc. Il y a donc une finalité interne.

III. TOUS LES ÊTRES SE LIVRENT ENTRE EUX UNE BATAILLE ACHARNÉE POUR L'EXISTENCE. — La bataille pour la vie est la conséquence de la diversité des mécanismes vitaux, des conditions du milieu ambiant, etc.

II. — **Conclusions négatives.**

I. Il n'y a pas de cause directrice actuellement agissante. — Rejet de toute finalité externe particulière dans l'évolution de chaque être.

II. Il n'y a pas de groupe d'êtres qui soit créé pour un autre groupe. — Rejet de toute finalité externe générale dans les rapports des êtres les uns avec les autres.

LIVRE TROISIÈME

LE PLAN DE LA CRÉATION ET LE RÈGNE ANIMAL

CHAPITRE PREMIER

LES PLANS DE STRUCTURE, LES CAUSES POSSIBLES DE MODIFICATIONS ET LES FORMES INTERMÉDIAIRES

I. — Les problèmes du règne animal.

Les problèmes principaux que présente le règne animal peuvent être ramenés aux quatre suivants :

1° *Les animaux ont-ils une structure dérivée d'un plan unique, ou bien dans le nombre total des structures discerne-t-on plusieurs plans ?*

Si les animaux ont respectivement une structure dérivée d'un plan unique, il sera plausible de croire et possible de démontrer que tous les animaux descendent, par filiation, d'un ancêtre commun.

Si, au contraire, les structures des animaux attestent plusieurs plans dissemblables, irréductibles, il sera illégitime de croire et impossible de démontrer que les animaux descendent, par filiation, d'un ancêtre unique et commun.

2° *Peut-on rendre compte des différences de structure par les modifications qu'impriment à l'organisme les conditions variées du milieu ambiant ?*

Si les conditions extérieures sont assez puissantes pour modifier la structure des individus au point de faire passer cette structure à celle d'un autre type, à l'aide de l'accumulation progressive des différences, alors la transformation d'un groupe en un autre groupe sera possible ; il suffira pour cela d'un temps plus ou moins long selon le degré d'intensité qu'aura sur l'être organisé l'action exercée par les conditions extérieures.

Si les conditions exercent une action restreinte, limitée à certains détails structuraux ; si elles laissent intact le type même de la structure, la transformation d'un groupe en un autre groupe sera impossible.

Toutefois ce que ne pourront faire les conditions extérieures, peut-être un autre procédé le pourra-t-il ; de là le problème suivant :

3° *Peut-on rendre compte des différences de structure par les résultats du croisement d'individus appartenant à des groupes différents ?*

Oui, si le croisement donne des produits indéfiniment féconds ; le produit d'un tel croisement étant un type intermédiaire entre les deux types des animaux croisés, il s'ensuit que les croisements ultérieurs, en se variant indéfiniment, pourront donner des individus de tout type et de toute structure.

Au contraire, si le croisement est infécond au bout de quelques générations, le type intermédiaire produit ne se maintiendra pas : il s'éteindra promptement.

Si le croisement est infécond du premier coup, nul passage d'un type à un autre n'est possible.

4° *La succession des animaux dans les divers étages géologiques révèle-t-elle une évolution constante et continue vers le mieux, c'est-à-dire vers une organisation supérieure, ou bien a-t-on constaté des défaillances ou des retours en arrière, c'est-à-dire a-t-on constaté que l'évolution vers le mieux n'a été ni constante, ni continue?*

Il est clair que si dans l'évolution on constate des défaillances et des retours en arrière, on devra se faire de la Cause première une toute autre idée que si le progrès est constant et continu.

II. — **Les plans de structure générale.**

« Si l'on considère le règne animal en n'ayant égard qu'à l'organisation et à la nature des animaux, et non pas à leur grandeur, à leur utilité, au plus ou moins de connaissance que nous en avons, ni à toutes les autres circonstances accessoires, on trouvera qu'il existe quatre formes principales, *quatre plans généraux*, d'après lesquels tous les animaux semblent avoir été modelés, et dont les divisions ultérieures, de quelque titre que les naturalistes les aient décorés, ne sont que des modifications assez légères, fondées sur le développement ou l'addition de quelques parties qui ne changent rien à l'essence du plan[1]. »

En prenant pour critérium hiérarchique le système nerveux, les quatre plans généraux de structure sont les suivants : le plan des *vertébrés*, le plan des *articulés*, le plan des *mollusques*, et le plan des *rayonnés* (zoophytes).

Ces quatre plans généraux sont irréductibles. « Chacun de ces grands types, dit Agassiz, est construit sur un plan distinct, tellement spécial, que les homologies ne s'étendent pas d'un type à l'autre et sont strictement restreintes dans le cercle de chacun d'eux[2]. »

Ce résultat capital dû aux travaux anatomiques de Cuvier a reçu la plus éclatante confirmation des études embryologiques de l'illustre Ernest de Baer. Ce physiologiste russe démontra qu'il y a quatre modes de développement embryogénique pour l'ensemble des animaux; or ces quatre modes de développement embryogénique coïncident exactement avec les quatre plans de structure anatomique découverts par Cuvier. Voici la classification embryologique de E. de Baer :

1º Le type *périphérique* (rayonnés) : le développement procède d'un centre et produit des parties identiques dans un ordre rayonnant.

2º Le type *massif* (mollusques) : le développement

---

1. Cuvier, *Règne animal*, introduction, page 54.
2. Agassiz, *De l'Espèce*, page 26.

produit des parties identiques autour d'un espace conique ou autre.

3° Le type *longitudinal* (articulés) : le développement produit des parties identiques partant des deux côtés d'un axe et se refermant supérieurement le long d'une ligne opposée à l'axe.

4° Le type à *symétrie double* (vertébrés) : le développement produit des parties identiques qui partent des deux côtés d'un axe, se projettent en haut et en bas, et se closent le long de deux lignes, de telle sorte que le feuillet interne du germe se forme en dessous et le feuillet supérieur en dessus.

Sous l'empire de vues *a priori*, certains physiologistes avaient cru voir dans les phases de l'embryon des vertébrés se succéder les formes des types inférieurs, de telle sorte que si, à divers moments donnés, l'embryon humain pouvait vivre en plein air, il serait mollusque, articulé, etc. Dans cette spéculation, le plus élevé des vertébrés, à savoir, l'homme, serait la réalisation dernière et la plus exquise d'un plan unique dont le caractère serait le progrès en une ligne droite continue. Ces physiologistes se sont trompés. En effet « l'embryon ne passe pas d'un type (embranchement) à un autre type; au contraire, le type de chaque animal est défini dès la première heure et domine tout le développement; l'embryon d'un vertébré est un vertébré dès le commencement ; il ne correspond à aucun moment à un invertébré... Chaque embryon d'un type donné, au lieu de traverser d'autres types définis, devient au contraire de moins en moins semblable à ces types ; un embryon de type supérieur n'est par conséquent jamais identique avec un autre type animal[1]. »

Des faits qui précèdent se déduit la conclusion suivante : puisqu'il y a pour les animaux adultes quatre plans irréductibles de structure générale; puisqu'il y a pour les embryons d'animaux quatre plans de développement, lesquels coïncident exactement avec les quatre plans de structure anatomique, il est impossible que les animaux descendent, par filiation, d'un ancêtre unique et commun.

D'autre part, puisque les embryons dans leurs développements respectifs ne représentent jamais le type d'un animal appartenant à un autre embranchement, il s'ensuit que les quatre plans de structure, loin d'être un plan unique en progression ascendante, sont bien quatre plans isolés, correspondant à quatre conceptions différentes.

II. — Modifications que peuvent imprimer à l'organisme animal les conditions variées du milieu ambiant.

« Quand les naturalistes, dit Agassiz, ont voulu déterminer quelle influence les causes physiques ont sur les êtres vivants, ils ont constamment méconnu le fait que les modifications provenant de cette influence sont seulement d'une importance secondaire pour la vie des animaux et n'affectent ni le plan

---

1. AGASSIZ, *De l'Espèce*, page 366.

général ni les complications diverses de la structure. Quelles sont les parties du corps qui soient véritablement affectées à un degré quelconque par les influences extérieures ? Ce sont principalement celles qui sont en contact immédiat avec le monde extérieur, comme la peau, et dans la peau les couches superficielles, la coloration, l'épaisseur de la fourrure, le pelage, les plumes, les écailles, ou encore la taille et le volume du corps, en tant qu'ils dépendent de la quantité et de la qualité de l'aliment, l'épaisseur du test chez les mollusques, suivant que ceux-ci vivent dans des eaux ou sur un terrain plus ou moins riche en calcaire, etc. La rapidité ou la lenteur de la croissance sont aussi influencées dans une certaine mesure par les variations des saisons dans les années différentes; de même la fécondité, la durée de la vie, etc. Mais tout cela n'a rien à voir avec les caractères essentiels des animaux [1]. »

I. Climat froid et climat chaud. — A mesure qu'on s'avance dans le nord, on voit le renard acquérir une fourrure plus longue, plus abondante et plus fine; sa taille grandit.

Il en est de même du loup; le poil peut même devenir blanc.

Les chiens du Kamtchatka ont le poil laineux; dans les pays chauds, ce poil est ras.

Les bœufs de l'Amérique sont d'introduction européenne. Dans la Colombie, il existe actuellement une

---

[1]. Agassiz, *De l'Espèce*, page 23.

race, les *pelones*, qui ont un poil fin et rare ; et une autre race, les *calongos*, qui sont absolument nus.

Dans les Indes occidentales, trois générations suffisent pour déterminer un grand changement dans les toisons des moutons.

Le cerf a des bois plus grands et plus rameux dans le nord ; il est aussi de plus grande taille.

Les variations de couleur dans la robe des animaux féroces sont dans une relation manifeste avec les différences climatologiques : les individus les plus roux sont ceux des régions chaudes ; et les plus gris, les plus décolorés, ceux des pays où la température est le moins élevée. Isidore Geoffroy Saint-Hilaire cite de nombreux exemples parmi les lions, les panthères, les jaguars, les couguars [1].

II. Nourriture. — Sous l'influence du chènevis, les bouvreuils et quelques autres oiseaux deviennent noirs.

D'après Wallace, les naturels de l'Amazone nourrissent des perroquets verts communs avec la graisse de gros poissons siluroïdes ; les oiseaux ainsi traités deviennent magnifiquement panachés de plumes rouges et jaunes. Ce fait, dû à l'intervention humaine, est propre à montrer comment le genre de nourriture est capable d'influer sur la couleur. Or la nourriture dépend à la fois de la nature du terrain et du climat

---

1. Isidore Geoffroy Saint-Hilaire, *Histoire générale des Règnes organiques*, tome III, chap. xiv.

qui régit ce terrain. Au pôle Nord la nourriture ne peut pas être la même qu'aux tropiques[1].

En résumé, les conditions physiques du milieu ambiant exercent leur influence sur le poil, sur la coloration du poil ou des plumes, sur la grandeur ou la petitesse de la taille; mais elles ne touchent en rien au plan de structure. Elles peuvent créer des variétés ou des races au sein d'une même espèce, mais elles ne touchent pas à l'espèce. Un bœuf calongo, qui n'a pas de poil, ne cesse pas pour cela d'être un bœuf, il est simplement une race de l'espèce bœuf.

IV. — Les croisements dans le règne animal.

Voici les phases par lesquelles on est passé avant d'arriver à la dernière définition de l'espèce physiologique :

Supposons que, dans une ferme, un couple de moutons donne naissance à une postérité nombreuse, de structure et de couleur identiques. Que dira le fermier à la vue de ces animaux issus d'une commune souche? Ce sont des individus de la même espèce. L'espèce, pour lui, en ce moment, se compose de deux éléments, à savoir : la filiation et la ressemblance.

Tout à coup, par des causes physiologiques ou

---

[1]. Lire dans DARWIN, *Variations*, tome II. chap. XXIII, page 303. Faits et considérations contraires à l'opinion que les conditions extérieures puissent être une cause efficace de modifications définies dans la conformation.

autres qu'il ignore, notre fermier voit apparaître des moutons qui se distinguent de leurs congénères par divers caractères. Chez les uns, la couleur de la robe varie; les autres, au lieu de laine, ont une toison soyeuse (moutons mauchamps); plusieurs ont les membres du chien basset (moutons ancons). Dira-t-il que ces individus appartiennent à des espèces différentes? Non, puisqu'il les a vus naître; puisqu'il sait qu'ils sont fils des mêmes parents; mais l'idée qu'il se faisait de l'espèce se modifiera. L'espèce sera pour lui toujours la succession d'individus qui se perpétuent; mais le deuxième élément, la ressemblance, qui tout d'abord lui semblait aussi nécessaire que la filiation, perdra à ses yeux son importance absolue. Il se sentira ébranlé dans son jugement premier, et fortement disposé à retrancher de la définition de l'espèce la notion constitutive de ressemblance.

Dans cette situation d'esprit, il remarque un papillon déposant des œufs sur un chou de son jardin. Il observe que de chaque œuf naît une chenille; puis, qu'au bout d'un certain temps la chenille s'enferme dans une enveloppe résistante; enfin que cette coque se brise et laisse échapper un papillon semblable au papillon pondeur. Il ne dira plus que la chenille, la chrysalide et le papillon sont trois animaux différents. Non, il ne verra là que les *métamorphoses* d'un seul et même individu. Les tendances à retrancher de la définition de l'espèce la notion de ressemblance puiseront dans ce spectacle une nouvelle énergie. Une chose toutefois le retient : c'est que le livre d'Histoire naturelle qu'il a consulté lui apprend que les Vertébrés eux-mêmes subissent, dans le sein de la mère, des phases analogues ; qu'en définitive, la différence entre eux et l'insecte est dans le milieu où se passent ces phases diverses ; bref, que les larves sont incapables de se reproduire et qu'à l'adulte seul, individu parfait, appartient le privilège d'avoir une progéniture. Or les papillons adultes ressemblent aux papillons dont ils sont issus..

Poursuivant sa lecture, notre fermier arrive à l'exposé de la célèbre découverte du Norwégien Sars, à savoir : la *génération alternante*. Parmi les nombreux exemples, il trouve celui-ci emprunté à la classe des acalèphes :

Depuis près d'un siècle, les zoologistes ont admis, entre autres grandes divisions de l'embranchement des rayonnés, la classe des acalèphes et celle des polypes. Cette distinction semblait plus que justifiée. On a, en effet, constaté entre les deux groupes des différences bien plus profondes et plus nombreuses que celles qui séparent les reptiles des oiseaux. Aspect extérieur, organisation intérieure, rien ici ne se ressemble. Or voici ce que l'on observe chez une belle méduse, l'aurélie rose :

L'aurélie rose pond des œufs qui se transformant en larves ressemblent à des infusoires. Après avoir nagé avec vivacité pendant quarante-huit heures, chaque infusoire s'attache à un corps solide, puis se transforme en polype. Sous sa forme polypiaire, la méduse jouit de toutes les propriétés des polypes : elle se multiplie, entre autres, par bourgeons et par stolons.

La méduse vit pendant quelque temps sous cette forme ; puis un cornet du polype s'allonge, devient cylindrique ; le cylindre se découpe en anneaux de sorte que le polype ressemble assez à une pile de petites assiettes. Ces assiettes se séparent ; chacune devient une sorte de méduse appartenant à un genre différent, à savoir : l'éphyre à huit rayons. L'évolution se continuant, chaque éphyre aboutit à une aurélie rose ; ces aurélies roses sont toutes semblables à celle qui avait pondu l'œuf unique primitif[1].

En présence de la génération alternante, qu'est-ce que devient la notion de ressemblance comme élément essentiel dans la définition de l'espèce ? Elle s'évanouit ; celle de filiation reste seule. C'est ainsi que par étapes successives on arrive à reconnaître que *l'espèce est la succession des individus qui se perpétuent.* La ressemblance, qui tout d'abord semblait aussi caractéristique que la filiation, décroît d'importance au fur et à mesure que les observations nouvelles révèlent des cas où les enfants ressemblent de moins en moins aux parents ; elle cesse d'être caractéristique au moment où les familles issues d'une même paire n'ont avec celle-ci aucun rapport de forme, de structure et de genre de vie.

Il est impossible d'admettre la ressemblance comme élément de l'espèce puisqu'elle est loin d'accompagner

---

1. QUATREFAGES. *Métamorphoses,* page 168 et suivantes.

constamment les produits des mêmes progéniteurs. Il n'en est pas moins vrai que dans les groupes d'animaux supérieurs elle règne d'une manière générale. Aussi chacun se fait-il des animaux observés un type uniforme. Par exemple, le nom du mouton rappellera à tout fermier un animal d'une certaine stature, portant une toison de laine, etc. Lorsque, par des causes connues ou non, on voit dans un troupeau composé d'individus semblables apparaître tout à coup une dissemblance frappante chez un nouveau fils, quel nom lui donner? Celui de *variété*. En 1764, dans une ferme du Massachussets, aux États-Unis, naquit un bélier différant de ses frères par ses membres, lesquels avaient les proportions de ceux du chien basset. Ce caractère imprévu, qui s'écartait considérablement du type du troupeau, faisait de ce bélier une variété. *La variété est donc une dissemblance qui se manifeste dans un ensemble de caractères uniformes.*

La brièveté des jambes de notre bélier basset l'empêchait de franchir les clôtures, cela présentait un avantage. C'est pourquoi on employa ce bélier comme reproducteur; et, quelques années après, un troupeau entier de moutons-bassets peuplait la ferme : une nouvelle race, celle des ancons, était créée. *La race est donc l'ensemble des individus issus d'une variété qui leur a transmis en héritage son caractère distinctif.*

Puisque la race est l'ensemble d'individus qui reproduisent uniformément par voie d'héritage le caractère d'une variété, il suit de là que *la notion de ressemblance est inséparable de l'idée de race*. Aussitôt, en effet, que cette ressemblance s'altère en quelque point, l'individu porteur de cet écart devient une variété. Si cette variété peut être transmise par héritage à une succession de descendants, une autre race ou sous-race est créée. Et toutes ces variétés, races ou sous-races, appartiennent à *la même espèce* parce que toutes elles descendent, *par filiation*, d'une même paire de progéniteurs.

On appelle *Métissage* le croisement des races *appartenant à la même espèce*. Le métis est le produit de ce croisement.

On appelle *Hybridation* le croisement d'individus appartenant à deux *espèces distinctes*. L'hybride est le produit, *s'il y en a*, de ce croisement. L'hybridité est la condition d'un animal hybride.

On appelle *Atavisme* (latin, *atavus*, ancêtre) la tendance qu'ont les descendants modifiés et croisés à reprendre un ou plusieurs caractères de la souche primitive. En voici un frappant exemple cité par Girou de Busareingues : Un chien braque par caractère, mais qui provenait d'une famille métisse de braque et d'épagneul, fut uni à une femelle braque de race pure : il engendra des épagneuls.

On appelle *retour au type* des parents le phénomène suivant : Lorsqu'on croise deux hybrides provenant d'une première union entre deux espèces distinctes, les produits du croisement de ces deux hybrides, si ce croisement est fécond, cessent d'avoir un caractère mixte : ils retournent *en totalité* à l'une ou à l'autre des espèces-mères. Exemple : en 1856, Guérin de Méneville croisa le ver à soie de l'ailante avec le ver à soie du ricin. Les hybrides obtenus furent mixtes, c'est-à-dire que chacun participait des deux types à la fois. Mais croisés entre eux, à la troisième génération, les hybrides retournèrent tous, les uns au type ailante, le plus grand nombre au type ricin.

On donne le nom d'*Oscillation* au phénomène suivant : lorsqu'une variété apparaît, telle que le mouton-ancon ou le mouton-mauchamp, le croisement ne donne pas toujours des enfants possédant le caractère varié du père. L'atavisme ramène de temps en temps des produits semblables au type uniforme de l'espèce. Les éleveurs le savent bien ; aussi ce n'est guère qu'après plusieurs générations et des sélections faites avec intelligence et sévérité qu'ils parviennent à asseoir la race. Ces effets d'atavisme, renaissants mais isolés, sont les *oscillations* qui précèdent l'établissement d'une race.

Il importe de ne pas confondre l'atavisme et par conséquent l'oscillation avec le retour aux types-parents. En effet, l'Atavisme est le retour d'un ou de quelques-uns (métis) au type uniforme de l'espèce, tandis que la presque universalité conserve et transmet la variation. Le Retour au type est le **retour de tous** (hybrides) aux types-parents, tandis que *pas un* ne conserve ni transmet le caractère mixte du premier croisement.

L'atavisme n'empêche jamais la formation d'une race ; le retour au type l'empêche toujours. **Distinc-**

tion précieuse à maintenir, car elle sert à caractériser avec netteté le métis et l'hybride.

« Il n'est permis en physiologie, a dit Agassiz, d'envisager comme membres d'une même famille que les seuls individus dont la filiation généalogique peut être démontrée[1]. » Filiation généalogique, c'est la fécondité du père transmise au fils, et ainsi de suite *sans interruption;* car, à l'instant où s'arrêterait la fécondité, la filiation cesserait d'exister. Par conséquent, *filiation généalogique* et *fécondité continue* sont deux termes corrélatifs, exprimant le même fait, mais à deux points de vue :

1º Considéré comme *effet*, le lien qui unit un groupe d'individus s'appelle filiation généalogique ;

2º Considéré comme *cause*, ce même lien s'appelle fécondité continue.

Lorsque étant donnés deux groupes d'individus inconnus, il s'agit de découvrir s'ils sont de même espèce ou d'espèces distinctes, il est clair que le critérium sera la fécondité continue. Lui seul est infaillible.

« L'histoire naturelle, dit Cuvier dans son *Introduction au règne animal*, doit avoir pour base ce que l'on nomme un système de la nature ou un grand catalogue dans lequel tous les êtres portent des noms convenus, puissent être reconnus par des caractères distinctifs, et soient distribués en divisions et subdivisions, elles-mêmes nommées et caractérisées, où on puisse les chercher.

---

1. AGASSIZ, *De l'Espèce humaine*, page 383.

« Pour que chaque être puisse toujours se reconnaître dans ce catalogue, il faut qu'il porte son caractère avec lui ; on ne peut donc pas prendre les caractères dans des propriétés ou dans des habitudes dont l'exercice soit momentané ; mais ils doivent être tirés de la conformation. »

Ainsi pour Cuvier, c'est la structure qui doit guider le savant ; la morphologie (grec, μορφὴ forme, λόγος description) voilà le critérium de la classification ; c'est en se servant de lui qu'on a déterminé les grandes divisions du règne animal en embranchements, classes, ordres, familles, genres, espèces.

Quelle est la valeur de ces divisions ? Sont-elles naturelles ou artificielles ? Sont-elles le produit de l'habileté et de l'ingéniosité humaine, ou sont-elles l'expression de la nature même ? Parmi les naturalistes, dit Agassiz, « les uns reconnaissent pleinement le caractère artificiel de leurs systèmes ; les autres soutiennent, au contraire, que les leurs sont l'exacte expression des rapports établis par la nature entre les objets eux-mêmes. Mais que les systèmes aient été présentés comme naturels ou artificiels, on les a constamment considérés jusqu'à ce jour comme exprimant l'idée que l'homme se fait des choses de la nature, et non comme un plan conçu par l'intelligence suprême et manifesté dans les choses. Les expressions communément usitées quand il s'agit des genres, des espèces ou des grandes divisions de nos systèmes : M. A a fait de telle espèce un genre ; M. B emploie telle ou telle espèce pour former son genre, et celles que beaucoup de naturalistes se permettent quand ils parlent de leur espèce, de leur genre, leur famille, leur système, mettent pleinement en lumière cette conviction que les groupes ainsi désignés sont la création propre de celui qui parle [1] ». Il est aisé de concevoir que selon l'importance qu'attachera chaque naturaliste à tel ou tel caractère morphologique, les individus seront rangés dans tel ou tel groupe. Est-ce à dire que Cuvier et son école se soient enfermés dans le cercle exclusif de la structure? Tant qu'il s'est agi de tracer les grandes lignes de la classification, ils n'ont pas quitté le terrain de la morphologie : la chose était nécessaire. Les grandes coupes sont d'autant meilleures qu'elles sont fondées sur des caractères réels et groupés avec un art plus parfait, mais elles ne révèlent pas les liens de parenté unissant les individus qu'elles comprennent; elles les laissent isolés. Or c'est là précisément ce que veut pénétrer l'intelligence humaine. Le lion est-il le père, le cousin du tigre, le parent à un degré quelconque de tout autre animal? Ou bien les groupes, même les plus petits, ne sont-ils unis par aucune consanguinité? En un seul mot, *quelle est l'origine des espèces?* Voilà la question qui se présente sans cesse à l'homme, voilà le problème qui s'impose à lui avec une force invincible; car *connaître* est la loi même de l'entendement. Aussi lorsqu'il fallut définir l'espèce, Cuvier fit-il entrer dans la définition l'idée de filiation à côté de

---

1. Agassiz, *De l'Espèce*, page 2 et suivantes

l'idée de structure : « L'espèce, dit-il, est la réunion des individus descendus l'un de l'autre ou de parents communs, et de ceux qui leur ressemblent autant qu'ils se ressemblent entre eux. » Il y a donc deux critériums de l'espèce ainsi définie :

1° Au point de vue de la filiation, le critérium est la *fécondité* du rapprochement sexuel ;

2° Au point de vue morphologique, le critérium est *l'identité de structure*.

En outre, par la disposition même des deux parties de la définition, il résulte que la ressemblance est là, pour attester la communauté d'origine lorsque la preuve directe de l'accouplement fécond fait défaut ; de sorte que, par la lettre et par l'esprit, la définition qu'a donnée Cuvier est celle de l'espèce physiologique. Nous avons vu plus haut pourquoi le seul critérium ayant une valeur absolue est celui de la fécondité continue.

1. Croisements entre races appartenant a la même espèce (*métissage*). — A l'état domestique, toutes nos races de moutons, de bœufs, de chevaux, de pigeons, de chiens, etc., se croisent avec la plus grande facilité. Ces croisements donnent naissance à des métis qui, à leur tour, sont générateurs et forment des races non moins fécondes.

A l'état sauvage, ces races se croisent avec la même facilité et la même spontanéité. On sait combien en Amérique les chevaux, les bœufs, tous issus d'ancêtres domestiques importés par les Européens, ont créé, par leurs unions libres, de races nombreuses et bien assises.

Chez les métis, l'équilibre règne entre les organes de reproduction et les organes de nutrition; il est aussi parfait qu'il pouvait l'être chez les parents. Il arrive parfois un phénomène intéressant qui confirme d'une manière très nette ce fait d'équilibre. Lorsque l'homme dirige l'élevage des races domestiques au point de vue de l'engraissement, il exalte souvent outre mesure l'activité des fonctions nutritives. En vertu de la loi du balancement, l'équilibre est rompu au détriment de la reproduction : les unions entre individus de la même race trop engraissée deviennent presque infécondes. Pour rendre à la race grasse sa fécondité et même l'accroître, il suffit de la croiser avec d'autres races communes et maigres. « C'est une loi de la nature, dit Darwin, que chez tous les êtres organisés, un croisement occasionnel entre individus qui ne sont pas en rapports de parenté trop rapprochée est une chose avantageuse... Ce croisement donne aux produits qui en résultent un accroissement de taille et de vigueur constitutionnelle, il augmente aussi leur fécondité [1]. »

En revanche, les unions consanguines ont à la longue une action nuisible; tous les éleveurs sont d'accord sur ce point. « Plusieurs physiologistes, dit Darwin, en attribuent les mauvais effets surtout à la combinaison et à l'augmentation, qui en est la conséquence, des tendances morbides comme cause puissante du mal; il n'est pas douteux qu'il n'y existe là

---

1. Darwin, *Variations*, tome II, pages 123 et 150.

une cause puissante du mal. Mais il est évident que des hommes et des animaux domestiques, doués d'une constitution misérable et présentant une forte prédisposition héréditaire à la maladie, sont parfaitement capables de procréer, s'ils ne sont pas effectivement malades. Or les appariages consanguins entraînent la stérilité, ce qui indique quelque chose de tout à fait distinct d'un accroissement de tendances morbides communes aux deux parents[1]. » C'est l'appariage entre frères et sœurs qui est regardé comme le plus nuisible, parce que la fraternité est tenue pour la forme la plus intime de la consanguinité[2].

Chez les animaux vivant en liberté, les croisements sont toujours féconds : il n'en est pas de même chez ces mêmes animaux tenus en captivité. Les uns conservent leur fécondité, les autres sont stériles. « Outre le fait, dit Darwin, que beaucoup d'animaux ne s'accouplent pas en captivité ou s'accouplent sans résultat, il en est d'autres qui témoignent d'une perturbation dans leurs fonctions sexuelles. Lorsqu'en captivité la conception a lieu, les jeunes animaux naissent souvent morts ou sont mal conformés. C'est ce qui arrive souvent au jardin zoologique. Il semble

---

1. Darwin, *Variations*, tome II, page 123.
2. Darwin, *Variations*, tome II, page 130, cite l'exemple de truies provenant d'unions consanguines et devenues presque stériles avec des verrats du même sang, qui redeviennent très fécondes avec des verrats d'une autre race. Voir à la page 185, le résumé de Darwin sur ce double sujet. Accroissement de fécondité par union entre individus non parents, et diminution de fécondité entre individus consanguins.

que tout changement un peu prononcé dans les habitudes, quelles qu'elles puissent être, tende à affecter d'une manière inexplicable le pouvoir reproducteur. Le résultat dépend plus de la constitution de l'espèce que de la nature du changement, car certains groupes entiers sont plus affectés que d'autres ; mais il y a toujours des exceptions, et on trouve dans les groupes les plus stériles, des espèces qui se propagent facilement[1]. » Quoi qu'il en soit, on doit tenir compte du fait de la captivité lorsqu'il s'agit d'apprécier les résultats des croisements expérimentaux opérés par les savants.

En laissant à part les unions consanguines et le fait de la captivité, les caractères du croisement des races appartenant à la même espèce sont les suivants : 1° Facilité du croisement ; 2° Fécondité continue des métis ; 3° Accroissement de fécondité par le métissage ; 4° Équilibre entre les fonctions reproductives et la vie de nutrition chez les métis ; 5° Atavisme chez les métis.

II. CROISEMENTS ENTRE INDIVIDUS APPARTENANT A DEUX ESPÈCES DISTINCTES, MAIS D'UN MÊME GENRE (*Hybridation congénère*). — Prenons pour exemple le genre *equus*, ce genre comprend les espèces suivantes : le cheval proprement dit, l'âne, l'hémione, l'hémippe, le couagga, le dauw et le zèbre.

En croisant l'âne avec la jument, on obtient le mulet, hybride très ardent, mais infécond. Après avoir

---

1. DARWIN. *Variations*, tome II, pages 167, 169.

observé les faits contemporains, recueilli et contrôlé les faits anciens relativement aux mulets, on est arrivé aux trois conclusions suivantes :

A. Infécondité absolue des mulets unis aux mules ;

B. Infécondité probablement absolue du mulet uni soit à une jument, soit à l'ânesse ;

C. Fécondité extrêmement rare de la mule croisée avec le cheval ou avec l'âne.

A la ménagerie du Muséum, un hybride mâle, né d'un hémione et d'une ânesse, a fécondé les deux espèces dont le croisement l'avait produit.

« Des expériences multipliées, dit Isidore Geoffroy, nous ont toutefois appris que cet hémione-âne, s'il est plus fécond qu'un mulet ordinaire, l'est moins qu'un individu d'espèce pure[1]. » Isidore Geoffroy ne dit pas que l'hybride d'hémione et d'ânesse ou tout autre hybride du genre cheval ait fécondé un hybride du même genre.

D'autre part, lorsqu'on croise un hybride avec un individu de l'une ou de l'autre espèce qui lui ont donné naissance, les produits obtenus retournent au bout de trois ou quatre générations au type de l'espèce parente avec qui se fait le croisement. Par exemple, en croisant l'hybride d'un loup et d'une chienne avec un loup, l'hybride au bout de la quatrième génération redevient loup. Si cet hybride est

1. ISID. GEOFFROY, *Hist. des règnes organiques*, tome III, page 215. Voir à la note de la page 173 la liste complète des hybrides obtenus dans le genre cheval.

croisé avec un chien, il redevient chien au bout de la quatrième génération.

Le genre chien comprend trois espèces, à savoir : l'espèce chien, l'espèce loup et l'espèce chacal. Linné et Cuvier avaient rangé les renards dans le genre chien, les naturalistes modernes en ont fait un genre à part. Voici le résultat des croisements opérés par Buffon, par Isidore Geoffroy Saint-Hilaire et par Flourens :

Buffon croisa la chienne avec le loup, il obtint des hybrides ; il croisa ces hybrides entre eux, il eut ainsi quatre générations successives. Ces expériences prirent fin par suite de la mort du grand naturaliste [1].

En croisant le chacal avec la chienne, puis en croisant entre eux les hybrides issus de ce croisement, Isidore Geoffroy obtint trois générations successives ; Flourens en obtint quatre [2].

Ces expériences si instructives ne sont pas à l'abri d'une grave objection, celle qui est tirée de l'action nuisible des unions consanguines. Buffon, Isidore Geoffroy et Flourens croisaient entre eux les hybrides frères et sœurs, ce qui aux yeux de tous les éleveurs est la condition la plus mauvaise [3].

Dans tous ces croisements, les individus employés

---

1. BUFFON, Édition Flourens, tome IV, *Des Mulets*.
2. ISID. GEOFFROY, *Hist. des règnes*, tome III, page 217.
3. Il serait à désirer que ces expériences fussent reprises sur un plan nouveau; on opérerait, par exemple, sur plusieurs couples différents ; en croisant les hybrides obtenus d'un couple avec des hybrides d'un autre couple et par conséquent n'ayant aucun lien de parenté, on écarterait les inconvénients qui résultent des unions consanguines.

appartenaient, soit l'un à une espèce domestique et l'autre à une espèce sauvage, soit tous deux aux espèces domestiques. Mais jamais on n'a constaté de croisement fécond entre mammifères sauvages appartenant à deux espèces du même genre, vivant à l'état de liberté.

III. Croisements entre individus appartenant a deux espèces de genres différents (*hybridation bigénère*). — Il est bon d'avoir toujours présentes à la mémoire les paroles d'Agassiz sur le caractère artificiel de la plupart des genres institués par les naturalistes; cette incertitude sur la valeur naturelle des genres admis en classification commande la plus grande prudence dans le jugement qu'on doit porter sur les résultats des hybridations. Tels hybrides obtenus qu'on croit le fruit de l'union entre deux genres différents ne sont probablement que le résultat du croisement entre deux espèces appartenant au même genre. Sous le bénéfice de ces observations, on est fondé à regarder comme appartenant à deux genres distincts les animaux suivants : le bouc et la brebis, le faisan et la poule, la poule et la pintade, la pintade et le paon. Voyons le résultat des accouplements :

Au Chili, on croise le bouc et la brebis, on obtient un hybride dont la toison, très recherchée dans l'Amérique du Sud, est l'objet d'un véritable commerce. Les croisements se poursuivent dans un ordre déterminé de façon à avoir des hybrides qui aient 3/8 du sang du bouc et 5/8 du sang de la brebis. Ces hybrides se maintiennent pendant quelques générations. Mais un moment vient où il faut recommencer tous les croisements qui leur donnent naissance, parce qu'ils retournent aux types des parents. Il en est de même des hybrides du lièvre et du lapin ou léporides [1].

Le croisement du faisan et de la poule, celui de la poule et de la pintade, celui de la pintade et du paon ont donné naissance à des hybrides mixtes. Tous les hybrides précédents, croisés entre eux, sont inféconds [2].

Le croisement du canari, soit avec le chardonneret, soit avec la linotte, donne naissance à des hybrides inféconds entre eux ou promptement inféconds; mais ces oiseaux peuvent être regardés comme appartenant à des espèces plutôt d'un même genre que de deux genres différents, ce sont des hybrides congénères. C'était l'avis de Guéneau de Montbéliard.

Le croisement du taureau et de la jument est infécond. Buffon raconte un fait qui s'est pour ainsi dire passé sous ses yeux en 1767 et années suivantes, dans sa terre de Buffon, près de Montbard, en Bourgogne (Côte-d'Or). Une jument et un taureau qui habitaient la même étable s'étaient pris de passion l'un pour l'autre. Dans la saison des amours, ils s'accouplaient

---

[1]. QUATREFAGES, *L'Espèce humaine*, page 55. Dans une communication faite à l'Académie des sciences, le 3 août 1896, M. Cornevin, après de nombreuses dissections comparées et après une enquête faite au Chili, conclut que les Chabins ne sont pas des hybrides; c'est simplement une race de moutons. Il dit également que les léporides ne sont pas des hybrides, mais simplement une race de lapins. M. Alphonse Milne-Edwards, même séance, page 283, confirme les conclusions de M. Cornevin.

[2]. ISID. GEOFFROY, *Hist. des règnes*, tome III, page 66 et suivantes.

spontanément avec une grande ardeur; mais l'union resta toujours improductive[1].

Dans les hybrides, l'appareil de reproduction est toujours plus altéré chez le mâle que chez la femelle; cela explique pourquoi l'hybride femelle a donné parfois des preuves de fécondité tandis que l'hybride mâle est infécond du premier coup.

Jamais on n'a constaté d'hybridation spontanée entre animaux sauvages appartenant à deux genres différents.

Voici le tableau comparé du métissage et de l'hybridation qui met en saillie les caractères distinctifs des métis et des hybrides :

MÉTISSAGE	HYBRIDITÉ
1º Facilité du croisement ;	1º Extrême difficulté de l'hybridation ;
2º Fécondité continue des métis ;	2º Infécondité absolue ou prompte des hybrides ;
3º Atavisme chez les métis ;	3º Jamais d'atavisme chez les hybrides; mais retour aux types-parents ;
4º Accroissement de fécondité par le métissage ;	4º Diminution extrême de fécondité par l'hybridation, lorsque l'hybridation a été fertile ;
5º Équilibre entre les fonctions reproductrices et la vie de nutrition chez les métis.	5º Rupture du même équilibre chez les hybrides au détriment de l'appareil reproducteur.

1. BUFFON, édition Flourens, tome IV, page 212. Voir aussi même page, la passion réciproque d'un chien et d'une truie.

La conclusion est la suivante : Il est impossible qu'entre les espèces sauvages appartenant au même genre, à plus forte raison à deux genres différents, se soit établie une espèce ayant des caractères intermédiaires entre les deux prétendus types parents.

V. La sélection naturelle et la divergence des caractères.

Le plus puissant effort qu'on ait fait pour expliquer l'origine des espèces à l'aide des seules forces naturelles est la théorie qui a pour auteur l'illustre naturaliste anglais Darwin. Voici, à grands traits, les lignes principales de la théorie darwiniste :

I. Lutte pour l'existence. — Tous les êtres organisés, animaux et plantes, ont à livrer pour la vie un combat effroyable, sans trêve ni relâche, contre les conditions du milieu où ils vivent et pour la conquête de la nourriture.

A. Tout être qui ne s'adapte pas aux conditions météorologiques de chaleur ou de froid, d'humidité ou de sécheresse, est condamné à périr.

B. Les individus s'accroissant en progression géométrique, les aliments deviennent insuffisants. Il s'ensuit qu'un grand nombre d'individus doivent périr ; c'est à cette dure condition qu'une race peut se perpétuer. Ceux-là survivent qui ont le mieux supporté l'abstinence et la famine ou qui dans la lutte pour la possession de la nourriture ont dû la victoire à une supériorité de force physique ou à une qualité d'un autre ordre, telle que la ruse, l'industrie.

II. La sélection naturelle. — La conséquence de cette lutte sans merci pour l'existence est que les vainqueurs ou survivants sont les meilleurs ou, si l'on veut, les plus aptes ; c'est une sélection qu'a faite la nature. L'homme fait aussi des sélections ; ce qu'il fait d'une manière méthodique et consciente, la nature le fait à la longue par l'action des lois qui régissent le monde physique. Supposons une espèce de loups qui se nourrissent de divers animaux, prenant les uns par ruse, les autres par force, ceux-là par agilité. Supposons que, par suite d'une disette ou par toute autre cause, la seule proie restant dans la contrée soit le daim. Il s'ensuit que parmi les loups ceux-là seuls survivront à la famine qui joindront la force à la plus grande agilité. De là une descendance de loups dont la vitesse ira croissant par accumulation sélective. De là aussi et parallèlement la diminution progressive du gibier. Si, au contraire, la proie eût été un animal de haute taille, ce sont les loups doués d'un corps trapu et vigoureux qui eussent triomphé de la concurrence vitale.

Cette hypothèse est depuis longtemps réalisée. Dans les montagnes de Catskill, aux États-Unis, il existe deux variétés de loups. L'une, de forme élancée, assez semblable à nos lévriers, poursuit les bêtes fauves. L'autre, plus massive, attaque fréquemment les troupeaux.

III. La divergence des caractères. — Dans la lutte

contre le climat et pour la nourriture, les espèces doivent continuement se plier aux conditions mêmes du combat. Varier ou mourir, telle est la loi de la concurrence vitale. Or, une variation, qu'est-ce autre chose qu'une divergence de caractère ! Comme la nécessité de variations continues est permanente, la divergence des caractères va toujours croissant, si bien qu'à la longue il en résulte un écart considérable entre le type primordial et le type extrême. Suite nécessaire de la sélection naturelle, la *divergence des caractères* est la pierre fondamentale sur laquelle repose la théorie de Darwin. Pour Darwin, une variété est une espèce naissante, une espèce en voie de formation ; le genre est l'espèce éloignée de sa souche ; il n'y a pas diversité d'origine entre la variété, l'espèce et le genre, mais une simple divergence de caractères. Tous ces termes de genre, famille, ordre, espèce, n'expriment que les divers degrés de différence entre les descendants d'un commun ancêtre. Le système naturel est donc le système généalogique.

L'ensemble des êtres organisés peut être comparé à un grand arbre. Les grosses branches sont les embranchements comme le nom l'indique lui-même ; les grands rameaux, d'où surgissent les rameaux plus petits, marquent les familles, les genres et les espèces ; les bourgeons sont les variétés naissantes, destinées à devenir espèces, puis genres et familles, comme l'ont fait les rameaux d'où ils sortent. Ceux qui ont végété ou fleuri pendant les années précédentes représentent la succession des espèces éteintes. Tout s'enchaîne, tout dérive l'un de l'autre par une série de modifications lentes et graduées à l'infini; et le lien qui les unit est le lien généalogique.

Examen critique. — L'exemple des loups des monts Catskill montre bien comment la divergence des caractères peut créer des races, mais il ne montre pas comment l'accumulation des caractères divergents transformerait une race de loups en chacals, une autre en chiens, c'est-à-dire comment la divergence des caractères parviendrait à constituer les différentes espèces d'un genre.

Avec les années et la fréquence des expérimentations, le critérium *fécondité continue* permettra de distinguer les espèces réelles et de classer parmi les simples races un nombre considérable de groupes que la morphologie avait déclarés espèces. Le premier degré de la classification vraiment naturelle pourra donc être solidement établi. Mais comment poser le second degré, à savoir le genre? Lorsqu'on croise une jument et un âne, on obtient un mulet; le mulet est infécond dès la première génération. Quel rapport y a-t-il entre l'âne et le cheval? Le squelette est d'une structure identique, les différences sont extérieures. C'est ici qu'intervient Darwin. A la question posée il répond : L'âne et le cheval sont deux races issues de la même souche, mais qui depuis des siècles ont divergé. Le problème revient donc à ceci : Prouver qu'au bout d'un certain nombre de générations les unions entre races de la même espèce deviennent à peu près infécondes.

Comme on le voit, le problème de la transmutation des espèces semble être résolu de deux manières, l'une *directe* et d'une valeur absolue, à savoir, le croisement des espèces toujours fécond ; l'autre *indirecte* et presque contradictoire, à savoir, le croisement des *races* devenant infécond au bout d'un certain nombre de générations.

Dans l'état actuel de la science, s'il y a un fait bien constaté, c'est la stérilité des hybrides ; les croisements féconds des *espèces* sont rares ; à peine dépassent-ils la troisième génération. Donc la solution directe du problème, pour ce qui concerne l'hybridité, n'est pas possible [1].

Reste la seconde ; c'est à celle-là que s'est attaché Darwin. Il cite un fait emprunté à Youatt d'où il résulterait que, dans le Lancashire, le croisement des bestiaux à cornes longues avec les bestiaux à cornes courtes aurait été suivi d'une diminution notable dans la fécondité à la troisième ou à la quatrième génération. En premier lieu, une diminution n'est pas une suppression de fécondité. Il est vrai qu'on pourrait arguer du peu de temps accordé à l'expérience ; en ce cas, la solution du problème, sans être trouvée, pourrait du moins être espérée. Mais Darwin, avec cette bonne foi et cette loyauté qui lui ont gagné le cœur et la vénération de ses lecteurs, avoue qu'un autre éleveur, Wilkinson, a constaté sur un autre point de l'Angleterre l'établissement d'une race métisse pro-

---

[1]. Darwin, *Variations*, tome II, pages 111, 199.

venant de ce même croisement. Le problème n'a donc pu, pas davantage, être résolu *indirectement*. Darwin le confesse lui-même lorsque de la discussion des faits il tire la conclusion suivante qui clôt le débat : « Les espèces ne doivent pas leur stérilité mutuelle à l'action accumulatrice de la sélection naturelle. »

Ainsi ni directement par le croisement des espèces, ni indirectement par les transformations lentes des races, la sélection naturelle ne peut créer de nouvelles espèces. Telle est l'objection capitale qui a été faite à la théorie de Darwin et que rien n'a pu jusqu'à présent écarter. C'est l'aveu qu'en a fait le plus ardent admirateur de Darwin : « Notre adhésion à l'hypothèse darwinienne restera provisoire, dit Huxley, aussi longtemps qu'un anneau manquera dans l'enchaînement des preuves ; et cet anneau fera défaut aussi longtemps que les animaux et les plantes, qui ont dans cette hypothèse une origine commune, produiront exclusivement des individus fertiles à postérité fertile. Car jusque-là on n'aura pas prouvé, en un mot, que le croisement par sélection naturelle ou artificielle est capable de réaliser les conditions nécessaires à la production des espèces naturelles, lesquelles sont, pour la plupart, stériles entre elles [1]. »

Si la théorie de Darwin avait pu triompher de l'obstacle opposé par les croisements, elle aurait résolu le problème de l'origine des espèces et les problèmes qui s'y rattachent en écartant toute inter-

---

1. Huxley, *De la place de l'homme dans la nature*, page 211.

vention théologique, ce qui est l'idéal que doit poursuivre la science humaine. Tout espoir cependant n'est pas perdu, car si les hybrides issus de l'union de deux espèces distinctes restent inféconds, il n'en est pas moins vrai que l'union de ces espèces distinctes a donné naissance à un individu vivant, intermédiaire entre les deux espèces; cet individu mixte peut même parfois engendrer des enfants mixtes comme lui. Il y a évidemment là un problème de parenté dont la solution est à trouver. Quoi qu'il advienne du darwinisme, il en restera deux faits généraux acquis à l'histoire naturelle: la lutte pour l'existence et la sélection naturelle. Seulement ces deux lois, au lieu d'une puissance transformatrice sans limites, se mouvront dans une sphère plus restreinte. Si leur influence ne va pas jusqu'à créer des espèces, elle s'exercera du moins avec efficacité sur les races [1].

VI. — Les formes intermédiaires ou passages.

Les hybrides peuvent être regardés comme les modèles achevés des formes intermédiaires; par

---

[1]. Dans une lettre adressée, le 30 mai 1874, au marquis de Saporta (*Correspondance*, tome II, page 527), Darwin écrivait les lignes suivantes : « Je compte que vous amènerez un grand nombre de vos compatriotes à croire à l'évolution, et mon nom cessera peut-être alors d'être un objet de mépris. » Le nom de Darwin un objet de mépris !... Certainement c'est la plus profonde erreur où soit tombé ce grand homme, dont la modestie égalait le savoir; loin d'être honni, le nom de Darwin est et restera l'un des plus glorieux du xixe siècle.

exemple, le mulet est le type du passage entre l'âne et le cheval.

Les fossiles qui présentent des types intermédiaires se trouvent dans tous les gisements. Non seulement ces passages se rencontrent chez les vertébrés, mais aussi chez les mollusques, les zoophytes, etc.[1].

Le champ des découvertes paléontologiques est très restreint : On ne possède que les parties des animaux susceptibles de se conserver par la fossilisation ; et quand même on aura appris que les os et les dents ont présenté des transitions d'espèce à espèce, il restera à démontrer qu'il y a eu passage aussi pour la voix, les organes mous et les parties extérieures, telles que le pelage, la forme de la queue, des oreilles, etc. ; la paléontologie ne pourra donc à elle seule prouver définitivement que des espèces différentes sont descendues les unes des autres[2].

Quoi qu'il en soit, les transitions ostéologiques n'en conservent pas moins une grande importance. « En effet, le squelette est la charpente de l'édifice ; les dispositions des muscles et des ligaments varient avec lui puisqu'ils s'y insèrent ; les mouvements du corps dépendent de sa forme ; il loge les parties essentielles du système nerveux et les organes des sens : les moindres modifications des dents et des os des pattes influent sur le régime de nourriture et sur les mœurs. Le squelette est donc regardé à juste titre comme

---

1. ALBERT GAUDRY, *les Ancêtres*, pages 152, 156.
2. ALBERT GAUDRY, *les Ancêtres*, page 165.

fournissant les caractères les plus importants et les plus fixes[1]. »

M. Albert Gaudry a résumé dans plusieurs tableaux les découvertes faites jusqu'ici relativement à l'origine des grands animaux de l'époque actuelle, à savoir, les proboscidiens, les équidés, les rhinocéros, les hyènes, les sangliers; nous prendrons comme exemple les proboscidiens.

Le genre proboscidien de l'époque actuelle comprend deux espèces, à savoir, l'éléphant des Indes et l'éléphant d'Afrique. L'éléphant indien se rattacherait à l'*elephas antiquus* du quaternaire; il aurait pour frères l'*elephas Columbi* de Mexico et l'*elephas primigenius* ou mammouth du quaternaire. L'éléphant africain se rattacherait à l'*elephas priscus* du quaternaire. Les deux éléphants du Quaternaire, *elephas priscus* et *elephas antiquus*, seraient deux branches issues d'une souche commune, à savoir, l'*elephas Cliftii* du miocène supérieur. L'*elephas Cliftii*, rangé par M. Clift parmi les Mastodontes, dériverait du Mastodonte *pyrenaïcus* du miocène moyen. En reprenant le tableau par la base, on pourrait le résumer ainsi : D'une souche commune, à savoir, un mastodonte, sont dérivés deux embranchements, à savoir, l'embranchement des mastodontes et celui des éléphants. L'embranchement des mastodontes s'est subdivisé en plusieurs rameaux dont les derniers ont péri à l'époque quaternaire. L'embranchement des éléphants s'est

---

1. Albert Gaudry, *les Ancêtres*, page 166.

subdivisé en plusieurs rameaux, dont les deux seuls encore existants sont l'éléphant de l'Inde et l'éléphant d'Afrique.

« Ces tableaux, dit Quatrefages, ont pour la science un réel intérêt en ce qu'ils permettent de saisir d'un coup d'œil les rapports multiples que présentent certains mammifères des anciens mondes entre eux et avec leurs représentants actuels; *ils n'apprennent rien quant à la cause qui a déterminé ces rapports* [1]. »

La science moderne ne connaît que quatre causes qui puissent déterminer des modifications dans les êtres organisés : ce sont le croisement, l'influence du milieu, la sélection suivie ou non de la divergence des caractères et la variation brusque. Voyons si ces causes sont capables de rendre compte de la communauté d'origine qui unirait les éléphants aux mastodontes pris pour exemple. « Il est difficile de douter, dit M. Albert Gaudry, que nos éléphants actuels aient été dérivés des éléphants fossiles, et qu'à leur tour ceux-ci aient été dérivés de leurs prédécesseurs les mastodontes... C'est d'après la forme des molaires qu'on a distingué les mastodontes des éléphants. Chez les mastodontes, les molaires sont formées de gros mamelons couverts d'une épaisse couche d'émail, de telle sorte qu'elles ont pu broyer les corps les plus durs. Chez les éléphants, les dents sont formées de lamelles superposées; elles sont disposées pour un régime herbivore. Grâce aux recherches de Crawfurd

---

1. QUATREFAGES, *Ch. Darwin*, page 191.

et de Falconer dans l'Inde, on connaît maintenant un grand nombre d'espèces fossiles de mastodontes et d'éléphants qui établissent une série d'intermédiaires entre les formes extrêmes des molaires. La meilleure preuve que certaines espèces de proboscidiens fossiles de l'Inde font la transition entre les deux genres, c'est qu'une même espèce a été rapportée par d'habiles naturalistes, tantôt à l'éléphant, tantôt au mastodonte [1]. »

1° *Le croisement.* Pour expliquer la forme intermédiaire affectée par une partie du squelette aussi importante que le sont les dents, le croisement est d'une impuissance absolue. En supposant que le type éléphant existât déjà et n'eût pas le mastodonte pour ancêtre, le croisement entre ces deux types séparés par une telle différence eût été stérile dès le début ou promptement infécond. On sait que les espèces du genre *equus*, cheval, âne, zèbre, etc., se ressemblent tellement par le squelette qu'on ne saurait les déterminer d'après les caractères ostéologiques seuls. « Si elles venaient à être ensevelies ensemble, les paléontologistes futurs n'en feraient qu'une [2]. » Or ces espèces vivantes, cheval, âne, zèbre, etc., bien autrement voisines l'une de l'autre que le sont les mastodontes et les éléphants, lorsqu'on les croise entre elles, donnent un hybride infécond ou le devenant à la 2ᵉ ou 3ᵉ génération. A plus forte raison, une espèce

---

1. A. GAUDRY, *les Ancêtres*, pages 52-53.
2. QUATREFAGES, *Ch. Darwin*, pages 192-193.

intermédiaire ne pourrait-elle s'établir entre deux genres aussi distincts que le mastodonte et l'éléphant. Ce n'est donc pas le croisement qui peut expliquer ces formes intermédiaires.

2º *L'influence du milieu.* Les conditions physiques du milieu ambiant exercent leur influence sur la qualité et la coloration du poil, sur la grandeur ou la petitesse de la taille; mais elles ne touchent en rien à la structure intime des dents.

3º *La sélection naturelle et la divergence des caractères.* Dans la lutte pour l'existence, soit pour le climat, soit pour la conquête de la nourriture, ceux-là survivent qui ont su rendre plus robuste leur organisme entier ou l'un quelconque de leurs organes; mais rien n'est changé dans la structure intime.

La divergence des caractères ne fait qu'accentuer dans les descendants la variation déterminée par la lutte pour l'existence; elle ne change rien à la structure intime du survivant et de sa progéniture.

4º *La variation brusque.* Ce que ne peut accomplir l'évolution lente et graduelle, la variation brusque ne le fait pas davantage. Elle peut modifier l'aspect extérieur ou les proportions des organes, mais elle n'en transforme pas la structure intime : le mouton ancon avec ses membres de chien basset n'a pas cessé d'avoir la nature et les dents d'un mouton; avec sa mâchoire inférieure en saillie et sa lèvre relevée qui laissant les dents à nu donnent à l'animal l'aspect d'un boule-dogue, le bœuf *niato* n'a pas cessé d'avoir la nature et les dents d'un bœuf. « Ces variations brusques et fortement prononcées, dit Darwin, s'observent isolément et à des intervalles assez éloignés dans nos produits domestiques. Si des manifestations de ce genre éclataient dans l'état de nature, elles seraient sujettes à disparaître par des causes accidentelles de destruction et *surtout* par les croisements subséquents. Nous savons par expérience qu'à l'état domestique, il en est de même lorsque l'homme ne s'attache pas à conserver et à isoler avec le plus grand soin les individus pourvus de ces variations subites [1]. »

Il résulte de cet examen que des quatre seules causes de variations qui soient connues, aucune ne peut rendre compte du passage des dents en mamelons du mastodonte aux dents en lamelles de l'éléphant. Pour expliquer les rapports morphologiques qui lient les éléphants aux mastodontes, il faut donc écarter la filiation généalogique; on est réduit à cette dernière et exclusive conclusion : **les formes intermédiaires ou passages attestent dans les enchaînements des animaux un plan suivi**; mais on ignore par quels procédés ce plan s'est réalisé dans les faits.

Formes intermédiaires complexes. — Il est certaines formes intermédiaires dont la complexité est extraordinaire. La plus étonnante est celle que présente l'animal australien qu'on appelle *ornithorhynque*.

1° *Il est mammifère* puisqu'il a des glandes mammaires et que sa peau est couverte de poils; il porte

---

1. Darwin, *Origine des espèces*, pages 567-568.

sur le pubis les mêmes os surnuméraires que les marsupiaux ; mais ses glandes mammaires sont dépourvues de mamelon, de sorte que l'allaitement d'un petit est impossible ;

2º *Il est oiseau* puisqu'il a un oviducte et qu'il pond des œufs véritables, entourés d'une coquille [1] ; il a une clavicule analogue à la fourchette des oiseaux ; son museau est une sorte de bec corné, semblable à un bec de canard ; les pieds de devant ont une membrane qui non seulement réunit les doigts, mais dépasse beaucoup les ongles ; les ongles sont libres ;

3º *Il est reptile* par les caractères que présentent une partie des os du squelette et la conformation du cloaque. En outre, une glande à venin est contenue sous la peau à la face interne du fémur ; de cette glande part un petit canal, à parois épaisses, qui descend derrière la cuisse et la jambe et se termine dans un petit sac situé dans l'excavation du pied. Ce petit sac est un réservoir dans lequel s'accumule le venin. Il communique avec un ergot canaliculé, attaché au torse de la patte. L'homme blessé par l'ergot de l'ornithorhynque éprouve tous les symptômes qui accompagnent la morsure des animaux venimeux, mais il n'en meurt point [2].

Les darwinistes ardents voient dans l'ornithorhynque un dérivé des reptiles marquant le passage des

---

1. Priem, *l'Évolution*, page 320.
2. Moquin-Tandon, *Éléments de zoologie médicale*, pages 256-257. — Voir sur le venin de l'Ornithorhynque la *Revue scientifique*, 27 avril 1895, page 536.

reptiles aux mammifères. Plus modéré que ses disciples, Darwin ne peut concevoir la conversion d'un reptile existant quelconque en mammifère; mais il est tenté de croire que le progéniteur commun d'où descendraient tous les mammifères se rapprocherait des ornithorhynques [1].

Ni l'une ni l'autre de ces hypothèses n'est admissible; il est impossible de concevoir comment les seuls procédés connus de modifications, à savoir : le croisement, l'influence des conditions extérieures, la sélection naturelle, la divergence des caractères et les variations brusques, auraient pu réunir dans la structure d'un seul animal à la fois les caractères des mammifères, des oiseaux et des reptiles.

Il est également inexplicable comment ces animaux étranges, dont l'origine d'après les darwinistes remonterait à plusieurs millions d'années (le premier mammifère, le marsupial *microlestes*, a été trouvé dans le Lias), auraient pu survivre jusqu'à nos jours, et cela sans se modifier. Darwin l'avoue dans une lettre à son illustre ami, sir Charles Lyell : « Je suis d'accord avec vous sur le fait étrange, inexplicable de la préservation de l'ornithorhynque. » Et comme Lyell, vivement frappé de ce fait ainsi que de la non-transformation des marsupiaux en placentaires, en Australie, concluait, malgré son adhésion à la théorie de descendance modifiée, à la création de types aborigènes primitifs, Darwin lui écrivit plai-

---

[1]. DARWIN, *Correspondance*, tome II, page 203.

samment : « Vous me coupez la gorge, et la vôtre aussi; je puis croire que vous le regretterez[1] ».

Il y a pis encore : on n'a pas trouvé de restes fossiles de l'ornithorhynque ni de l'autre genre de monotrèmes, l'échidné, ce qui tend à faire croire que, loin d'être d'une haute antiquité, ces deux genres d'animaux sont d'une création relativement récente. Toutes les hypothèses échafaudées sur cette haute antiquité s'écroulent.

L'examen critique du cas particulier de l'ornithorhynque et la même argumentation s'appliquent à tous les autres cas de formes intermédiaires complexes, soit dans le monde vivant actuel, soit dans les âges géologiques.

1. DARWIN, *Correspondance*, tome II, page 211.

CHAPITRE II

LES ÈRES GÉOLOGIQUES ET LA CLASSIFICATION DES ANIMAUX

1. — Ères géologiques.

A partir de la formation du terrain primitif ou archéen, commence la **grande ère géologique** proprement dite. Les géologues distinguent quatre ères, qu'ils subdivisent en périodes, et les périodes en étages. En voici le tableau :

1º *Ère primaire*. Les périodes de l'ère primaire sont, par ordre d'ancienneté, la période cambrienne, la période silurienne, la période dévonienne, la période permo-carbonifère ;

2º *Ère secondaire*. Les périodes de l'ère secondaire font suite à celles de l'ère primaire ; elles sont, par ordre d'ancienneté, la période triasique, la période jurassique, la période infra-crétacée, la période crétacée ;

3º *Ère tertiaire*. Les périodes de l'ère tertiaire font suite à celles de l'ère secondaire ; elles sont, par ordre d'ancienneté, la période éocène, la période oligocène, la période miocène, la période pliocène;

4° *Ere moderne.* La première période de l'ère moderne est appelée période ou époque quaternaire; la seconde période est celle où nous sommes.

Un savant géologue américain, M. Dana, a tenté de déterminer les durées relatives des trois premières ères géologiques par l'étude comparative de certains étages sédimentaires. Les nombres qu'il a déduits pour exprimer les durées proportionnelles des trois ères sont les suivants : L'ère tertiaire étant 1, l'ère secondaire est 3, et l'ère primaire est 12.

L'évaluation de la durée totale de l'ère géologique est très différente selon qu'elle est faite par les physiciens ou par les géologues. Les physiciens, d'après le degré de concentration auquel est arrivé le soleil, estiment à 20 millions d'années la durée de l'ère géologique. Les géologues, à la suite de nombreuses observations faites sur les points les plus divers du globe, évaluent à 100 millions au moins le temps qui s'est écoulé depuis la solidification des couches superficielles terrestres. L'estimation des géologues semble mieux fondée que celle des physiciens [1].

D'après l'estimation des physiciens, l'ère primaire embrasserait une durée de 15 millions d'années; l'ère secondaire, une durée de 4 millions; et l'ère tertiaire, un million, en chiffres ronds.

1. Voir dans A. DE LAPPARENT, *Traité de géologie*, pages 1166 et suivantes, l'exposé et la critique du principe d'évaluation des géologues et de celui des physiciens.

D'après l'estimation des géologues, l'ère primaire embrasserait une durée de 75 millions d'années ; l'ère secondaire, 19 millions ; et l'ère tertiaire, 6 millions, en chiffres ronds.

II. — Classification des animaux.

Les naturalistes ont rangé les animaux en quatre embranchements d'après l'importance du système nerveux. Chacun de ces embranchements se divise en classes, les classes en ordres, les ordres en genres, les genres en espèces. Telles sont les lignes essentielles de la classification. La nécessité de mettre plus de clarté dans certains groupements a fait introduire des divisions dénommées, tribus, légions, familles, etc., lesquelles ne touchent en rien aux divisions fondamentales de la classification. Nous décrirons ici les embranchements et leurs divisions dans la mesure compatible avec l'intelligence de ce qui va suivre. Les détails complémentaires seront donnés à leur place, c'est-à-dire dans les ères géologiques et les divers terrains qui s'y rattachent.

§ 1. **Embranchement des vertébrés.** — L'embranchement des vertébrés comprend quatre classes, à savoir, la classe des mammifères, celle des oiseaux, celle des reptiles et celle des poissons. La classe des reptiles est aujourd'hui dédoublée en deux classes, celle des reptiles proprement dits et celle des batraciens.

I. CLASSE DES MAMMIFÈRES. — Les mammifères se partagent en deux sous-classes d'après la présence ou l'absence du placenta chez les fœtus. La première est la sous-classe des mammifères placentaires ou monodelphes; la seconde est la sous-classe des mammifères placentaires ou didelphes; ces derniers sont aussi appelés marsupiaux.

Chez les monodelphes, le placenta est adhérent à l'utérus; il n'y a pas de poche extérieure pour recevoir les petits.

Chez les didelphes ou marsupiaux, le placenta n'est pas adhérent; les petits subissent un développement incomplet dans l'utérus; ils sont placés pour l'allaitement dans une poche extérieure (*marsupium*, bourse ou poche, d'où le nom de marsupiaux).

Les didelphes sont regardés comme inférieurs aux monodelphes. Ils forment une série parallèle à celle des monodelphes; comme ces derniers, ils comptent des herbivores, des insectivores, des carnassiers.

I. *Mammifères monodelphes*. — Cette sous-classe comprend douze ordres :

1° Hommes; 2° singes ou quadrumanes; 3° chéiroptères (chauve-souris); 4° insectivores (hérissons, taupes); 5° carnassiers; 6° rongeurs; 7° édentés (tatous, paresseux, fourmiliers); 8° proboscidiens (éléphants); 9° pachydermes (hippopotames, rhinocéros, cochons, etc.); 10° ruminants; 11° cétacés herbivores ou sirénoïdes (lamantins, dugongs, stellères); 12° cétacés carnivores (dauphins, cachalots, baleines).

II. *Mammifères didelphes*. — Cette sous-classe comprend quatre ordres :

1° Marsupiaux carnassiers-insectivores (sarigues, dasyures); 2° marsupiaux herbivores (phalangers, kangourous); 3° marsupiaux rongeurs (wombats ou phascolomys); 4° monotrèmes (échidnés, ornithorhynques).

II. Classe des oiseaux. — La classe des oiseaux comprend six ordres :

1° Oiseaux de proie (aigles, hiboux, etc.); 2° passereaux (moineaux, merles, etc.); 3° gallinacés (poules, pigeons, faisans, etc.); 4° oiseaux marcheurs (autruches, casoars); 5° échassiers (grues, hérons, bécasses, etc.); 6° palmipèdes (oies, canards, mouettes, etc.).

III. Classe des reptiles proprement dits. — La classe des reptiles comprend quatre ordres :

1° Chéloniens ou tortues; 2° crocodiliens; 3° sauriens ou lacertiens, en grec σαύρα lézard; en latin *lacerta* lézard (lézards, varans ou monitors, iguanes); 4° ophidiens ou serpents. Plusieurs naturalistes réunissent les crocodiles et les lézards en un seul ordre qu'ils appellent l'ordre des sauriens; et cela surtout à cause des sauriens fossiles, qu'il est difficile de ranger exactement, soit parmi les lézards, soit parmi les crocodiles. Dans cette classification, l'ordre des sauriens se subdivise en deux sous-ordres, à savoir, celui des sauriens cuirassés ou crocodiles, et celui des sauriens écailleux ou lézards[1].

---

1. Pictet, *Traité de paléontologie*, tome I, page 425.

IV. Classe des reptiles batraciens. — La classe des batraciens comprend trois ordres :

1° Batraciens anoures, c'est-à-dire sans queue (grenouilles, crapauds, etc.); 2° batraciens urodèles, c'est-à-dire à queue visible (salamandres, tritons, etc.); 3° batraciens serpentiformes (cécilies).

V. Classe des poissons. — La classe des poissons se partage en trois sous-classes, à savoir, celle des poissons osseux, celle des poissons cartilagineux et celle des poissons suceurs ou cyclostomes. Les deux premières se divisent en ordres nombreux ; nous n'en donnerons que quelques-uns.

1° *Poissons osseux*. — A. Acanthoptérygiens, ἰχθύς épine, πτερύγιον nageoire, c'est-à-dire à nageoires épineuses : perches, bars, maquereaux, etc. B. Malacoptérygiens, c'est-à-dire à nageoires molles : carpes, brochets, saumons, harengs, soles, morues, etc.

2° *Poissons cartilagineux*. — A. Sélaciens : squales, chimères, raies. B. Ganoïdes cuirassés : esturgeons, sterlets.

3° *Poissons suceurs ou cyclostomes* : lamproie, ammocètes.

§ II. **Embranchement des articulés.** — L'embranchement des articulés se partage en deux sous-embranchements selon que les articulés ont des pieds ou n'en ont pas; le premier est le sous-embranchement des arthropodes, c'est-à-dire des articulés ayant des pieds ou articulés proprement dits ; le second est le sous-embranchement des vers ou annelés.

Le sous-embranchement des articulés comprend

quatre classes, celle des insectes, celle des myriapodes, celle des arachnides et celle des crustacés.

Le sous-embranchement des vers comprend trois classes, celle des annélides, celle des rotateurs et celle des helminthes ou vers intestinaux.

Les classes du premier sous-embranchement sont les seules qui aient joué un rôle important dans les ères géologiques.

I. CLASSE DES INSECTES. — La classe des insectes se partage en deux sous-classes, à savoir, celle des insectes ailés et celle des insectes non-ailés ou aptères.

Les insectes aptères comprennent les thysanoures (lépismes, podures), les parasites (poux), les suceurs (puces) ; leur rôle en paléontologie est à peu près nul.

Les insectes ailés se partagent en deux sections, celle des insectes broyeurs et celle des insectes suceurs à trompe.

A. *Insectes broyeurs, à bouche composée de mâchoires et de mandibules*. — Quatre ordres :

1º Coléoptères (hannetons, cétoines, etc.); 2º orthoptères (sauterelles, grillons, etc.); 3º névroptères (libellules, éphémères, etc.); 4º hyménoptères (abeilles, guêpes, etc.)

B. *Insectes suceurs, à trompe*. — Trois ordres :

1º Hémiptères (cigales, pucerons, etc.); 2º lépidoptères (papillons); 3º diptères (mouches, cousins, taons, etc.).

La sous-classe des insectes aptères ne subit pas de métamorphose. Dans la sous-classe des insectes ailés, les uns ont une demi-métamorphose ; les autres, une métamorphose complète.

Voici les phases de la métamorphose complète :
1° De l'œuf naît un ver ou une chenille, c'est la *larve*, laquelle est entièrement dissemblable de l'insecte parfait ; 2° au bout d'un certain temps, la larve passe à un second état qu'on appelle *nymphe* ou *chrysalide* ; dans cet état, elle ne se nourrit pas, elle est immobile ; 3° de la nymphe, l'insecte sort à l'*état parfait*.

La demi-métamorphose diffère de la métamorphose complète en ceci : 1° La larve a des formes exactement analogues à celles de l'insecte parfait, sauf qu'elle est dépourvue d'ailes ; 2° plus tard apparaissent les ailes rudimentaires, c'est le passage à l'état de nymphe ; la nymphe n'est jamais immobile et jamais ne cesse de se nourrir ; 3° enfin les ailes se développent complètement, c'est l'état parfait.

Les insectes à demi-métamorphose sont les orthoptères, les hémiptères et quelques névroptères, à savoir : les libellules et les éphémères.

Les insectes à métamorphose complète sont les coléoptères, les hyménoptères, les diptères et la plupart des névroptères.

Étymologies. — 1° *Coléoptères*, κολεός étui, πτερόν aile, c'est-à-dire insectes dont les ailes sont recouvertes par un étui ; cet étui se compose de deux fausses ailes appelées *élytres*, mot grec qui signifie également étui ;

2° *Orthoptères*, ὀρθός droit, πτερόν aile, c'est-à-dire insectes à ailes droites, ce qui est faux ; mot mal choisi ;

3° *Hémiptères*, ἥμι à demi, ailes à demi recouvertes par un étui ;

4° *Névroptères*, νεῦρον nervure, ailes à nervures formant un réseau ;

5° *Hyménoptères*, ὑμήν membrane, ailes membraneuses ;

6° *Lépidoptères*, λεπίς écaille, ailes écailleuses ;

7° *Diptères*, δίς deux, insectes à deux ailes.

II. Classe des myriapodes. — Iules, scolopendres, polydesmes.

III. Classe des arachnides. — La classe des arachnides comprend deux ordres :

1° *Arachnides pulmonaires* : araignées, scorpions ;

2° *Arachnides trachéennes* : faucheurs, acarus, galéodes.

IV. Classe des crustacés. — Les crustacés se partagent en deux sous-classes, celle des crustacés proprement dits et celle des xiphosures.

La sous-classe des xiphosures ne comprend qu'un genre, celui des limules. Dans les terrains paléozoïques, cette sous-classe était celle des mérostomes, dont les xyphosures formaient le deuxième ordre.

La sous-classe des crustacés proprement dits se partage en cinq groupes principaux ou légions, qui se subdivisent en ordres :

1ᵉʳ *Groupe.* Les *Podophtalmes*, c'est-à-dire à yeux pédonculés, se divisent en deux ordres : 1° décapodes : crabes, écrevisses ; 2° stomapodes : squilles.

2ᵉ *Groupe.* Les *Edriophtalmes*, c'est-à-dire à yeux sessiles, se divisent en trois ordres : 1° amphipodes :

crevettes ; 2° lœmodipodes : cyames ; 3° isopodes : cloportes.

3° *Groupe.* Les *Branchiopodes*, c'est-à-dire à pattes servant de branchies : limnadies, daphnés. L'ordre fossile des trilobites se rattache aux branchiopodes.

4° *Groupe.* Les *Entomostracés*, c'est-à-dire insectes à coquille : cyclopes, lernées, cirrhipèdes. L'ordre des cirrhipèdes se divise en anatifes et en balanes.

5° *Groupe.* Les *Ostracodes*, c'est-à-dire coquilles : cypris, zoés.

§ III. **Embranchement des mollusques.** — L'embranchement des mollusques se partage en deux sous-embranchements, celui des mollusques proprement dits, et celui des molluscoïdes.

Le sous-embranchement des molluscoïdes se divise en tuniciers et en bryozoaires.

Le sous-embranchement des mollusques comprend cinq classes :

I. Classe des céphalopodes. — Les céphalopodes, c'est-à-dire qui ont des pieds ou des tentacules à la tête, se partagent en deux familles d'après le nombre des branchies. Les familles se divisent en ordres et en genres.

A. Les *Dibranchiaux*, c'est-à-dire à deux branchies : poulpes, argonautes, calmars, et parmi les fossiles, bélemnites.

B. Les *Tétrabranchiaux*, c'est-à-dire à quatre branchies : nautiles, et parmi les fossiles, groupes importants appelés nautilidés et ammonitidés.

II. Classe des ptéropodes, c'est-à-dire pied en forme d'aile : clio, hyale.

III. Classe des gastéropodes, c'est-à-dire pied au ventre : limace, escargot, etc.

IV. Classe des acéphales, c'est-à-dire sans tête; ou *lamellibranches*, c'est-à-dire à branchies lamelleuses : huître, moule, pholade, etc.

V. Classe des brachiopodes, c'est-à-dire bras au lieu de pied : lingules, térébratules, orbicules.

§ IV. **Embranchement des zoophytes.** — L'embranchement des zoophytes comprend quatre grandes classes : celle des échinodermes, celle des polypes, celle des spongiaires et celle des protozoaires ou sarcodaires. Les deux premières ont la symétrie rayonnée; les deux autres ne l'ont pas.

I. Classe des échinodermes. — Les échinodermes, c'est-à-dire peau **hérissée** d'épines, se divisent en quatre ordres : 1º oursins; 2º étoiles; 3º crinoïdes; 4º holothuries.

II. Classe des polypes. — Les polypes, c'est-à-dire pieds ou tentacules **nombreux, se divisent en deux** sections : 1º polypes **coralliaires** ou polypiers : corail, gorgone, madrépore, **astrée;** 2º polypes hydraires : hydres, sertulaires, méduses. Avant d'être rattachées aux polypes hydraires, les méduses ont longtemps formé une classe séparée, celle des acalèphes ou orties de mer. C'est la découverte de la génération alternante des méduses qui a **déterminé** la suppression de la classe des acalèphes.

Les graptolites **fossiles** sont des polypes hydraires.

Les coralliaires des temps paléozoïques comprennent les tabulés et les rugueux.

III. Classe des spongiaires. — Les spongiaires comprennent deux sections : celle des éponges calcaires et celle des éponges siliceuses, laquelle est de beaucoup la plus importante.

IV. Classe des protozoaires ou sarcodaires. — Les protozoaires, c'est-à-dire premiers animaux, dans le sens chronologique, ou sarcodaires, c'est-à-dire charnus, se divisent en deux sections : 1º sarcodaires à coquille calcaire : foraminifères ; 2º sarcodaires à coquille siliceuse : radiolaires.

III. — La classification et l'échelle des êtres.

La classification est regardée comme formant une échelle des êtres. Cette vue théorique s'appuie sur ce fait évident qu'il y a des degrés de perfection dans les animaux[1]. Le type le plus parfait est celui des vertébrés, lequel doit être placé bien au-dessus de tous les groupes d'animaux invertébrés. Il se divise lui-même en quatre types d'une organisation et d'une perfection inégales : les mammifères sont plus parfaits que les oiseaux, ceux-ci que les reptiles ; les poissons sont inférieurs à tous les autres.

Mais dans les invertébrés, la distribution n'est pas

---

1. Voir F.-J. Pictet, *Traité de Paléontologie*, tome Iᵉʳ, pages 63 et suivantes.

la même; les groupes principaux, mollusques, articulés, rayonnés, sont supérieurs ou inférieurs les uns aux autres suivant le point de vue sous lequel on les envisage et suivant les espèces que l'on compare. On ne peut plus, comme pour les vertébrés, les placer à la suite les uns des autres, en déclarant que l'animal le plus imparfait de l'un d'entre eux est supérieur au plus parfait des deux autres. Par exemple, les mollusques sont, par les céphalopodes, supérieurs aux articulés; ils leur sont inférieurs par les acéphales; on ne peut donc pas distribuer les mollusques et les articulés en une seule série. Chez les céphalopodes, en effet, les organes des sens et en particulier les yeux sont presque aussi parfaits que ceux des vertébrés. C'est pourquoi Cuvier avait tout d'abord rangé l'embranchement des mollusques à la suite des vertébrés; ce fut Étienne Geoffroy-Saint-Hilaire qui, arguant de ce que l'on avait choisi le plan du système nerveux pour critérium des embranchements, fit logiquement ranger les mollusques à la suite des articulés [1].

D'autre part, les différents types d'invertébrés ont leur perfection dans la réalisation des conditions d'un certain organisme, ce qui les rend très difficiles à comparer entre eux. Le mollusque, l'articulé et le rayonné le plus élevé ont chacun des caractères de perfection d'un genre différent qui ne permet pas toujours de décider que l'un est supérieur à l'autre.

---

1. Isid. Geoffroy, *Vie, travaux et doctrine d'Étienne Geoffroy*, page 330.

Chez les mollusques, les types les plus élevés sont ceux des céphalopodes, des ptéropodes et des gastéropodes.

Chez les zoophytes, en premier lieu viennent les échinodermes ; ensuite les polypes, c'est-à-dire les deux types rayonnés. « La structure des échinodermes, dit Agassiz, est beaucoup plus compliquée que celle d'un bryozoaire ou d'un ascidien, qui sont du type des mollusques ; ou que celle d'un helminthe, du type des articulés ; elle est peut-être supérieure à celle de l'amphioxus, qui est un vertébré [1]. »

Les insectes sont à la tête des articulés. Plusieurs naturalistes ont regardé les insectes à métamorphose complète comme supérieurs aux insectes à demi-métamorphose. Cette fausse appréciation repose sur l'illusion que donnent les mots « complet et demi » ; ce qui est incomplet semble, en effet, être inférieur à ce qui est complet. Mais le fait naturel est loin de ratifier l'imperfection du langage et l'illusion qu'elle donne. En effet, en quoi diffère l'insecte à demi-

---

1. AGASSIZ, *De l'Espèce*, page 39. — L'amphioxus, du grec *amphi*, doublement, *oxus*, pointu, est une espèce de poisson, long de cinq centimètres, qui vit dans le sable, à une faible profondeur de la mer, dans beaucoup de parties du monde. C'est un petit être demi-transparent, pointu aux deux extrémités, comme son nom l'indique, n'ayant aucune enveloppe épidermique ou dermique durcie. Il est dépourvu d'un crâne et d'un cerveau distincts, d'organes auditifs, de reins et de cœur cloisonné. (*Voir* l'anatomie complète de l'amphioxus dans HUXLEY, *Éléments d'anatomie comparée des vertébrés*, pages 121 et suivantes.)

métamorphose de l'insecte à métamorphose complète ?

A. L'insecte à demi-métamorphose est agile au sortir de l'œuf; il a ses formes d'insecte normal, sauf les ailes; il n'a point par conséquent besoin de grandes modifications pour arriver à l'état parfait; il ne passe pas par l'état de nymphe immobile.

B. L'insecte à métamorphose complète a, au sortir de l'œuf, une forme de ver; ses organes locomoteurs sont très faibles; les organes des sens, peu développés; son système nerveux, très uniforme; il n'a rien des caractères de l'adulte. Il a donc beaucoup à faire pour arriver à ses formes définitives; il doit passer par un second état de formation, et être pendant quelque temps une nymphe immobile.

La comparaison de ces deux séries montre donc un point de départ différent et un point d'arrivée semblable. Les insectes à métamorphose complète et les insectes à demi-métamorphose sont également parfaits à l'état adulte; mais les insectes à métamorphose complète sont *plus imparfaits* au sortir de l'œuf. Cette imperfection ne peut pas constituer pour eux une supériorité sur les insectes qui n'ont pas cette imperfection.

Par exemple, la mouche est à métamorphose complète tandis que la sauterelle est à demi-métamorphose; or la larve vermiforme de la mouche est incomparablement plus incomplète que la jeune sauterelle au sortir de l'œuf. Est-il raisonnable de conclure de cette phase d'infériorité que la mouche est supérieure à la sauterelle [1] ?

En résumé, à part l'embranchement des vertébrés, la classification zoologique n'est pas une échelle des êtres ; il est impossible de placer les embranchements invertébrés les uns au-dessus des autres sur une ligne continue.

D'autre part, chacun de ces embranchements se divise en classes d'une perfection inégale ; ces classes peuvent être facilement disposées en séries. Il s'ensuit que le règne animal serait mieux représenté sous la forme d'un arbre dont les branches correspondraient à des séries partielles, formées chacune par le perfectionnement ou par la modification d'un type spécial [2].

1. Pictet, *Paléontologie*, tome II, pages 312-313.
2. Pictet, *Paléontologie*, tome Ier. page 65.

CHAPITRE III

ÈRE PRIMAIRE

L'ère primaire a duré, en se conformant à l'estimation des physiciens, 15 millions d'années ; et, en se conformant à celle des géologues, 75 millions.

Comme au début de l'ère géologique les eaux ont longtemps recouvert le globe, ce sont naturellement les animaux marins qui sont apparus les premiers.

D'autre part, comme les conditions d'existence au sein de la mer sont, en grande partie, soustraites aux variations des climats aériens, il s'ensuit que les conditions de la vie marine sont comparativement assez stables ; les animaux marins, surtout les invertébrés, ont donc pu échapper en partie aux changements qu'ont dû subir les animaux terrestres.

Dans le terrain primitif ou archéen, on avait cru trouver les vestiges d'un foraminifère auquel on avait donné le nom de *Eozoon canadense*. Après examen minutieux, on a reconnu que c'était tout simplement une concrétion minérale, composée de serpentine verte et de calcite blanche, telle qu'on en trouve en bien des localités, en Bavière, en Sibérie, dans les Pyrénées, etc. [1]. C'est dans le terrain cambrien qu'apparaissent les premiers êtres animés.

I. — Terrain cambrien.

I. EMBRANCHEMENT DES ZOOPHYTES. — 1re classe, *Echinodermes* : astéries, crinoïdes. 2e classe, *Polypes*, section des polypes hydraires : Graptolites, dictyonéma, etc. 3e classe, *Spongiaires* : protospongia. 4e classe, *Protozoaires* : Foraminifères [2].

II. EMBRANCHEMENT DES MOLLUSQUES. — 1re classe, *Céphalopodes*, groupes des nautilidés : orthocéras ; 2e classe, *Ptéropodes* : hyalites, cyrtotheca, etc. 3e classe, *Gastéropodes*, groupe des prosobranches : pleurotomaria, bellérophon. 4e classe, *Acéphales* ou *Lamellibranches* : palœarca, etc. 5e classe, *Brachiopodes* : lingules ; les lingules sont venues jusqu'à nous.

III. EMBRANCHEMENT DES ARTICULÉS. — Premier sous-embranchement, *Arthropodes* : 4e classe, *Crustacés* :

---

1. PRIEM, *l'Évolution*, page 26. Voir aussi *Revue scientifique*, 2 février 1895, page 151.

2. *Comptes rendus*, 4 février 1895, page 279. Les foraminifères ont été trouvés dans le cambrien de Bretagne par M. L. Cayeux.

3ᵉ groupe, *Branchiopodes* : les trilobites, les trilobites primordiaux sont très nombreux. « Les trilobites représentent presque tous les états de développement, depuis le petit *agnostus* avec deux anneaux au thorax et *microdicus* avec quatre jusqu'à *erinnys* qui en a 24 ; et depuis les genres aveugles jusqu'à ceux qui ont les plus grands yeux [1]. » 5ᵉ groupe *Ostracodes* : leperditia. « On a trouvé dans le houiller de Saint-Étienne des ostracodes dont les organes sont merveilleusement conservés et se rapprochent beaucoup de ceux des espèces actuelles. Aujourd'hui les ostracodes sont de toutes petites créatures qui atteignent rarement 2 ou 3 millimètres de longueur ; dans les terrains primaires, ils ont eu des dimensions bien supérieures : le *leperditia* avait 43 millimètres de longueur ; l'*aristozoe regina* en avait 51 ; M. Barrande a décrit un ostracode auquel il attribue une longueur de 90 millimètres [2].

Second sous-embranchement, *vers* ou *annelés* ; 1ʳᵉ classe, *Annélides* : oldhamia, arenicolites, etc.

Ainsi, dans le plus ancien terrain où s'est manifestée pour la première fois la vie :

1° Apparaissent *simultanément* des animaux appartenant à trois embranchements différents.

Donc le progrès dans la création des *embranchements* ne s'est fait pas en ligne droite, c'est-à-dire en passant successivement de l'embranchement zoophyte

---

1. A. GAUDRY, *les Enchaînements*, page 182.
2. A. GAUDRY, *les Enchaînements*, page 184.

à l'embranchement mollusque ; puis, de ce dernier à l'embranchement articulé ;

2° Dans deux embranchements, à savoir, celui des zoophytes et celui des mollusques, apparaissent *simultanément* les représentants de toutes les classes de ces deux embranchements, les types supérieurs en même temps que les types inférieurs. En outre, les céphalopodes sont supérieurs à tout l'embranchement des articulés.

Donc le progrès dans la création des *classes* de chaque embranchement ne s'est pas fait en ligne droite, c'est-à-dire en partant du type de classe le plus inférieur pour s'élever successivement au type supérieur ;

3° Les types du groupe des ostracodes du cambrien sont supérieurs à ceux des ostracodes modernes.

Donc il y a décadence, au lieu de progrès, dans la création des types *divisionnaires* d'un même groupe.

4° Les lingules du cambrien sont encore existantes aujourd'hui.

Cette durée continue des lingules est contraire à la doctrine de l'évolution.

II. — **Terrain silurien**.

I. EMBRANCHEMENT DES ZOOPHYTES. — 1re classe, *Echinodermes* : crinoïdes. 2e classe, *Polypes*, section des hydraires : Graptolites ; section des coralliaires : omphyma. 3e classe, *Eponges* : astylospongia. 4e classe, *Protozoaires* ou *Sarcodaires*, sarcodaires à coquille calcaire, foraminifères : dentalina, lagena. Ces deux genres se sont perpétués à travers toutes les périodes géologiques jusqu'à notre époque ; leur forme est restée constante. Sarcodaires à coquille siliceuse : Radiolaires très rares. — Les foraminifères sont rares dans les terrains primaires, c'est-à-dire durant une période de onze millions d'années ; ils sont extrêmement abondants à notre époque. En étudiant la vase recueillie au fond de l'Atlantique par les dragages du navire *Le Travailleur*, M. Schlumberger y a constaté 116 000 coquilles de foraminifères par centimètre cube [1].

II. EMBRANCHEMENT DES MOLLUSQUES. — 1re classe, *Céphalopodes* tétrabranchiaux : A. Nautilidés, plus de 1 600 espèces ; plusieurs orthocéras ont une taille gigantesque, jusqu'à 2 mètres de longueur. Le genre nautile est arrivé jusqu'à nous. — B. Ammonitidés : goniatites. 2e classe, *Ptéropodes*, très abondants. 3e classe, *Gastéropodes*, section des prosobranches : pleurotomaria. 4e classe, *Acéphales* : avicula, cardiola, etc. 5e classe, *Brachiopodes* : les lingulides, les rhynchonellides, les cranides, les orbiculides pullulent. Plusieurs genres de ces brachiopodes sont parvenus jusqu'à nous [2]. Une autre famille, celle des térébratulides, a un genre, le plus ancien, le *Waldheimia*, encore vivant aujourd'hui en Australie [3].

1. A. GAUDRY, *les Enchaînements*, page 56.
2. PICTET, *Paléontologie*, tome IV, page 8.
3. PRIEM, *l'Évolution*, page 148.

III. EMBRANCHEMENT DES ARTICULÉS. — 3ᵉ classe, *Arachnides pulmonaires* : scorpion, le premier animal à respiration aérienne qui ait été signalé ; on l'a trouvé dans le silurien supérieur de l'île Gothland, de l'Écosse et en Amérique [1]. — 4ᵉ classe, *Crustacés*, première sous-classe, crustacés proprement dits ; groupe des Entomostracés : cirrhipèdes, anatifopsis ; groupe des Ostracodes : primitia, etc. ; groupe des Branchiopodes : trilobites nombreux. — Seconde sous-classe des crustacés, mérostomes, 1ʳᵉ division : euryptérides ; 2ᵉ division, xiphosures (ξίφος, épée ; οὐρά, queue) : Limules divers.

IV. EMBRANCHEMENT DES VERTÉBRÉS. — 5ᵉ classe, *Poissons* cartilagineux ; 1ʳᵉ ordre, sélaciens. On a trouvé dans le silurien supérieur des épines de nageoires et des dents qui appartiennent à des requins ; 2ᵉ ordre, ganoïdes cuirassés : céphalaspis, ptérichthys. Les ganoïdes écailleux se trouvent dans le terrain dévonien. Les ganoïdes cuirassés sont représentés aujourd'hui par l'esturgeon ; les ganoïdes écailleux, par le lépidostée, le polyptère.

Les requins sont à la tête des poissons ; ils sont vivipares ; le fœtus est en rapport avec la mère au moyen d'un placenta rudimentaire. « Un poisson cartilagineux, tel qu'un requin, est plus élevé qu'un poisson osseux, par exemple un brochet, car il est plus rapproché des vertébrés supérieurs ; un poisson dipnoé est plus élevé lui-même qu'un brochet puisque

---

1. PRIEM, *l'Évolution*, page 251.

sa respiration pulmonaire et d'autres caractères le placent plus près des batraciens [1]. »

Faits saillants du terrain silurien et conclusions qui en découlent :

1º Deux genres de foraminifères, *dentulina* et *lagena*, cinq genres de mollusques brachiopodes, *lingule, cranie, orbicule, rhynchonelles* et *Waldheimia*, des térébratules, ainsi qu'un genre de céphalopodes, à savoir, *Nautile*, se sont perpétués jusqu'à nous sans notable modification.

Ces faits sont contraires à la doctrine de l'évolution ;

2º Apparition des premiers vertébrés, à savoir des *Poissons ;* parmi eux sont des squales ou requins, lesquels sont à la tête de la classe.

L'apparition du type le plus élevé des poissons avant celle des types inférieurs est inconciliable avec l'hypothèse d'un plan de création graduellement progressif ;

3º Apparition du premier animal à respiration aérienne, à savoir le *Scorpion*, articulé de la classe des arachnides. Cette apparition est antérieure à celle des deux groupes principaux édriophtalmes et podophtalmes de la classe des crustacés ; or la classe des arachnides est supérieure à celles des crustacés.

Ce fait est contraire à l'hypothèse d'un plan de création graduellement progressif.

1. GAUDRY, *les Enchaînements*, page 219.

III. — Terrain dévonien.

I. EMBRANCHEMENT DES ZOOPHYTES. — 1re classe, *Echinodermes* : crinoïdes. 2e classe, *Polypes* : polypiers coralliaires, etc.

II. EMBRANCHEMENT DES MOLLUSQUES. — On trouve des représentants des cinq classes ; les brachiopodes surtout pullulent : lingules, rhynchonelles, térébratules, productus, pentamerus, etc.

III. EMBRANCHEMENT DES ARTICULÉS. 1re classe, *Insectes;* on a découvert un névroptère gigantesque de la famille des éphémères, le *Platéphéméra*, qui avait 20 centimètres d'envergure. 2e classe *Myriapodes* : seulement des traces. 4e classe, *Crustacés*, groupe des mérostomes : Le ptérygotus anglicus avait 1m,80 de longueur, d'après M. Henry Woodward ; les mers actuelles n'ont pas de crustacé aussi grand (voir HUXLEY, *Anatomie des Invertébrés*, page 270, et A. GAUDRY, *Essai de Paléontologie philosophique*, page 58).

IV. EMBRANCHEMENT DES VERTÉBRÉS. — 5e classe, *Poissons*, section des Cartilagineux : débris de squales ; ganoïdes cuirassés ; apparition des ganoïdes écailleux.

Les deux faits saillants du terrain dévonien sont la découverte d'un névroptère gigantesque, groupe des éphémères, ayant 20 centimètres d'envergure alors que nos éphémères actuels en ont 5 environ, et celle du crustacé ptérygotus anglicus qui avait 1m,80.

De là la conclusion suivante : La brusque apparition d'un névroptère et d'un crustacé de beaucoup supérieurs aux névroptères et aux crustacés qui ont suivi prouve que le plan de création ne s'est pas développé d'une manière progressive ; il y a eu des défaillances et des rétrogradations.

IV. — Terrain permo-carbonifère.

I. EMBRANCHEMENT DES ZOOPHYTES. — 4ᵉ classe, *Sarcodaires* à coquille calcaire : Les deux familles les plus élevées des foraminifères, à savoir, celle des fusilinides et celle des nummulinides. Les fusilinides apparaissent dans le carbonifère et s'éteignent dans le permien. Les nummulinides apparaissent dans le carbonifère ; on en trouve des restes douteux dans le terrain jurassique ; c'est dans le tertiaire ancien que cette famille se présente avec un développement extraordinaire. « Les groupes les plus élevés des foraminifères, tels que les fusilinides et les nummulinides, ont eu une existence éphémère ; et les espèces simples se montrent *en même temps* que des espèces plus compliquées [1]. » 1ʳᵉ classe *Echinodermes* : Les crinoïdes atteignent le maximum de leur développement.

II. EMBRANCHEMENT DES MOLLUSQUES. — 5ᵉ classe, *Brachiopodes* : les productus dominent. « Les brachio-

---

1. PRIEM, *l'Evolution*, pages 27-32.

podes ont eu leur règne à l'époque primaire; ils ont eu alors leur plus grande taille; le *productus giganteus* du carbonifère du Derbyshire avait 21 centimètres de largeur; la richesse de leurs formes n'a pas été égalée dans les âges plus récents [1]. »

III. EMBRANCHEMENT DES ARTICULÉS. — 1re classe, *Insectes*: on a trouvé des individus qui avaient les ailes des névroptères et le corps des orthoptères; tribu des phasmiens; aussi les appelle-t-on *Névrorthoptères;* ils étaient gigantesques : le *titanophasma* avait 25 centimètres d'envergure, et le *dictyoneura*, 70 centimètres. Les insectes du terrain carbonifère étaient donc de dimensions beaucoup plus grandes que les représentants actuels des mêmes familles [2]. 4e classe, *Crustacés;* dans la légion des branchiopodes, les trilobites expirent; dans la légion des podophtalmes, les décapodes apparaissent; les décapodes sont les plus élevés des crustacés.

IV. EMBRANCHEMENT DES VERTÉBRÉS. — I. *Classe des poissons*, cartilagineux : A. Les ganoïdes cuirassés ont disparu à l'époque carbonifère; les ganoïdes écailleux au contraire, y ont pris un grand développement. B. sélaciens : pleuracanthus. C. dipnoés : Ceratodus. Les dipnoés (δις, deux fois; πνοή, respiration) sont des poissons qui respirent à la fois par des branchies comme les poissons ordinaires, et par des poumons comme les vertébrés. On croyait que le seul repré-

---

1. A. GAUDRY, *les Enchaînements*, page 116.
2. A. DE LAPPARENT, *Géologie*, page 796.

sentant actuel des dipnoés était le *lépidosiren* qu'on rencontre en Amérique et dans la Gambie, en Afrique, lorsque récemment on a découvert vivant dans quelques rivières de l'Australie le *cératodus* fossile du carbonifère [1].

II. Classe des reptiles. — A. *Reptiles batraciens* : Les batraciens trouvés dans le permo-carbonifère ont reçu le nom général de stégocéphales ; on les subdivise : 1° en salamandriformes : protriton d'Autun ; 2° en serpentiformes : dolichosoma ; 3° en lacertiformes ; hylonomus ; ce dernier animal devait respirer dans l'air et grimper sur les arbres ; 4° en labyrinthodontes, ainsi appelés à cause de la structure de leurs dents : archégosaurus, actinodon, euchirosaurus, stéréorachis. « Le stéréorachis, dit A. Gaudry, est une preuve frappante de l'inégalité avec laquelle l'évolution s'est produite, car on le trouve dans le même gisement que l'euchirosaurus, et pourtant c'était un type bien plus perfectionné [2]. »

B. *Reptiles proprement dits*. Les reptiles du permien se répartissent en deux groupes, à savoir, les rhynchocéphales et les thériodontes. Les rhynchocéphales se rattachent aux lézards ; ils ont des représentants aujourd'hui dans la Nouvelle-Zélande. Les thériodontes ne sont connus jusqu'ici que dans le permien du Texas et le trias de l'Afrique australe ; ils se rattachent aux crocodiles.

---

1. A. Gaudry, *les Enchaînements*, page 234 ; et Priem, *l'Évolution*, page 264.
2. A. Gaudry, *les Enchaînements*, page 279.

Faits saillants du terrain permo-carbonifère :

1º Chez les foraminifères, les genres les plus élevés en organisation, fusilinides et nummulinides, se montrent *en même temps* que les genres les plus simples ; ils n'ont qu'une existence passagère, tandis que les genres simples persistent à travers tous les âges.

Chez les insectes, les premiers orthoptères, tribu des phasmiens, *titanophasma*, *dictyoneura*, sont de beaucoup supérieurs aux orthoptères phasmiens qui apparaîtront dans les âges suivants.

Chez les batraciens, les types perfectionnés, *stéréorachis*, apparaissent *en même temps* que les types inférieurs, *euchirosaurus*, appartenant au même genre, à savoir, celui des stégocéphales labyrinthodontes ;

Chez les mollusques, les brachiopodes sont de beaucoup supérieurs aux brachiopodes des terrains ultérieurs.

De là la conclusion suivante : Puisque le supérieur a été créé *avant* l'inférieur ou *simultanément* avec lui : puisque l'inférieur a succédé au supérieur, il s'ensuit que le plan de la création ne s'est pas développé d'une manière progressive : il y a eu des rétrogradations ;

2º Le poisson dipnoé *Cératodus* a été trouvé vivant dans quelques rivières de l'Australie ; il n'a pas évolué pendant plusieurs millions d'années.

Ce fait est contraire à la doctrine de l'évolution.

CHAPITRE IV

ÈRE SECONDAIRE

L'ère secondaire a duré, si l'on se conforme à l'estimation des physiciens, 4 millions d'années, et si l'on se conforme à celle des géologues, 19 millions.

I. — Terrain triasique.

I. EMBRANCHEMENT DES ZOOPHYTES. — 1re classe, *Echinodermes*: crinoïdes très abondants. 2e classe, *Polypes*, les polypiers sont rares.

II. EMBRANCHEMENT DES MOLLUSQUES. — 1re classe, *Céphalopodes* tétrabanchiaux; famille des ammonitidés: cératites, ammonites proprement dites. 4e classe, *Acéphales*: huîtres, pecten, etc. 5e classe, *Brachiopodes*: spirifier, productus, térébratules; un genre des térébratules du trias s'est perpétué jusqu'à nous.

III. EMBRANCHEMENT DES ARTICULÉS. 1re classe, *Insectes* : insectes nombreux ; on a trouvé la larve d'un névroptère (*mormolucoïdes articulatus*), ce qui prouve qu'à cette époque reculée, les insectes étaient soumis aux métamorphoses.

IV. EMBRANCHEMENT DES VERTÉBRÉS. — I. *Classe des poissons*, cartilagineux : squales, ganoïdes, dipnoés.

II. *Classe des Reptiles.* A. *Batraciens* : 1º Vrais labyrinthodontes : anisopus, mastodonsaurus, etc. ; 2º Thériodontes : lycosaurus.

B. *Reptiles proprement dits.* 1º Chéloniens ou tortues : psammochélys ; c'est la première fois qu'apparaissent les tortues ; 2º Crocodiliens : belodon ; 3º Sauriens terrestres ou dinosauriens, sous-ordre des théropodes : mégadactylus, bathygnatus ; 4º Sauriens nageurs : placodus.

Les sauriens ont joué un grand rôle dans l'ère secondaire ; les ordres en lesquels ils se répartissent sont les suivants :

1º *Sauriens volants* : Ptérodactyle, ramphorhynque ;

2º *Sauriens nageurs* ou *Enaliosauriens* (ἐνάλιος, marin) : ichthyosaure, plésiosaure ;

3º *Sauriens serpentiformes* : mosasaure ;

4º *Sauriens terrestres ou Dinosauriens* (δεινός qui inspire la terreur), ainsi appelés à cause de leurs dimensions colossales. Les dinosauriens se répartissent en 4 sous-ordres :

A. *Théropodes*, ils sont carnassiers et digitigrades : mégadactylus, mégalosaurus.

13.

B. *Sauropodes*, herbivores et plantigrades : atlantosaurus, brontosaurus.

C. *Stégosaures*, herbivores et plantigrades : stégosaurus.

D. *Ornithopodes*, herbivores : Iguanodon.

Le mégalosaure devait avoir environ 15 mètres de long; le brontosaure, 16 mètres; l'atlantosaure, 40 mètres; le stégosaure et l'iguanadon, chacun 10 mètres [1].

La station du mégalosaure, du stégosaure et de l'iguanodon devait être bipède.

Le terrain triasique ne renferme que des dinosauriens théropodes.

II. — Terrain jurassique.

I. **Lias.** — I. Embranchement des zoophytes. — 1re classe, *Echinodermes* : Oursins peu nombreux ; crinoïdes.

II. Embranchement des mollusques. — 1re classe, *Céphalopodes* : A. tétrabranchiaux : Ammonites. B. Dibranchiaux : bélemnites. 3e classe, *Gastéropodes* : turbo,

---

[1]. Les ichthyosaures étaient vivipares (Muséum de Paris, musée de Munich du Wurtemberg); probablement aussi certains dinosauriens (compsognathus, musée de Munich). Or tous les sauriens de l'ère moderne pondent des œufs; ils sont donc, sur ce deuxième point, inférieurs aux sauriens de l'ère secondaire. (*Voir* A. Gaudry, *Essai de Paléontologie philosophique*, pages 26, 27. Gravure d'un ichthyosaure fossile qui contient un petit dans son ventre.)

trochus, pleurotomaria. 4ᵉ classe, *Acéphales* : huîtres à crochet recourbé ou gryphées, cardium, pholadomye.

III. Embranchement des articulés. — 1ʳᵉ classe. *Insectes* : Coléoptères, hyménoptères.

IV. Embranchement des vertébrés. — 1ʳᵉ classe, *Mammifères* : un petit marsupial, *microlestes antiquus*. D'après P-J. Pictet, il n'est pas tout à fait certain que ce mammifère soit un marsupial. Déjà on avait trouvé des restes douteux de marsupiaux dans le trias d'Afrique (*tritylodon*) et dans le trias d'Amérique (*Dromatherium*) ².

Les monotrèmes n'ont pas encore été trouvés à l'état fossile ¹.

3ᵉ Classe. *Reptiles*. A. Crocodiliens : Mystriosaurus, etc. — B. Sauriens nageurs ou énaliosauriens : Ichthyosaure, Plésiosaure. Leur longueur atteignait de 10 à 12 mètres ; on a même découvert un fémur de 1 mètre et demi de long, ce qui suppose un animal ayant une longueur d'environ 18 mètres. Les Enaliosauriens habitaient la haute mer ; ils étaient carnivores ; le nombre de leurs dents pouvait s'élever jusqu'à 180. Le maximum de leur développement a eu lieu dans le lias.

5ᵉ classe, *Poissons* : squales, hybodus ; ganoïdes écailleux.

II. **Oolithe.** — I. Embranchement des zoophytes. — 1ʳᵉ classe, *Echinodermes* : oursins.

1. Priem. *l'Évolution*, page 321.
2. Pictet. *Paléontologie*, tome Iᵉʳ, page 393.

II. Embranchement des mollusques. — 4ᵉ classe, *Acéphales* : une famille nouvelle apparaît, celle des chamacés : diceras, hétérodicéras.

III. Embranchement des vertébrés. — 1ʳᵉ classe, *Mammifères marsupiaux* : thylacothérium, phascolothérium, galestes, plagiaulax; le plagiaulax était un rongeur; le galestes, un carnassier ; les autres, insectivores. 2ᵉ classe, *Oiseaux:* l'archéoptéryx de Solenhofen, en Bavière. L'archéoptéryx avait la grosseur d'un corbeau de forte taille; ses plumes sont bien conformées, avec un axe et des barbules. Tandis que chez les oiseaux actuels, la queue ou croupion se compose d'un petit nombre de vertèbres et porte un bouquet de plumes, celle de l'archéoptéryx est longue, formée de 20 vertèbres portant des plumes disposées par paires. Il y avait des dents plantées dans les alvéoles. Le premier squelette a été découvert en 1861; un second, en 1877. Etienne Geoffroy Saint-Hilaire a, en 1821, découvert un système dentaire chez les fœtus des oiseaux. « Le fœtus de l'oiseau, avant d'avoir un bec corné, a des dents, et même comme les fœtus des mammifères, il a, pour l'une des mâchoires au moins, un double appareil dentaire[1]. »

3ᵉ classe, *Reptiles*. 1º Chéloniens : tortues marines; 2º Crocodiliens : téléosaurus, cétiosaurus long de 16 mètres dépassait en grosseur les plus grandes de nos baleines; 3º Sauriens : A. Sauriens volants :

---

1. Isid. Geoffroy, *Vie et travaux d'Etienne Geoffroy*, pages 238 et suivantes.

ptérodactyle, ramphorhynque; B. Sauriens nageurs ou énaliosauriens : ichthyosaure, plésiosaure, pliosaure; C. Sauriens terrestres ou dinosauriens : mégalosaurus, carnivore; atlantosaurus, brontosaurus, iguanodon, herbivores.

III. — Terrain infra-crétacé.

I. EMBRANCHEMENT DES MOLLUSQUES. — 1re classe, *Céphalopodes* : A. Tétrabranchiaux : ammonites. B. Dibranchiaux : bélemnites. On rattache aux ammonitidés les formes déroulées ancylocéras, criocéras, hamites. 4e classe, *Acéphales* : les radiolites ou sphérulites.

II. EMBRANCHEMENT DES ARTICULÉS. — 4e classe, *Crustacés* : ostracodes d'eau douce; ostracodes d'eau marine. Groupe des podophtalmes; 1er ordre, décapodes : crabes. Les décapodes sont à la tête des crustacés.

III. EMBRANCHEMENT DES VERTÉBRÉS. — Pas de types nouveaux; les restes de mammifères font défaut. 3e classe, *Reptiles* sauriens. A. Sauriens volants : ptérodactyle; B. Sauriens nageurs : plésiosaure, ichthyosaure; C. Sauriens terrestres : iguanodons très abondants.

IV. — Terrain crétacé.

I. EMBRANCHEMENT DES MOLLUSQUES. — 1re classe, *Céphalopodes* : A. Tétrabranchiaux : cératites. Les ammonitidés disparaissent à la fin de la période crétacée. B. Dibranchiaux: Bélemnites. 5° classe, *Brachiopodes* : Rudistes; les rudistes forment un groupe aussi spécial que remarquable, car il est complètement restreint à la période crétacée.

III. Embranchement des vertébrés. — On n'a pas encore trouvé de mammifères dans les dépôts crétacés. 2ᵉ classe, *Oiseaux*, oiseaux à dents : ichthyornis, oiseau de la grosseur d'un pigeon et voisin des mouettes; hespérornis, qui avait la taille du cygne, mais ressemblait plutôt aux pingouins actuels [1]. 3ᵉ classe, *Reptiles* : 1° Crocodiliens ; espèces considérées comme souche des crocodiles actuels, à savoir : crocodile, alligator ou caïman, gavial ; 2° Sauriens: A. Sauriens volants : ptérodactyles ; l'un d'eux, le *ptéranodon* d'Amérique, avait huit mètres d'envergure [2]; B. Sauriens nageurs : ichthyosaure, plésiosaures ; C. Sauriens terrestres : mégalosaurus, acanthopolis ; le tricératops, découvert par Marsh en Amérique, possédait trois cornes, deux étaient placées comme celles des bœufs; la troisième était sur le nez [3]. Le crâne du tricératops pouvait atteindre deux mètres de long; D. Sauriens serpentiformes ou pythonomorphes: mosasaures. Le *mosasaurus princeps* d'Amérique mesurait plus de vingt mètres de long. Les mosasaures semblent avoir été adaptés à la vie aquatique [4].

---

1. Priem, *l'Évolution*, page 314-316.
2. Priem, *l'Évolution*, page 302.
3. Priem, *l'Évolution*, page 307.
4. Priem, *l'Évolution*, page 293.

Les sauriens volants commencent dans le lias et finissent dans le terrain crétacé.

Les sauriens nageurs ont commencé dans le trias; ils se sont continués jusqu'à la fin de la période crétacée.

Les sauriens terrestres ou dinosauriens ont commencé dans le trias, régné dans le jurassique, et se sont éteints dans le crétacé.

Les sauriens serpentiformes ou pythonomorphes ont vécu seulement dans le crétacé.

Du tableau de l'ère secondaire tout entière, on extrait les faits suivants :

1º Les céphalopodes gigantesques (*Ammonidités*) qui ont régné durant l'ère secondaire, sont supérieurs à ceux d'aujourd'hui ;

2º Les sauriens gigantesques qui ont régné durant l'ère secondaire, sont supérieurs à ceux d'aujourd'hui;

3º L'apparition d'un mammifère marsupial dans le lias et celle de plusieurs autres genres de marsupiaux dans l'oolithe précèdent chronologiquement de beaucoup l'apparition des oiseaux, puisque le premier oiseau apparu, l'archéoptéryx, s'est montré dans l'oolithe supérieure ;

4º Dans le terrain infra-crétacé et dans le terrain crétacé, on n'a pas trouvé trace de mammifères ;

5º La durée des céphalopodes supérieurs et celle des sauriens supérieurs ont été limitées à l'ère secondaire ; la durée des brachiopodes rudistes et celle des sauriens mosasaures ont été limitées à la période crétacée.

De là les conclusions suivantes :

1° Le plan de la création ne s'est pas déroulé selon les lois d'une progression croissante puisque la classe des mammifères a été créée avant la classe des oiseaux ;

2° Le perfectionnement dans les types d'une même classe n'a pas été graduel puisque les types les plus élevés en organisation chez les mollusques et chez les reptiles sont apparus avant les types modernes, lesquels leur sont inférieurs ;

3° La durée limitée de l'existence de ces types supérieurs est inconciliable avec l'hypothèse d'un plan préconçu de perfectionnement graduel puisque les types supérieurs disparaissent et cèdent la place aux types inférieurs ;

4° L'absence de mammifères durant toute la période infra-crétacée et crétacée, c'est-à-dire pendant plusieurs milliers de siècles, est tellement étrange qu'il est impossible jusqu'à présent d'en tirer une déduction plausible. Est-ce qu'on pourrait jamais comprendre une suspension si longue dans la création des types les plus élevés du règne animal ?

CHAPITRE V

ÈRE TERTIAIRE ET ÉPOQUE QUATERNAIRE

I. — Terrain tertiaire.

L'ère tertiaire a duré, si l'on adopte le critérium des physiciens, un million d'années, et si l'on adopte celui des géologues, six millions, en chiffres ronds.

Elle se divise en quatre périodes, à savoir, en commençant par la plus ancienne, la période éocène, la période oligocène, la période miocène et la période pliocène. Ces périodes précèdent l'époque quaternaire.

C'est durant l'ère tertiaire que se sont développés les mammifères placentaires ou monodelphiens et qu'ils ont atteint « leur plus grande perfection [1] ».

Première sous-classe des mammifères : Mammifères placentaires ou mammifères proprement dits.

---

1. A. Gaudry, *les Ancêtres*, page 19, dans le tableau, époque miocène.

I. Quadrumanes. — A. Singes lémuriens : ils apparaissent dans l'éocène ; B. Singes anthropomorphes : dryopithecus, dans le miocène moyen, à Saint-Gaudens (Haute-Garonne).

II. Chéiroptères. — Les chauve-souris apparaissent dans l'éocène.

III. Insectivores. — (Hérissons, taupes, etc.) dans le miocène.

IV. Carnassiers. — A. *Carnivores terrestres*, six tribus, à savoir : 1° Canidés (chien, loup, chacal), dans l'éocène. D'après M. Boule, dès le pliocène, les chiens, les loups, les chacals, sont distincts [1]. Ce fait intéresse la question de l'origine de nos chiens domestiques ; 2° Viverridés (civette), dans le miocène ; 3° Vermiformes (martre, putois, loutre), dans le miocène ; 4° Félidés (lion, tigre), dans le miocène ; 5° Ursidés (ours), dans le pliocène ; 6° Hyénidés (hyène), dans le pliocène. Le *machairodus*, félidé qui apparaît dans le miocène, est le type félin parvenu à son plus grand perfectionnement ; il s'est éteint à l'époque quaternaire. « La paléontologie, dit A. Gaudry, offre souvent la preuve que ce ne sont pas les êtres les plus parfaits qui ont eu le plus de continuité [2]. »

B. *Carnivores marins* ou *Pinnipèdes*, c'est-à-dire pieds en forme de nageoires : 1° phoques ou otaries, dans le miocène ; 2° morses, dans le miocène.

V. Rongeurs (écureuil, loir, rat, lièvre, etc.), dans l'éocène.

---

1. Priem, *l'Evolution*, page 336.
2. A. Gaudry, *les Ancêtres*, page 122.

VI. Édentés. — A. *Édentés de l'ancien continent :* pangolin, oryctérops, dans le miocène supérieur et dans le pliocène.

B. *Édentés de l'Amérique du Sud*, trois groupes, à savoir : les paresseux, les tatous et les fourmiliers ou myrmécophages, c'est-à-dire mangeurs de fourmis.

C'est dans le pliocène et le quaternaire de l'Amérique du Sud qu'on a découvert la presque totalité des édentés. Ces édentés fossiles ont un caractère intermédiaire entre les différents groupes actuels ; nous les classerons dans le groupe duquel ils se rapprochent le plus.

1° *Paresseux* : le mégalonyx, le mégathérium, paresseux intermédiaires entre les paresseux actuels et les tatous. Le mégalonyx avait la taille d'un gros bœuf ; le mégathérium a dû dépasser par son poids les plus gros rhinocéros. Les paresseux actuels ont environ la taille d'un chat ;

2° *Tatous:* le glyptodon, intermédiaire entre les tatous et les paresseux ; le chlamydothérium et simultanément plusieurs petits tatous actuellement vivants.

Le glyptodon avait une carapace formée de pièces soudées, tandis que chez les tatous actuels, il y a des bandes dorsales mobiles.

La carapace du glyptodon est d'une seule pièce ; elle a un mètre et demi de diamètre ; la longueur du glyptodon jusqu'à l'extrémité de la queue était de trois mètres.

Les chlamydothériums avaient la carapace mobile

comme celle des tatous actuels. Le chlamydothérium géant égalait les plus grands rhinocéros.

Le plus gros des tatous actuels, à savoir : le tatou géant, a une longueur de un mètre quarante-cinq centimètres jusqu'au bout de la queue ; sa grosseur ne dépasse pas celle d'un chien ;

3° *Fourmiliers* ou *Myrmécophages* : scélidothérium, macrothérium.

Certains scélidothériums avaient la taille d'un bœuf ; le macrothérium était gigantesque ; il a vécu à la fin de l'époque tertiaire en Allemagne et en France.

Les plus gros myrmécophages actuels ne sont pas plus gros que des chiens ; ils sont même moins hauts.

« L'organisation des édentés, dit Pictet, décèle des êtres inférieurs à la plupart des autres mammifères[1]. » Ces mammifères inférieurs sont apparus *postérieurement* aux mammifères supérieurs, puisqu'ils n'apparaissent qu'au pliocène et au quaternaire.

Notons, en outre, que de petits tatous, encore existants aujourd'hui, apparaissent *simultanément* avec les tatous monstrueux.

VII. Proboscidiens. — Ils se divisent en trois groupes, à savoir : mastodontes, dinothériums, éléphants.

1° *Mastodontes.* Ils apparaissent dans le miocène moyen ; ils disparaissent de l'Europe, à la fin du pliocène ; mais en Amérique, ils survivent longtemps

---

1. Pictet, *Paléontologie*, tome Ier, page 261.

dans le quaternaire. Le grand animal de l'Ohio n'est autre chose qu'un mastodonte;

2° *Dinothériums*. Le dinothérium était gigantesque, il avait quatre mètres et demi de hauteur. On l'a pris d'abord pour un monstre marin; grâce aux ossements découverts à Pikermi, près d'Athènes, M. A. Gaudry a démontré que c'était un proboscidien. Le dinothérium a peu vécu : apparu dans le miocène supérieur, il s'est éteint dans le pliocène ancien;

3° *Éléphants*. Les éléphants apparaissent dès le miocène supérieur, dans les couches supérieures des monts Siwalik (Himalaya) : *elephas planifrons, elephas bombifrons*.

Dans la seconde partie du pliocène a vécu le colossal *Elephas meridionalis* qui avait quatre mètres et demi de haut; l'éléphant actuel n'a que trois mètres au plus.

Dans la première partie du quaternaire s'est développé l'*elephas primigenius*, si connu sous le nom de mammouth. On en a trouvé dans le sol gelé de la Sibérie un cadavre entier, que des chiens dévorants se disputaient entre eux.

En résumé, les premiers proboscidiens apparus l'emportaient en taille colossale sur les deux genres aujourd'hui existants, à savoir : éléphant d'Asie et éléphant d'Afrique.

VIII. Pachydermes. — L'ordre des pachydermes se partage en deux sous-ordres, celui des *Imparidigités* ou doigts en nombre impair, et celui des *Paridigités* ou doigts en nombre pair. Chacun de ces sous-ordres se divise en tribus :

Premier sous-ordre, imparidigités. — Quatre tribus : 1° *Tribu des Rhinocéroïdes.* On distingue trois genres remarquables : A. Le *Rhinocéros pachygnatus*, qui n'a pas le nez cloisonné ; il est apparu dans le miocène supérieur. B. Le *Rhinocéros etruscus*, qui a le nez demi-cloisonné ; il est apparu dans le pliocène. C. Le *Rhinocéros tichorinus*, qui a le nez entièrement cloisonné ; il a vécu dans la seconde moitié du quaternaire, où il s'est éteint. On a trouvé, en Sibérie, dans le sol gelé, un cadavre entier de rhinocéros tichorhinus. Les rhinocéros d'aujourd'hui n'ont pas le nez cloisonné.

A l'époque quaternaire, un autre genre de rhinocéros, aujourd'hui disparu, vivait en Europe, surtout en Russie, et aussi en Sibérie ; c'est l'*élasmothérium*, récemment étudié par MM. Gaudry et Boule. Le crâne atteint un mètre de long ; il y a une cloison osseuse, comme chez le tichorinus. La taille de ce rhinocéros devait être monstrueuse ;

2° *Tribu des Tapiroïdes.* Les premiers individus appartenant à la tribu des tapirs sont apparus dans le miocène ;

3° *Tribu des Paléothéroïdes.* Les paléothériums sont apparus dans l'éocène ; ils se sont éteints dans l'oligocène. Le plus grand avait la taille d'un cheval ; le plus petit, celle d'un lièvre ;

4° *Tribu des Solipèdes.* Le genre *anchithérium* est apparu dans l'éocène ; le genre *hipparion*, dans le miocène supérieur ; le genre *equus* ou *cheval*, dans le quaternaire. Les deux premiers genres se sont éteints dans l'ère tertiaire.

Second sous-ordre, Paridigités. — Trois tribus :
1° *Tribu des Hippopotamides.* En Asie, on a trouvé des débris d'hippopotames dans le miocène supérieur des monts Siwalik (Himalaya); en Europe, les hippopotames ont vécu dans le pliocène et le quaternaire.

2° *Tribu des Suiliens* ou *Porcins*. Les *chœropotamus* apparaissent dans l'éocène ; les *anaplothériums* ont vécu dans l'éocène ; ils se sont éteints dans le miocène ; les *Anthracothériums*, dans le miocène ; les premiers cochons, dans le miocène.

En résumé, certains pachydermes fossiles, entre autres, les rhinocéros l'emportent en grandeur sur les individus des genres actuellement existants.

IX. Ruminants. — On voit apparaître les ruminants pour la première fois dans le miocène, où il ne tardent pas à prendre un grand développement numérique ; aussi dans les terrains tertiaires supérieurs et quaternaires, leurs ossements sont bien plus abondants que ceux des pachydermes. On compte trois familles parmi les ruminants, à savoir : 1° les *camélides*, chameaux, lamas, etc. ; 2° les *cervides*, cerfs, girafes, etc. ; 3° les *antilopides*, antilopes, moutons, chèvres, bœufs.

On rattache aux girafes le genre *Sivathérium*, un des fossiles les plus extraordinaires des ruminants ; le sivathérium devait égaler à peu près l'éléphant en grosseur et le dépasser en hauteur [1].

1. Pictet, *Paléontologie*, tome Ier, pages 344-347.

X. Cétacés herbivores ou Sirénoïdes. — Les trois genres actuels sont le lamantin, le dugong, le stellère. La forme la plus ancienne du lamantin se trouve dans l'éocène de la Jamaïque; celle du dugong et de l'halitérium, dans le miocène. Les stellères n'ont pas été trouvés à l'état fossile.

XI. Cétacés carnivores. — Les cétacés proprement dits comprennent plusieurs familles, dont les principales sont les dauphins, les narvals, les cachalots et les baleines.

Entre les Sirénoïdes et les cétacés se place un ordre fossile appelé l'ordre des *Zeuglodontes*. On a trouvé le zeuglodonte dans l'éocène; les dauphins commencent au miocène; les baleines et les cachalots, dans le pliocène.

Seconde sous-classe des mammifères : Mammifères aplacentaires ou didelphiens ou marsupiaux.

Les quatre ordres actuels sont : 1° *Carnassiers-insectivores* : sarigues, dasyures; 2° *Herbivores* : Phalangers, kangourous; 3° *Rongeurs* : Wombats ou phascolomys; 4° *Monotrèmes* : Échidnés, ornithorhynques.

Les marsupiaux de la période éocène, sont des espèces du genre plagiaulax et sarigue. Dès l'époque du tertiaire, les marsupiaux ont abandonné l'ancien continent et l'Amérique; ils se cantonnent en Australie, seule contrée où on les trouve aujourd'hui.

A l'époque quaternaire, en Australie, vivaient des

marsupiaux carnassiers, les *thylacoleo*, qui avaient la grosseur du lion [1], et des marsupiaux rongeurs gigantesques, le *diprotodon* et le *nototherium;* leur grosseur devait être celle d'un rhinocéros. Le crâne du diprotodon mesure un mètre de long.

On n'a trouvé aucun reste fossile des deux genres échidné et ornithorhynque, qui composent l'ordre des monotrèmes. Sans rien préjuger des découvertes qui peuvent être faites ultérieurement, il n'en est pas moins vrai que cette absence de fossiles incline à faire croire que l'échidné et l'ornithorhynque, loin d'être d'une création très ancienne, comme le voudrait Darwin, sont, au contraire, d'une création récente. Si cette création récente venait à être confirmée, la fabrication d'animaux aussi monstrueux que l'échidné et l'ornithorhynque décélerait une véritable aberration intellectuelle.

II. Classe des oiseaux. — Les oiseaux de l'ère tertiaire et de l'époque quaternaire sont de grands oiseaux marcheurs; les *Dinornis*, de la Nouvelle-Zélande, qui ont probablement vécu jusqu'au siècle dernier, avaient trois mètres et demi de haut. L'*épyornis* de Madagascar devait être aussi grand que le dinornis.

III. Classe des reptiles. — 1° Ordre des *Chéloniens :* on a trouvé dans le miocène supérieur des monts Siwalik, une tortue colossale dont la carapace

---

1. *Thylacléo*, mot hybride composé du mot grec θύλακος bourse, et du mot latin *leo* lion ; Thylacoléo signifie donc *lion marsupial*.

avait quatre mètres de long [1]. 2° Ordre des *Ophidiens* : palæophis, dans l'éocène; couleuvres, dans le miocène et le pliocène ; c'est donc dans le terrain tertiaire qu'apparaissent pour la première fois les serpents proprement dits.

II. — **Terrain quaternaire**.

1. EN EUROPE. — Les espèces de l'époque quaternaire qui se sont éteintes sont l'*Elephas antiquus*, le mammouth, le rhinocéros tichorhinus, le rhinocéros de Merck, l'*Hippopotamus major*, les carnassiers des cavernes, ours, hyènes, lions, etc.; le cerf *megaceros*.

Le groupe le plus ancien est celui qui comprend l'*Elephas antiquus*, le rhinocéros de Merck, l'*Hippopotamus major*.

Le groupe qui a suivi comprend le mammouth, le rhinocéros tichorinus, les carnassiers des cavernes.

II. EN AMÉRIQUE. — On trouve en abondance les éléphants et surtout les **mastodontes**; les grandes espèces du genre *Equus;* les édentés gigantesques : mégathérium, mylodon, **mégalonyx**, glyptodon, chlamidothérium, etc.

III. EN AUSTRALIE. — Les marsupiaux règnent seuls ; parmi eux, les gigantesques diprotodon, notothérium.

---

1. PRIEM, *l'Évolution*, page 297.

« La faune actuelle n'est qu'un membre de la faune quaternaire, dit A. Gaudry, car celle-ci comprend presque toutes les espèces modernes de mammifères, et on ne peut la distinguer que parce qu'un certain nombre de grands quadrupèdes se sont éteints ou déplacés avant les temps historiques [1]. »

Faits saillants de l'ère tertiaire et de l'époque quaternaire, et conclusions qui s'en déduisent :

1º Les mammifères sont gigantesques, bien supérieurs à ceux d'aujourd'hui ; du premier coup, « ils ont atteint la perfection », dit M. A. Gaudry. Le premier félin qui apparaît, à savoir le *Machairodus* du miocène, est le type le plus achevé du genre félin.

Il s'ensuit que le plan de la création est allé en décadence croissante ;

2º Les édentés, « êtres inférieurs à la plupart des mammifères, » dit Pictet, apparaissent à la fin de l'ère tertiaire, très postérieurement aux mammifères supérieurs, quadrumanes, proboscidiens, carnassiers, etc.

Il s'ensuit qu'il y a eu affaiblissement et défaillance dans la conception du plan de la création ;

3º Simultanément avec les édentés supérieurs apparaissent les édentés inférieurs.

Il s'ensuit que le plan de la création manque de rectitude et de méthode ;

4º Enfin, l'absence de restes fossiles des deux genres de monotrèmes, échidné et ornithorhynque,

---

1. A. GAUDRY, *les Ancêtres*, page 225.

incline à faire croire que ces animaux sont de création récente.

Avant de déduire de ce fait une conclusion, il est sage d'attendre le résultat que donneront les recherches ultérieures.

CHAPITRE VI

APPARITION DE L'HOMME SUR LA TERRE

I. — Époque quaternaire.

Jusqu'à la fin du premier tiers de ce siècle, on crut que l'homme était apparu sur la terre, il y a quelques milliers d'années seulement, c'est-à-dire durant la phase la plus récente de l'ère moderne. Les découvertes de Boucher de Perthes dans les anciennes alluvions d'Abbeville, découvertes confirmées par celles du docteur Rigollot à Saint-Acheul, près d'Amiens (Somme), amenèrent une révolution sur ce point important. La lutte qui s'engagea entre les savants fut très ardente; au lieu de rester exclusivement sur le terrain de la science, c'est-à-dire sur le terrain de l'observation et de l'expérience, on apporta dans le débat des arguments empruntés à la théologie et à la métaphysique. Aujourd'hui, le combat a pris fin, au moins pour ce qui concerne l'homme quaternaire; les preuves de tout genre se sont tellement multipliées qu'il a bien fallu se rendre à l'évidence. L'existence de l'homme quaternaire, contemporain du mammouth, est un fait indiscutable, acquis pour jamais [1].

II. — Ère tertiaire.

I. Terrain pliocène. — En 1863, à Saint-Prest, village situé aux environs de Chartres (Eure-et-Loir), célèbre par les restes d'animaux fossiles qu'on y a découverts, un géologue, M. Desnoyers, crut trouver sur des crânes d'*elephas meridionalis* et de cerf *megaceros* ainsi que sur des os de ruminants l'empreinte de la main de l'homme. Le terrain appartenait à l'étage de pliocène. Après une discussion approfondie, la plupart des géologues refusèrent d'admettre les conclusions de M. Desnoyers, soit parce que l'empreinte de la main de l'homme leur parut douteuse, soit principalement parce que dans le gisement de Saint-Prest on n'avait trouvé aucune arme, aucun instrument; Charles Lyell avait surtout insisté sur l'absence de ce genre de preuves.

En 1866, l'abbé Bourgeois, reprenant les fouilles à Saint-Prest, découvrit des silex taillés, têtes de lances ou de flèches, poinçons, grattoirs, marteaux, c'est-à-dire ce genre de preuves que réclamaient les savants

---

1. Tout le monde a pu voir à l'Exposition universelle de 1889 des os quaternaires sur lesquels était sculptée par la main de l'homme la représentation du mammouth. L'homme a donc vécu en même temps que le mammouth.

anglais. La communication de l'abbé Bourgeois fut faite à l'Académie des sciences, le 7 janvier 1867, par l'intermédiaire et avec l'adhésion formelle de l'éminent géologue, M. d'Archiac.

A Monte-Aperto, près de Sienne (Toscane), dans un terrain pliocène, M. Capellini découvrit des ossements de baleine fossile qui portaient des entailles faites par l'homme. « Les dernières objections relatives à l'existence de l'homme tertiaire, dit Quatrefages, me semblent devoir tomber devant l'examen quelque peu attentif des incisions que portent les os du balœnotus découvert par M. Capellini... L'existence de l'homme à l'époque pliocène est désormais hors de doute [1]. » Ces découvertes font remonter l'existence de l'homme jusqu'au temps où régnait l'*Éléphant méridional*.

II. TERRAIN MIOCÈNE ANCIEN. — En 1868, à Thenay (Loir-et-Cher), dans la couche la plus ancienne du miocène, l'abbé Bourgeois découvrit des silex dont les uns étaient taillés intentionnellement, et dont les autres étaient craquelés par le feu; or le feu, l'homme seul peut l'allumer.

A l'embouchure du Tage, dans un terrain miocène ancien, à Otta, on découvrit des silex taillés. Le

---

1. QUATREFAGES, *l'Espèce humaine*, chap. XIII. — Voir aussi VERNEAU, *l'Enfance de l'humanité*, page 45. Bibliothèque des Merveilles. — Dans la séance de l'Académie des sciences, 29 juillet 1895, M. Marcelin Boule a présenté un racloir en silex trouvé sous une défense de l'éléphant méridional. La présence d'objets de l'industrie humaine ajoute une nouvelle et indiscutable preuve à la contemporanéité de l'homme et de l'éléphant méridional.

congrès des anthropologistes fut unanime pour reconnaître que le terrain appartenait au miocène. Quant aux silex taillés, les membres du congrès se partagèrent.

Au Puy-Courny, près d'Aurillac (Cantal), M. Rames récolta de nombreux silex dans une couche datant incontestablement de la période miocène. Un certain nombre d'entre eux ont été taillés intentionnellement, d'après ce qu'affirme M. de Quatrefages.

Les discussions au sujet de l'homme tertiaire ont repris avec l'ardeur qu'avait suscitée naguère la question de l'homme quaternaire. De nouveau on a vu aux faits matériels opposer les arguments métaphysiques. « A quelque point de vue qu'on se place, dit M. de Lapparent, *l'homme ne peut apparaître que comme le couronnement du monde organique*, après que le règne animal et le règne végétal ont reçu l'un et l'autre tous leurs développements. A l'époque miocène, ces développements sont encore beaucoup trop incomplets pour que la présence de l'homme sur la terre ne soit pas considérée comme un véritable anachronisme, et cela suffit à nos yeux pour permettre de rejeter un fait d'ailleurs aussi mal établi que celui de Thenay [1]. »

Si la découverte de Thenay n'eût pas été établie sur des faits inattaquables, un géologue aussi instruit que l'est M. de Lapparent l'eût combattue à l'aide de faits positifs et non par des considérations *a priori*. En regard de ces lignes qui dénotent chez leur auteur une

---

1. A. DE LAPPARENT, *Traité de Géologie*, page 1192.

si étrange éclipse de l'esprit scientifique, il est bon de reproduire les paroles par lesquelles M. de Quatrefages, président, ouvrait, en octobre 1890, le Congrès des Américanistes : « Permettez-moi de rappeler les deux règles que j'ai suivies constamment dans l'étude des questions si ardemment controversées que soulève l'histoire de l'homme.

« La première est d'écarter absolument toute considération empruntée, soit au dogme, soit à la philosophie, et d'en appeler uniquement à la science, c'est-à-dire à l'expérience et à l'observation.

« La seconde est de ne jamais isoler l'homme des autres êtres organisés, et d'accepter que, pour tout ce qui n'est pas exclusivement humain, il est soumis à toutes les lois générales qui régissent également les animaux et les plantes. De là il résulte qu'on ne saurait regarder comme vraie une doctrine, une opinion quelconque, qui fait ou tend à faire de l'homme une exception parmi les autres êtres organisés.

« Je regarde comme démontrée l'existence de l'homme tertiaire [1]. »

Lorsque des hommes aussi profondément religieux que M. de Quatrefages, l'abbé Bourgeois et M. d'Archiac, mort récemment dans un monastère, déclarent que l'existence de l'homme tertiaire est expérimentalement démontrée, c'est que les preuves apportées ont résisté victorieusement à l'examen et au contrôle le plus sévère. Aussi dans le Congrès qui, en 1890, a

---

1. *Revue scientifique*, 18 octobre 1890, pages 481-484.

réuni les géologues et les anthropologistes les plus éminents du monde civilisé, personne ne s'est levé pour dire à M. de Quatrefages : « Je proteste ! non, je n'admets pas que l'homme ait vécu au temps de l'ère tertiaire. » Aujourd'hui on peut affirmer qu'en omettant les théologiens et les constructeurs de systèmes métaphysiques *a priori*, l'existence de l'homme tertiaire est acceptée des savants comme l'est celle de l'homme quaternaire. L'homme a donc vécu au temps où régnaient le *mastodonte* et le *dinothérium* [1].

---

1. Si l'homme est apparu dans le miocène ancien, il s'ensuit qu'il est antérieur au fameux singe anthropomorphe *dryopithecus* de Saint-Gaudens, lequel n'a été trouvé que dans le miocène supérieur. Si l'homme est antérieur au dryopithecus, il est impossible qu'il descende de lui. Ce fait ne peut manquer de faire plaisir aux braves gens qui repoussent avec une si touchante indignation l'hypothèse d'une origine simienne. Elles ne se doutent pas, ces âmes candides, que l'homme ne vaut que proportionnellement à la moralité de ses actes, et que, par suite, à ce point de vue, il importe peu qu'il soit issu ou non d'un singe ou d'un cachalot.

CHAPITRE VII

RÉSUMÉ DES DÉDUCTIONS TIRÉES DES FAITS DE L'ÈRE GÉOLOGIQUE

I. LA CRÉATION DES ANIMAUX NE S'EST PAS FAITE SELON LA LOI D'UN PERFECTIONNEMENT GRADUEL, C'EST-A-DIRE EN PARTANT DU PLUS BAS EN ORGANISATION POUR S'ÉLEVER GRADUELLEMENT JUSQU'AU PLUS PARFAIT ; SOUVENT LE SUPÉRIEUR EN ORGANISATION EST APPARU EN MÊME TEMPS QUE L'INFÉRIEUR, MAINTES FOIS MÊME AVANT LUI.

A. *Dans l'apparition des embranchements :*

Ère primaire : Dans le terrain cambrien, qui contient les premiers êtres animaux animés, sont apparus simultanément des animaux appartenant à l'embranchement des zoophytes, à celui des mollusques, à celui des articulés.

B. *Dans l'apparition des classes :*

Ère primaire : Dans le terrain cambrien apparaissent simultanément les classes supérieures des zoophytes, à savoir, échinodermes et polypes, et les deux classes inférieures, à savoir, éponges et sarcodaires.

Dans le même terrain, apparaissent les classes supérieures des mollusques, à savoir, céphalopodes et gastéropodes, en même temps que les classes inférieures, acéphales et brachiopodes.

Les céphalopodes sont supérieurs en organisation à tous les articulés; or plusieurs groupes de la 4e classe des articulés, à savoir, branchiopodes et ostracodes, ainsi que des annélides du sous-embranchement des vers, sont apparus dans le cambrien en même temps que les céphalopodes; les autres groupes de la 4e classe et tous ceux des trois premières classes des articulés sont apparus postérieurement.

Ère secondaire : Dans le terrain jurassique du lias apparaît le premier représentant de la classe des mammifères, un marsupial; cette apparition est antérieure à celle du premier représentant (archéoptéryx) de la classe des oiseaux; or la classe des oiseaux est de beaucoup inférieure à celle des mammifères.

C. *Dans l'apparition des ordres :*

Ère primaire : Dans le terrain silurien, classe des poissons, l'ordre des sélaciens (requins) apparaît en même temps que l'ordre des ganoïdes cuirassés; or les requins sont à la tête des poissons; en outre, ils précèdent chronologiquement presque tous les autres ordres de la classe.

Dans les terrains dévoniens, classe des insectes, l'ordre des névroptères (éphémère, *platéphéméra*) apparaît avant l'ordre des crustacés décapodes, lesquels ne sont apparus que dans le permo-carbonifère;

or les insectes sont de beaucoup supérieurs aux crustacés.

Ere secondaire : Dans le Trias, classe des reptiles, l'ordre des chéloniens et l'ordre des sauriens apparaissent avant l'ordre des ophidiens ou serpents ; ceux-ci ne sont apparus que dans l'ère tertiaire.

Ere tertiaire : Classe des mammifères, les ordres suivants, quadrumanes, chéiroptères, carnassiers, rongeurs, proboscidiens, pachydermes, ruminants, apparaissent longtemps avant l'ordre des édentés, lesquels sont inférieurs aux animaux des ordres précédents.

D. *Dans l'apparition des types divisionnaires, genres et espèces :*

Ere primaire : Dans le terrain dévonien, chez les articulés, apparaît un névroptère, du groupe des éphémères, le *platéphéméra*, de beaucoup supérieur aux névroptères éphémères des âges ultérieurs ; et un crustacé, le *pterygotus anglicus*, de beaucoup supérieur aux crustacés des âges qui ont suivi.

Dans le terrain permo-carbonifère, chez les zoophytes, les deux genres les plus élevés des foraminifères, à savoir : fusilinides et nummulinides, apparaissent antérieurement à nombre de genres inférieurs de foraminifères.

Dans le même terrain, chez les articulés, les premiers orthoptères du groupe des phasmiens qui apparaissent, à savoir, *titanophasma*, *dictyoneura*, etc., sont très supérieurs aux phasmiens des âges suivants.

Dans le même terrain, chez les reptiles batraciens,

le type labyrinthodonte perfectionné, *Stéréorachis*, apparaît en même temps que le type labyrinthodonte inférieur, *euchirosaurus*.

Ere secondaire : Dans le terrain jurassique, chez les reptiles proprement dits, les types sauriens qui apparaissent, *cétiosaurus, ichthyosaurus, atlantosaurus,* etc., sont de beaucoup supérieurs aux sauriens qui ont suivi.

Dans le même terrain, chez les mollusques, les types céphalopodes, *ammonites* et *bélemnites* sont supérieurs aux céphalopodes des âges postérieurs.

Ere tertiaire : Chez les mammifères, les types carnassiers, *machairodus*, etc., les types proboscidiens, *mastodonte, dinothérium, éléphant*, etc.; les types pachydermes, *rhinocéros, hippopotame*, etc.; les types édentés, *mégathérium, glyptodon, chlamydothérium*, etc.; les types ruminants, *sivathérium*, sont de beaucoup supérieurs aux types des mêmes groupes qui ont apparu postérieurement.

Les types édentés supérieurs apparaissent en même temps que les types édentés inférieurs.

Epoque quaternaire : Aux types précédents, il faut ajouter les deux types marsupiaux, *diprotodon* et *notothérium*, de beaucoup supérieurs aux types marsupiaux d'aujourd'hui.

II. CERTAINS GENRES D'ANIMAUX SE SONT PERPÉTUÉS JUSQU'À NOS JOURS SANS MODIFICATIONS PROFONDES, CE QUI EST CONTRAIRE AU PRINCIPE FONDAMENTAL DE L'ÉVOLUTION, A SAVOIR, DIVERGENCE DE CARACTÈRES A CHAQUE DESCENDANCE.

Ere primaire : Dans le terrain cambrien, les mollusques brachiopodes lingules se sont perpétués jusqu'à nous, c'est-à-dire pendant nombre de millions d'années, sans modification notable de leur forme.

Dans le terrain silurien, les zoophytes foraminifères *Dentulina* et *Lagena* se sont perpétués jusqu'à nous.

Dans le même terrain, le mollusque céphalopode *nautilus*, les mollusques brachiopodes *cranies*, *orbicules*, *rhynchonelles*, *waldheimia*, se sont perpétués jusqu'à nous.

Dans le terrain permo-carbonifère, le poisson dipnoé *cératodus* s'est perpétué jusqu'à nous, dans certaines rivières de l'Australie.

Dans le terrain triasique, le mollusque brachiopode *térébratule* est parvenu jusqu'à nous.

III. Les types qui furent supérieurs, après une durée plus ou moins longue, ont tous succombé, cédant la place aux types inférieurs. — Dans l'embranchement des zoophytes, les foraminifères *fusilinides* et *nummulinides* ont vécu, les premiers dans le permo-carbonifère exclusivement, les seconds au permo-carbonifère, mais surtout dans le tertiaire.

Dans l'embranchement des mollusques, les céphalopodes *ammonites* et *bélemnites* ont vécu du lias au crétacé inclusivement ; les brachiopodes *productus*, du dévonien au permien inclusivement.

Dans l'embranchement des articulés, le névroptère éphémère *platéphéméra* a vécu dans le dévonien, de même le crustacé *ptérygotus anglicus* ; les orthoptères phasmiens *protaphasma*, *titanophasma*, *dictyoneura*, dans le permo-carbonifère.

Dans l'embranchement des vertébrés, les batraciens stégocéphales labyrinthodontes ont vécu dans le permo-carbonifère et le lias.

Dans la classe des reptiles proprement dits, les sauriens volants ont vécu du lias au crétacé; les sauriens nageurs et les sauriens terrestres, du trias au crétacé; les sauriens mosasaures, dans le crétacé seulement.

Dans la classe des mammifères, les carnassiers *machairodus* ont vécu du miocène au quaternaire; les édentés *mégathérium, glyptodon*, etc., du miocène au quaternaire; les proboscidiens *mastodontes*, du miocène au quaternaire; *dinothérium*, à la fin du miocène et au commencement du pliocène; chez les éléphants, le *bombifrons*, dans le miocène supérieur; le *meridionalis*, dans le pliocène; le *mammouth*, dans le quaternaire, etc.; les pachydermes *rhinocéros* à nez sans cloison, dans le miocène supérieur; à nez demi-cloisonné, dans le pliocène; à nez entièrement cloisonné dans la deuxième partie du quaternaire; les *palæothériums*, dans l'éocène et l'oligocène, etc.; les marsupiaux *diprotodon* et *notothérium*, dans le quaternaire.

CHAPITRE VIII

THÉORIES CONCERNANT LES ENCHAINEMENTS DU RÈGNE ANIMAL

I. — L'échelle des êtres.

Au chapitre II, *Les ères géologiques*, dans le paragraphe intitulé « La classification et l'échelle des êtres[1] », nous avons énuméré les raisons pour lesquelles la théorie de l'échelle des êtres ne peut être admise. Vraie pour les vertébrés, elle est fausse pour les autres embranchements.

II. — Le perfectionnement graduel.

La théorie de l'échelle des êtres a pour objet la faune contemporaine; étendue aux faunes des âges géologiques et à l'ordre d'apparition des diverses espèces animales, elle devient la théorie du perfec-

---

1. Voir page 207.

tionnement graduel. On l'a ainsi formulée : Les faunes des terrains anciens sont composées d'animaux d'une organisation plus imparfaite; le degré de perfection s'élève à mesure qu'on s'approche des époques plus récentes.

La théorie du perfectionnement graduel implique les deux choses suivantes :

1° Les représentants des quatre embranchements ont dû apparaître successivement en sens inverse de l'ordre hiérarchique, c'est-à-dire que les zoophytes ont dû apparaître les premiers, puis les mollusques, puis les articulés, et en dernier lieu les vertébrés;

2° Les représentants des diverses classes de chaque embranchement ont dû apparaître successivement, en sens inverse de l'ordre hiérarchique, c'est-à-dire en commençant par les formes inférieures pour s'élever jusqu'aux formes supérieures de chaque classe respective. Et de même pour les ordres, pour les genres, pour les espèces.

Au chapitre vii, « Résumé des déductions tirées des faits de l'ère géologique », on a vu les faits nombreux qui contredisent absolument la théorie du perfectionnement graduel, soit au point de vue de l'ordre d'apparition des embranchements, des classes et des ordres, soit au point de vue de l'ordre d'apparition des types divisionnaires, genres et espèces; presque partout et dans toutes les ères, l'inférieur est apparu simultanément avec le supérieur, souvent même après lui.

Issue d'une conception *a priori*, la théorie du perfectionnement graduel a pu avoir une certaine apparence de fondement au début de la paléontologie, alors que les faits connus étaient peu nombreux ; aujourd'hui les découvertes faites dans tous les terrains se sont accumulées ; les conclusions qui s'en dégagent sont radicalement contraires à la théorie du perfectionnement graduel.

III. — L'évolution.

Dans la conclusion de l'*Origine des Espèces*, Darwin écrit ces lignes : « Je crois que les animaux descendent de quatre ou cinq formes primitives tout au plus, et les plantes d'un nombre égal ou même moindre [1] ».

Ainsi, tous les vertébrés descendraient d'un prototype commun vertébré; tous les articulés, d'un prototype articulé; tous les mollusques, d'un prototype mollusque; tous les zoophytes, d'un prototype zoophyte. Darwin tient compte ici des quatre plans irréductibles de structure ainsi que des quatre plans correspondants d'embryogénie également irréductibles. Ce point de vue est l'idée directrice du darwinisme modéré.

Darwin ajoutait ensuite ces lignes : « L'analogie me conduirait à faire un pas de plus et à croire que tous les animaux et toutes les plantes descendent *d'un prototype unique;* mais l'analogie est un guide trompeur. »

Ainsi, l'homme et le chêne, l'éléphant et le cham-

---

1. DARWIN, *Origine des espèces*, page 507.

pignon, descendraient d'un ancêtre commun. Dans cette hypothèse romanesque, présentée du reste avec une louable timidité, Darwin ne tient plus compte ni des plans irréductibles de structure, ni des plans irréductibles d'embryogénie, ni même de la distinction fondamentale entre le règne animal et le règne végétal. C'est de cette conjecture imaginaire qu'est né le darwinisme immodéré.

Au chapitre premier du livre III, « Les plans de structure, les causes de modifications et les formes intermédiaires », le lecteur trouvera détaillé, avec examen critique, tout ce qui concerne la définition de l'espèce (ce point est capital), l'influence du milieu, la sélection naturelle, les croisements et les formes intermédiaires, toutes questions qu'enveloppe la théorie de l'évolution. Nous nous contenterons d'en donner ici un résumé concis, simple rappel à la mémoire.

I. L'ère contemporaine et l'espèce. — Les seuls procédés connus de modifications sont l'influence du milieu, la sélection naturelle avec divergence des caractères, la variation brusque et le croisement.

1º L'influence du milieu s'exerce sur le poil ou les plumes ou sur leur coloration, sur la grandeur ou la petitesse de la taille; mais elle ne touche en rien au plan de structure;

2º La sélection naturelle accompagnée de la divergence des caractères explique très bien comment peuvent se former les variétés et les races d'une même espèce (exemple, loups des monts Catskill), mais elle est impuissante à expliquer comment le type d'une espèce pourrait passer au type d'une autre espèce;

3° La variation brusque ne peut que créer des variétés, et encore faut-il la main de l'homme pour que la variété puisse s'établir en race. A l'état sauvage, la variété brusque disparaît promptement, c'est l'opinion formelle de Darwin;

4° Le croisement pourrait créer le passage d'un type si les individus nés du croisement entre deux espèces réellement distinctes étaient indéfiniment féconds. Mais comme les hybrides nés du croisement entre espèces du même genre, c'est-à-dire très voisines, sont du premier coup inféconds ou **promptement inféconds**, il s'ensuit que l'établissement d'une espèce intermédiaire, c'est-à-dire le passage d'un type à un autre type, est impossible. Tel est le résultat des expériences faites par les savants contemporains.

Enfin, jamais on n'a constaté de croisement fécond entre mammifères sauvages appartenant à deux espèces du même genre, vivant à l'état de liberté. Comme le nombre des espèces domestiquées est extrêmement restreint, il s'ensuit que même la naissance d'un seul hybride n'a jamais eu lieu parmi l'immense multitude des espèces sauvages. De ce chef, **la possibilité du passage d'un type à un autre type se trouve exclue, pour tout le règne animal, pendant la durée des temps géologiques avant l'apparition de l'homme.**

Le croisement entre deux espèces **inféconds d'emblée ou promptement inféconds**, voilà l'obstacle **infranchissable**. Darwin a essayé de le tourner en **cherchant** des preuves établissant que le croisement d'abord si fécond des races d'une même espèce devient à la longue infécond. Si le cas avait pu être établi, les espèces d'aujourd'hui auraient pu être tenues pour des races éloignées de leur point de formation. Darwin n'a rien trouvé, ainsi qu'il l'avoue avec son admirable loyauté. Il suit de là que :

A. *Ni directement,* par le croisement de *deux espèces* distinctes, lequel croisement est d'emblée infécond ou promptement stérile ;

B. *Ni indirectement,* par le croisement de *deux races* d'une même espèce, croisement qui deviendrait graduellement infécond ;

Il n'est possible de démontrer que le type d'une espèce peut passer au type d'une autre espèce.

Conclusion. — Comme la théorie de la filiation continue des espèces exige la fécondité continue des croisements, il s'ensuit que sur le terrain physiologique, c'est-à-dire sur le terrain de la seule et véritable espèce, à savoir, l'espèce physiologique, le darwinisme est infirmé par les faits ; il reste à l'état de conjecture *a priori,* dénuée de toute sanction physique [1].

III. Les ères géologiques et l'espèce. — Les animaux qui ont vécu dans les ères géologiques sont connus seulement par leur squelette ; on ne sait rien de leur voix, de leurs organes mous, ni de leurs parties extérieures, telles que le pelage, la forme de la queue, des oreilles, etc. Les squelettes sont-ils suffisants

---

1. Voir page 185, l'aveu qu'en fait Huxley lui-même.

pour donner, à eux seuls, la preuve que les espèces sont descendues l'une de l'autre par des croisements d'une fécondité continue ? Absolument non.

En effet, voici un genre actuel bien connu, le genre *equus*, dont les espèces, cheval, âne, hémione, hémippe, zèbre, dauw, couagga, sont distinguées par nous sur-le-champ d'après leur aspect extérieur et même simplement d'après le son de leur voix. Or les squelettes de ces espèces, si nettement distinctes à nos yeux, sont tellement semblables que « si ces espèces venaient à être ensevelies ensemble, les paléontologistes futurs n'en feraient qu'*une*[1] ». Lorsqu'on croise ces espèces entre elles, l'hybride né de ce croisement est d'emblée ou promptement infécond, de sorte que l'établissement d'une espèce intermédiaire est radicalement impossible. Si le croisement des espèces à *squelettes identiques* est infécond, à plus forte raison a dû l'être le croisement des espèces dont les *squelettes diffèrent par des modifications importantes*, telles que, par exemple, celles qu'offrent les dents en mamelons du mastodonte et les dents en lamelles superposées de l'éléphant. Aucun procédé connu de modifications ne peut donner l'explication du passage des molaires en mamelons aux molaires en lamelles ; il s'ensuit que l'éléphant ne peut descendre par filiation du mastodonte. Et ainsi des autres espèces dont les squelettes présentent des modifications plus ou moins importantes.

---

1. QUATREFAGES, *Charles Darwin*, page 192-193.

En résumé, les *squelettes identiques* peuvent appartenir et, en fait, appartiennent aux espèces d'un même genre, lesquelles en se croisant donnent naissance à des hybrides, d'emblée ou promptement inféconds. A plus forte raison, *les squelettes non identiques*, différant par d'importantes modifications plus ou moins étroitement graduées, n'ont pu appartenir à des espèces dont les croisements auraient eu une fécondité continue. Ces transitions ostéologiques offrent un grand intérêt relativement à l'idée directrice qui a présidé au plan de la création; elles n'ont aucune valeur probante en faveur de la théorie de la filiation continue des espèces.

Conclusion. — Sur le terrain morphologique comme sur le terrain physiologique, dans les ères géologiques comme dans le temps présent, le darwinisme ne peut s'appuyer sur aucun fait positif; il reste une conjecture *a priori* dénuée de toute sanction physique.

III. Les ères géologiques et les deux conditions fondamentales de la théorie de l'évolution. — « Toutes les espèces du règne animal dérivent les unes des autres ; l'existence des formes intermédiaires est le signe tangible et accusateur de la filiation généalogique. Les transformations des espèces se font à la longue et par degrés insensibles. » Telle est, en abrégé, la théorie de l'évolution. Les deux conditions fondamentales de la théorie sont les suivantes :

1° Il faut que *des séries non interrompues de passages* enchaînent les uns avec les autres, les espèces, les genres, les ordres, les classes et les embranchements.

En effet, s'il y avait des hiatus dans les séries intermédiaires, la filiation serait interrompue ; la théorie serait infirmée.

2º Il faut que toutes les espèces donnent les marques qu'*elles ont évolué continûment*, dans le temps et dans l'espace.

En effet, si l'on pouvait constater avec certitude que certaines espèces n'ont pas évolué dans le temps ni dans l'espace, c'est que l'évolution ne serait pas pour les espèces une nécessité physique, mais *une simple contingence*. La théorie n'aurait plus de base ; elle s'écroulerait.

I. LES HIATUS [1]. — 1º *Il n'y a pas de passage entre un embranchement et un autre embranchement.*

Nous avons vu, au chapitre I du livre III, que les quatre plans de structure, lesquels coïncident avec les quatre plans de développement embryogénique sont irréductibles. On a cependant essayé de rattacher l'embranchement des mollusques à celui des vertébrés par l'intermédiaire des crustacés et des poissons ganoïdes. « C'est en vain, dit M. Gaudry, que l'on voudrait faire dériver les poissons des crustacés. A l'époque actuelle, les poissons ont des cartilages, des os en phosphate et carbonate de chaux ; leur vésicule

---

[1]. L'énumération des hiatus est empruntée au plus éminent représentant du darwinisme modéré en France, à M. Albert Gaudry, dont la loyauté et la sincérité sont dignes de celles de son maître.

ombilicale se continue *avec le ventre*, tandis que les crustacés ont de la chitine (carbone, hydrogène, oxygène, azote), n'ont pas de cartilages, n'ont pas de phosphate de chaux, et se développent en ayant la vésicule ombilicale *sur le dos* [1]. »

Ces hiatus entre les embranchements imposent donc au champ où peut se mouvoir la théorie de l'évolution une première et immense restriction.

2° *Il n'y a pas de passage entre les classes d'un même embranchement.*

« Les fossiles primaires, dit M. Gaudry, ne nous ont pas encore fourni de preuves positives de passage des animaux d'une classe à une autre classe [2]. » Or les embranchements des zoophytes et des mollusques étaient apparus avec toutes leurs classes, et l'embranchement des articulés avec la plupart des siennes. Reste l'embranchement des vertébrés.

On espérait que l'étude des anciens fossiles décèlerait un lien dérivatif entre les reptiles et les poissons, cet espoir a été déçu : « Lorsque j'ai commencé à étudier les reptiles du permien qui, à certains égards, présentent des caractères d'infériorité, je m'attendais, dit M. Gaudry, à leur trouver des rapports avec les poissons ; mais j'ai constaté *tout le contraire ;* car ces fossiles, par le développement extrême de leurs membres de devant et de derrière, comme par leur ceinture thoracique et pelvienne, se mon-

---

1. A. Gaudry, *les Enchaînements*, page 249, la note.
2. A. Gaudry, *les Enchaînements*, page 292.

trent aussi différents que possible des poissons [1]. »

On a essayé de rattacher les reptiles aux oiseaux, à la suite de la découverte de l'Archéoptéryx dans le calcaire lithographique de Solenhofen, oolithe supérieure. Mais comme l'avoue un fervent partisan du transformisme, M. Edmond Perrier : « Malgré les belles découvertes de ces dernières années, la distance est encore grande entre les dinosauriens et les oiseaux ; plus grande encore entre les mammifères et les formes amphibiennes auxquelles on a essayé de les rattacher [2]. »

Quant à la classe des mammifères, ainsi que vient de le dire M. Edmond Perrier, elle est sans lien aucun avec les autres classes de vertébrés ; l'hiatus qui la sépare de la classe la plus rapprochée d'elle, à savoir : celle des oiseaux, est infiniment plus grand que l'hiatus qui sépare les trois autres classes l'une de l'autre.

Ces hiatus entre les diverses classes qui composent les quatre embranchements imposent à la théorie de l'évolution une seconde et immense restriction ;

3° *Ordres qui n'ont aucun lien avec un autre ordre.*

M. Gaudry cite les ordres suivants : l'ordre des chéiroptères, celui des édentés, celui des cétacés, etc. ;

4° *Genres ou animaux qui n'ont les caractères d'aucun animal plus ancien qu'eux.*

---

1. A. GAUDRY, *les Enchaînements*, page 292
2. ED. PERRIER, *le Transformisme*, page 338. — Darwin écrivait à Lyell, *Correspondance*, tome II, page 203 : « Je ne puis concevoir la conversion d'un reptile existant quelconque en mammifère. »

M. Gaudry cite les genres ou les animaux suivants : le singe de Saint-Gaudens, à savoir : le fameux dryopithecus ; le mastodonte du miocène ; le dinothérium ; l'hippopotame ; le sivathérium et l'helladothérium, girafes ; le paloplothérium, pachyderme, tribu des palæothéroïdes ; le coryphodon, pachyderme, tribu des tapiroïdes ; l'hyracothérium, pachyderme, tribu des suiliens ou sangliers ; le palæonictis, carnassier, tribu des viverridés ;

5° *Formes de transition n'affectant qu'une partie des organes.*

« On rencontre, dit M. Gaudry, des formes de transition qui fournissent d'assez faibles arguments en faveur de la théorie de la filiation des espèces ; je veux parler de celles qui ne sont accusées que sur une partie des organes. Par exemple :

A. L'hipparion a des membres semblables à ceux de l'anchithérium (ongulé à doigts impairs, équidés) ; mais ses molaires sont différentes ; on ne peut donc pas supposer qu'il descend directement de l'anchichitérium.

B. Le palæoryx (ongulé à doigts pairs, antilopes) se confond par ses cornes avec l'oryx ; mais il s'en distingue par ses molaires : l'oryx ne descend donc pas immédiatement du palæoryx.

C. Le palæoréas (ongulé à doigts pairs, antilopes) a les cornes de l'oréas, mais son crâne a une tout autre forme ; l'oréas ne descend donc pas immédiatement du palæoréas.

Il est seulement permis **d'espérer qu'en découvrant**

de nouvelles espèces, on apercevra d'insensibles dégradations qui montreront que l'anchithérium se rattache à la même souche que l'hipparion ; le palœoryx à la même souche que l'oryx ; le palœoréas à la même souche que l'oréas. Mais ces intermédiaires ne sont pas connus ; jusqu'à ce qu'on les ait trouvés, on n'a pas le droit de proclamer une communauté d'origine [1]. »

6° *Lacunes dans les séries où les formes intermédiaires sont le plus continues.*

M. Gaudry a dressé plusieurs tableaux qui montrent l'existence de liens étroits entre un grand nombre d'animaux d'époques consécutives. L'une des séries aboutit aux hyènes modernes; une autre aux éléphants; une troisième aux rhinocéros ; une quatrième aux chevaux. Ces quatre séries sont assurément celles où les formes intermédiaires sont le plus continues. Cependant, même dans ces tableaux, il y a des lacunes ; M. Gaudry les énumère longuement, avec une grande probité scientifique ; sa conclusion est la suivante : « Il résulte de là qu'on ne peut démontrer d'une manière positive que ces espèces sont descendues les unes des autres [2]. »

II. LA NON-ÉVOLUTION DE CERTAINES ESPÈCES. — Du commencement de l'ère géologique jusqu'à l'époque moderne, il s'est écoulé 20 millions d'années d'après l'estimation des physiciens, ou 100 millions d'années

---

1. A. GAUDRY, *les Ancêtres*, pages 162-163.
1. A. GAUDRY, *les Ancêtres*, pages 163-165.

d'après celle des géologues. Quelle que soit celle des deux estimations qu'on adopte, il est clair que le nombre de millions d'années est suffisant pour que les transformations les plus lentes aient eu le temps de s'opérer. Puisque d'après la théorie évolutionniste, il est nécessaire que tous les êtres évoluent et se transforment, il s'ensuit que tous les êtres ont dû évoluer et se transformer. Or, voici ce que les découvertes paléontologiques ont fait connaître :

1° *Cinq genres de la famille des mollusques brachiopodes n'ont pas évolué.*

A. Le genre *lingula* se montre depuis le cambrien jusqu'à l'époque actuelle. Dans le cambrien et le silurien, il y en a cent cinquante espèces ; à l'époque actuelle, il y en a environ trente espèces, lesquelles diffèrent *extrêmement peu* des lingules cambriennes.

B. Le genre *orbicula* ou *discina* se montre dans le cambrien un peu plus haut que les lingulella. Il y en a près de cent espèces dans le cambrien et le silurien, et des représentants *presque identiques* dans toutes les formations jusqu'aujourd'hui.

C. Le genre *crania* commence au silurien inférieur; il existe encore aujourd'hui dans les mers froides.

D. Le genre **rhynchonella** existe déjà dans le silurien inférieur ; à l'époque actuelle, on en trouve encore six espèces qui habitent pour la plupart les mers froides.

E. Dans la famille des térébratulides, la forme la plus ancienne est le genre *waldheimia*, lequel se trouve déjà dans le silurien. Le genre waldheimia est encore vivant aujourd'hui en Australie. Les vraies térébratules débutent dans le trias, prennent un développement extraordinaire dans le jurassique et le crétacé ; enfin, elles existent encore à l'époque actuelle[1] ;

2° *Un poisson dipnoé n'a pas évolué.*

Le *cératodus*, poisson dipnoé du carbonifère, a été récemment découvert vivant dans quelques rivières de l'Australie ;

3° *Une sous-classe des mammifères n'a pas évolué.*

Enfin, ce qui est le plus grave peut-être, c'est la non-évolution de toute une sous-classe des mammifères terrestres, celle des *marsupiaux* ou *aplacentaires*. Le premier marsupial apparaît dans le lias ; les marsupiaux se développent en Europe jusqu'au milieu du tertiaire, époque à laquelle ils disparaissent : ils restent cantonnés exclusivement en Australie. L'ère tertiaire a duré un million d'années, d'après l'estimation des physiciens ; six millions d'après l'estimation des géologues. A ces millions d'années il faut ajouter les siècles qui se sont écoulés durant l'époque quaternaire jusqu'à nos jours. « Les marsupiaux, dit M. Gaudry, que les naturalistes regardent comme inférieurs aux placentaires, sont apparus les premiers ; ils ont quitté nos pays dès le milieu des temps tertiaires. Quand nous réfléchissons que l'époque de la disparition des marsupiaux a coïncidé avec l'époque de la multiplication des placentaires, nous nous demandons si ces derniers ne sont pas des mar-

---

1. Prieu, *l'Évolution*, pages 137, 140, 146, 148, 149.

supiaux qui se seraient modifiés... En vérité, pour concevoir un marsupial se changeant en placentaire, il suffit de supposer que l'allantoïde, au lieu d'être frappée d'un arrêt de développement, s'est agrandie par degrés. Je ne comprends pas le marsupial considéré isolément ; je le comprends comme représentant le passage au placentaire [1]. » Cette dernière réflexion de M. Gaudry démontre bien la vérité de l'appréciation que faisait de la théorie de la transformation des espèces l'illustre paléontologiste de Genève, F.-J. Pictet : « Cette théorie se lie avec l'idée de l'échelle des êtres et avec celle du perfectionnement graduel dans les âges géologiques ; elle est leur lien, leur complément et leur explication ; elle forme avec elles un corps de doctrine complet. La théorie de la transformation des espèces nous paraît complètement inadmissible et diamétralement opposée à tous les enseignements de la zoologie et de la physiologie [2]. »

Darwin a montré que l'Océanie s'enfonce dans les eaux ; peut-être par suite de cet abaissement, elle a été séparée de l'ancien monde à une époque très ancienne. « C'est pour cette raison, dit M. Gaudry, qu'elle est habitée par des marsupiaux dont l'état d'évolution *ne dépasse pas beaucoup* celui dans lequel étaient les mammifères européens vers la fin de l'époque secondaire [3]. »

Puisque d'après M. Gaudry les placentaires sont et

---

1. A. Gaudry, *les Ancêtres*, pages 39-40.
2. Pictet, *Paléontologie*, tome Ier, page 82.
3. A. Gaudry, *les Ancêtres*, page 60.

doivent être des marsupiaux modifiés, une objection vient naturellement aux lèvres : pourquoi le milieu européen a-t-il eu la vertu de transformer les marsupiaux de l'ère secondaire en placentaires, et pourquoi le milieu australien n'a-t-il pas eu cette vertu ? Et cependant le nombre des siècles accordé aux marsupiaux émigrés en Australie l'emporte sur celui qui a suffi à leurs frères européens pour évoluer en placentaires.

Ce fait, si contraire à la théorie de l'évolution, avait frappé Charles Lyell ; il en fit part à Darwin. « Je vois, lui répondit Darwin, que vous considérez comme une difficulté la *non-transformation*, en Australie, des marsupiaux en placentaires. Mais je crois que nous n'avons aucune raison de nous attendre à cette transformation, car nous devons considérer les marsupiaux et les placentaires comme descendant de quelque forme intermédiaire et moins élevée [1]. »

En supposant qu'on découvrît cette souche prétendue commune aux aplacentaires et aux placentaires dans les terrains antérieurs au lias, il faudrait démontrer par quel procédé une branche est devenue marsupiale et l'autre placentaire. Or la science moderne ne connaît pas encore de procédé capable d'obtenir une telle bifurcation évolutionniste. C'est ainsi qu'en essayant d'échapper à la difficulté de la non-transformation des marsupiaux, Darwin tombe

---

1. Darwin, *Correspondance*, tome II, page 211.

dans deux autres non moins grandes, à savoir : l'hypothèse conjecturale d'un ancêtre commun aux deux sous-classes des mammifères et la difficulté d'avoir à expliquer comment de cet ancêtre hypothétique ont pu naître à la fois et diverger le placentaire et l'aplacentaire.

Au demeurant, le fait positif et brutal est que les marsupiaux n'ont pas évolué en placentaires ; cela est conforme, comme le dit Pictet, à tous les enseignements de la zoologie et de la physiologie ; ni les croisements, ni l'action incessante du milieu et des agents extérieurs, ni la sélection, ni la divergence des caractères ne sont capables de transformer un aplacentaire en placentaire.

CONCLUSION. — Ainsi sur le terrain même de la morphologie, les deux conditions fondamentales de la théorie de l'évolution, à savoir : série non interrompue de passages et évolution nécessaire de tous les groupes, sont infirmées par les faits :

1º La première condition l'est, du moins dans l'état actuel des découvertes paléontologiques ; il est extrêmement peu probable que les hiatus entre les classes soient un jour comblés ; entre les embranchements, ils ne le seront jamais, ainsi que le démontre la coïncidence des plans de structure et des plans de développement embryogénique ; or ces plans sont irréductibles ;

2º La seconde condition est *absolument* infirmée par les faits ; on peut même s'attendre à ce que les découvertes futures viennent augmenter le nombre des espèces qui n'ont pas évolué. On en a eu naguère la preuve à la suite des dragages effectués par le *Challenger*, le *Talisman* et par le *Travailleur* : des crinoïdes qu'on croyait éteints depuis l'ère secondaire vivent encore aujourd'hui au fond des mers. On a vu plus haut l'exemple du poisson dipnoé *cératodus* récemment découvert dans les rivières de l'Australie.

En résumé, soit dans le domaine de la physiologie, soit dans celui de la morphologie, soit dans ses deux conditions fondamentales durant le cours des âges géologiques, la théorie de l'évolution a échoué dans sa tentative gigantesque de faire du règne animal entier un arbre *unique*, aux rameaux divergents, mais unis par un lien étroit, celui de la parenté due à une commune origine.

Aussi l'hypothèse de la filiation des espèces est-elle regardée aujourd'hui par ses partisans, par ceux du moins que n'aveugle pas le fanatisme, plutôt comme un idéal à atteindre que comme une vérité suffisamment établie sur les faits. « Nous tendons vers elle, dit M. Albert Gaudry, comme vers la source où nous démêlerons le *pourquoi* de tant de ressemblances que nous apercevons entre les figures des anciens habitants de la terre... Lorsque Darwin a prétendu qu'il y avait eu des transformations, il a répondu aux aspirations d'un grand nombre d'observateurs ; mais quand ce savant illustre a voulu expliquer *de quelle manière* les transformations avaient été produites, de graves objections lui ont été opposées par des hommes très exercés dans l'étude de la nature[1]. »

APPENDICE. — Pour exposer et critiquer l'évolution darwinienne, je n'ai eu recours qu'aux faits cités et aux appréciations données par Darwin lui-même et par ses plus éminents disciples en France, A. Gaudry pour la zoologie, Saporta pour la botanique,

Mes guides pour l'esprit critique sont Quatrefages et P. J. Pictet de Genève.

Quatrefages est le savant illustre qui, avec Henri Milne Edwards, présenta et appuya chaudement la candidature de Darwin en qualité de correspondant de l'Académie des Sciences. A propos d'un livre où Quatrefages avait exposé les travaux de Darwin, celui-ci lui écrivit une lettre (*Correspondance*, tome II, page 426) où on lit ces lignes : « Un grand nombre de vos critiques sont sévères, mais toutes sont faites avec une parfaite courtoisie et dans un esprit essentiellement juste. Je puis dire en toute sincérité que *j'aime mieux être critiqué par vous de cette façon que loué par bien d'autres...* Vous parlez souvent de ma bonne foi, et nul compliment ne peut me faire un plus grand plaisir; mais je puis vous rendre le compliment avec intérêts, car chaque mot que vous écrivez porte l'empreinte de votre véritable amour pour la vérité. »

Quant au grand paléontologiste, F. J. Pictet, l'un des esprits les mieux pondérés de ce siècle, voici ce

---

1. A. GAUDRY, *les Ancêtres*, pages 165 et 168.

que Darwin écrivait dans une lettre adressée à son ami Asa Gray (*Correspondance*, tome II, page 155), au sujet d'un article que Pictet avait publié sur l'*Origine des Espèces* dans un recueil scientifique de Genève : « Je vous signalerai un article qui est un vrai miracle, car il m'est contraire, et il est néanmoins *parfaitement* honnête et juste, et *je m'y rallie pleinement ;* notre seule différence provient de ce qu'il attache moins d'importance aux arguments favorables, et plus aux arguments contraires que je le fais. Parmi toutes les analyses qui me sont opposées, celle-ci est la seule qui soit complètement impartiale, et je ne m'attendais pas à en rencontrer une seule. »

IV. — Les créations successives.

La théorie des créations successives est communément attribuée à Cuvier ; elle ressort des conclusions du premier mémoire sur les espèces d'éléphants fossiles que Cuvier lut à l'Institut, le 1er pluviôse an IV (24 janvier 1796) ; mais comme le fait remarquer Isidore Geoffroy Saint-Hilaire, non seulement Cuvier n'a pas soutenu cette hypothèse, mais dans l'article « Nature » du *Dictionnaire des Sciences naturelles*, il va jusqu'à dire : « Nous ne croyons pas même à la possibilité d'une apparition successive des formes diverses. » Le système qu'on s'obstine à attribuer à Cuvier, ajoute Isidore Geoffroy, est donc selon lui non seulement faux, mais impossible [1].

Quoi qu'il en soit, Pictet fait observer avec justesse que cette prétendue théorie des créations successives signifie simplement que toutes les explications données sur le renouvellement des faunes sont insuffisantes. C'est en vain que les partisans de l'évolution essayent d'enfermer leurs adversaires dans ce dilemme : « ou l'évolution, ou les créations successives », il reste un troisième parti à prendre, lequel se formule en deux mots : *Je ne sais pas*. Quand on ne sait pas, on cherche à savoir, on travaille. C'est pourquoi *Je ne sais pas* est aussi scientifique que les théories qui s'efforcent d'expliquer les faits par des causes naturelles, à l'exclusion de toute intervention théologique. *Savoir ignorer* est même supérieur à toute théorie qui croit *malgré l'évidence* avoir trouvé la solution du problème ; car si l'on croit avoir trouvé la solution, on ne cherche plus dans une autre direction, on use son temps et son intelligence à des travaux condamnés d'avance à rester stériles.

V. — Le plan.

« Les nombreux animaux fossiles, dit Pictet, n'ont apporté aucune modification aux lois d'anatomie comparée. Les squelettes des vertébrés se sont tou-

---

[1]. Isid. Geoffroy, *Vie et travaux d'Etienne Geoffroy*, page 354, le note. — Flourens, dans son livre sur *Les travaux de Cuvier*, a transcrit l'article Nature de Cuvier, pages 268-269.

jours trouvés composés de pièces homologues à celles des animaux de notre époque. La même chose a lieu pour les autres embranchements; et toujours les débris des faunes anciennes ont trouvé leur place dans les cadres établis pour l'étude du monde actuel. »

En vertu de la stabilité et de la constance des lois naturelles, « les fonctions physiologiques ont dû être identiques. Ce résultat est rendu certain par le fait que quelques genres ont traversé toutes les époques et qu'ils ont conservé dans toutes la même organisation. Les nautiles, les térébratules, les lingules, les orbicules, dans toutes ces périodes, ont certainement respiré, digéré et vécu, comme ils le font aujourd'hui dans nos mers[1] ».

Ajoutez à cela l'existence des formes intermédiaires, la conclusion est celle-ci : *Il y a un plan.*

Maintenant, quelle est l'idée directrice, soit dans la création de chaque type, soit dans l'ordre chronologique d'apparition de ces types?

I. IDÉE DIRECTRICE DANS LA CRÉATION DES TYPES. — Dans la cosmogonie de Platon, l'Artiste divin sculpte la matière informe, les yeux fixés sur les Idées, modèles achevés ou archétypes des êtres et des choses ; c'est ainsi que d'après l'archétype l'Homme en soi, Dieu a créé tous les hommes; d'après l'archétype le Reptile en soi, tous les reptiles; d'après l'archétype le Poisson en soi, tous les poissons. Dans la première

---

1. PICTET, *Paléontologie*, tome Ier, pages 75-76.

moitié du xixe siècle, une école d'anatomistes philosophes adopta cette conception et, comme il convenait à des savants, la fit sortir du vague platonicien en lui donnant la précision scientifique des détails.

Si l'on s'en tient au monde actuel, on peut plausiblement imaginer un type dans lequel se retrouveraient les traits communs aux différents vertébrés. Le poisson, le reptile, l'oiseau, le mammifère, ont un grand nombre de pièces dont les homologies sont manifestes. C'est pourquoi on a cherché a saisir le plan général de ces homologies, et comme au fur et à mesure du perfectionnement des vertébrés la colonne vertébrale prend plus d'importance, on a supposé un système dans lequel tout aurait été ordonné par rapport à elle. « L'idée de l'archétype, dit l'illustre anatomiste anglais Richard Owen, se manifesta dans les organismes, sous diverses modifications, à la surface de notre planète, longtemps avant l'existence des espèces animales chez lesquelles nous la voyons aujourd'hui développée... La Nature a avancé à pas lents et majestueux, guidée par la lumière de l'archétype au milieu des ruines des mondes antérieurs, depuis l'époque où l'idée vertébrale s'est manifestée sous la vieille dépouille du poisson jusqu'au moment où elle s'est montrée sous le vêtement glorieux de la forme humaine [1]. »

Si la Nature actuelle, ajoute M. Gaudry, offre cer-

---

1. OWEN, *Recherches sur l'Archétype*, Paris. 1855, chez Masson, pages 12 et 13.

taines apparences qui expliquent comment d'éminents naturalistes ont été portés à imaginer la théorie de l'archétype, il n'en est pas de même pour la nature des temps primaires. Les plus anciens vertébrés connus, les poissons et les reptiles, sont l'opposé de l'archétype vertébré ; il est donc impossible de supposer qu'ils en soient la réalisation.

1° *L'archétype vertébré et les poissons primaires*[1].
— A. Ce qui caractérise l'archétype, c'est *une colonne vertébrale composée de corps appelés centrums avec des arcs en-dessus et en-dessous*. Or les centrums manquent chez presque tous les anciens poissons, et les arcs n'ont pas encore été signalés dans les poissons ganoïdes cuirassés des genres *céphalaspis*, *ptéraspis*, *ptérichthys*, etc., ces animaux ont eu des os à *l'extérieur* avant d'en avoir à l'intérieur.

B. Dans la théorie de l'archétype, *le crâne est composé de vertèbres qui se sont agrandies...* Il s'ensuit que si les premiers vertébrés qui ont paru dans le monde sont dérivés de l'archétype, ils ont dû avoir un crâne de petite dimension ; les vertèbres de ce crâne seraient facilement reconnaissables, car elles n'auraient pas eu le temps de subir de profondes modifications. Or, tout au contraire, dans plusieurs des poissons les plus anciens, *scaphaspis*, *céphalaspis*, etc., ganoïdes cuirassés du silurien et du dévonien, le crâne est très grand et ne ressemble en rien à une

---

[1]. Pour tout ce qui concerne l'Archétype, voir A. GAUDRY, *les Enchaînements*, pages 245-250 et pages 285-298.

réunion de vertèbres¹. Le crâne a eu son complet développement *avant* les vertèbres ; il est donc impossible d'admettre qu'il procède de celles-ci.

C. Dans la théorie de l'archétype, on admet que *les os des membres sont des parties ou des appendices des vertèbres*. Or chez plusieurs poissons primaires, entre autres chez le ganoïde cuirassé *ptérichthys* et chez le ganoïde écailleux *tristichoptérus*, la formation des membres a précédé celle des vertèbres. Les animaux ayant eu des pattes longtemps *avant* d'avoir eu des vertèbres, il est impossible que les os des membres soient des parties ou des appendices des vertèbres.

D. Enfin, dans la théorie de l'archétype, *les côtes des vertébrés sont supposées des parties de vertèbres interposées entre les diverses apophyses et les centrums*. Mais plusieurs des premiers vertébrés n'ont point présenté une telle disposition ; entre autres, chez le *phanéropleuron* et le *coccostéus*, ganoïdes cuirassés du dévonien, il y avait des côtes bien développées, quoique les centrums ne fussent pas encore formés ; chez un autre poisson du terrain permien, le *mégapleuron rochei*, il y a d'énormes côtes sans aucune trace de centrums vertébraux. Les côtes n'ont donc pas pu être une dépendance du système vertébral puisqu'elles ont été formées plus tôt que lui².

1. A. GAUDRY donne ici les détails anatomiques, page 218.
2. A. GAUDRY, *les Enchaînements*, page 213. « Chez les poissons dévoniens dont les vertèbres n'ont pas encore leur cen-

Conclusion. — Ce n'est donc point d'après la théorie d'un Archétype vertébré que furent créés les premiers poissons.

2° *L'archétype vertébré et les reptiles primaires.* — Les prototypes des reptiles n'ont pas plus réalisé l'idée de l'archétype vertébré que ne l'ont fait les premiers poissons. En effet :

A. Dans l'archétype reptilien, *l'axe devait être une colonne vertébrale*. Or plusieurs des anciens reptiles, entre autres, les batraciens labyrinthodontes *archégosaurus, actinodon, euchirosaurus,* ont les centrums de leurs vertèbres incomplètement ossifiés.

B. Dans l'archétype reptilien, *les membres auraient dû procéder des vertèbres*. Or il est très vraisemblable que les membres des reptiles ont été formés *avant* les vertèbres, puisque ces membres sont déjà très perfectionnés chez l'*euchirosaurus*, dont les vertèbres sont encore incomplètement formées.

C. Dans l'archétype reptilien, *les côtes devraient être une dépendance des vertèbres*. Or, dans l'*euchirosaurus*, les côtes ont un grand développement alors que les vertèbres sont incomplètement formées.

D. Dans l'archétype reptilien, *les mandibules devraient s'attacher à la vertèbre frontale*. Or, au contraire, chez l'*actinodon* et l'*archégosaurus*, elles s'attachent en arrière du crâne.

E. Dans l'archétype reptilien, *le crâne devrait être*

trum ossifié, on trouve des côtes parfaitement formées. Je fus bien frappé de ce fait lors d'une excursion que je fis en Écosse, à St-Andrews, etc. »

composé de vertèbres encore peu modifiées et reconnaissables. Or dans l'*actinodon* et l'*euchirosaurus*, quoiqu'il y ait des condyles occipitaux, on ne peut pas dire qu'il y ait une vertèbre occipitale. En vérité, rien ne ressemble moins à une réunion de vertèbres que le crâne d'un *archégosaurus* ou d'un *actinodon*[1].

Conclusion. — 1° L'idée d'un archétype vertébré n'a pas plus présidé à la création des premiers reptiles qu'elle n'avait présidé à celle des premiers poissons. La théorie de l'archétype vertébré est donc en contradiction avec les faits;

2° Ce qui ressort de l'examen des faits, c'est le vague et l'indécision dans la conception primordiale, les tâtonnements et les retours en arrière avant d'arriver à la conception définitive du type du vertébré actuel ainsi qu'à la réalisation de ce type.

II. Idée directrice dans l'ordre chronologique d'apparition des types. — Du tableau donné au chapitre VII, tableau qui résume les faits paléontologiques de l'ère géologique, il ressort que :

A. Le supérieur en organisation est apparu en même temps que l'inférieur, maintes fois même avant lui.

B. Les types qui furent supérieurs, après avoir eu une durée plus ou moins longue, ont tous succombé, cédant la place aux types inférieurs.

Conclusion. — Dans l'ordre d'apparition des types, comme dans la création de ces mêmes types, il y a eu des tâtonnements et des rétrogradations.

---

1. A. Gaudry donne les détails anatomiques à la page 287.

Si l'on tenait compte de l'apparition peut-être moderne de l'ornithorhynque et de l'échidné, les mots tâtonnements et rétrogradations seraient trop faibles pour caractériser cette étrange et inconcevable fantaisie.

CHAPITRE IX

LES ANIMAUX PARASITES

I. — Parasites à développement récurrent.

« Il n'y a pas, dit Van Beneden, une classe de parasites, mais toutes les classes du règne animal en renferment dans leurs rangs inférieurs[1]. »

Chaque animal a ses parasites propres qui viennent toujours de l'extérieur. A quelques exceptions près, c'est par la pâture ou par la boisson qu'ils s'introduisent.

1. Dans un sujet aussi vaste que celui des animaux parasites, sujet qui fait la matière de gros volumes, je me suis borné à choisir quelques exemples typiques. On trouvera les plus grands détails, avec figures à l'appui, dans les ouvrages suivants :

1° Van Beneden, *Commensaux et Parasites*, in-8 de 240 pages, chez Félix Alcan ;

2° Davaine, *Traité des Entozoaires*, in-8 de 900 pages, chez J.-B. Baillière.

3° Moquin-Tandon, *Zoologie médicale*, in-18 de 450 pages, chez J.-B. Baillière.

Dans la sous-classe des crustacés (embranchement des articulés), le groupe des entomostracés renferme deux familles remarquables, les cirrhipèdes et les lernéens.

« Chez les cirrhipèdes *peltogaster* ou *sacculina*, le développement récurrent, j'allais dire la dégradation, va quelquefois si loin, que la nature animale en est devenue problématique, et plus d'un parmi eux n'ayant plus même de bouche pour manger se réduit à un étui qui abrite la progéniture.

« Toute la catégorie des lernéens se dégrade tellement que Cuvier les a rangés, à tort, à côté des helminthes.

« La femelle est une espèce de ver bouffi, et le mâle ressemble à un acarus atrophié. Le mâle n'a souvent que le dixième et même le centième de la grandeur de la femelle. Les lernéens s'attachent à leur hôte par des liens indissolubles; ils ne deviennent parasites qu'après avoir passé leur jeunesse dans une indépendance complète et ont tous possédé les formes si gracieuses du nauplius et de la zoé. Au sortir de l'œuf, ils nagent librement : mais un jour, la femelle songeant à la famille avise un voisin capable de lui porter secours; elle s'implante dans sa peau, se développe rapidement jusqu'à devenir deux ou trois cents fois plus grosse que le mâle; sa tête, son corps et son ventre deviennent monstrueux; dès lors captive, une partie de sa tête s'enkylose souvent dans les os de son hôte; le lernéen reste suspendu comme une sorte de feston auquel viennent se joindre ensuite deux ovisacs qui se remplissent d'œufs[1]. »

II. — Parasites à transmigrations et à métamorphoses.

§ I. **Cestodes** (en grec κεστός ceinture, vers en forme de ceinture, sous-embranchement des articulés, classe des helminthes, 5ᵉ ordre). Les cestodes comprennent deux tribus, celle des téniadés et celle des bothriocéphales.

I. TÉNIA SOLIUM OU TÉNIA ARMÉ, du grec ταινία bandelette ou ruban. Le ténia comprend une tête et un long corps en forme de ruban. Ce corps se compose d'articles qui sont chacun mâle et femelle; ils sont remplis d'œufs; la tête a reçu des naturalistes le nom de *scolex*; le corps entier, celui de *strobile*; chaque article, celui de *cucurbitin* ou de *proglottis*.

Des œufs mûrs sort un embryon de forme ovale, transparent, au milieu duquel on aperçoit six stylets placés par couple; ceux-ci finissent par entrer dans une grande activité. A l'aide des stylets, l'embryon perce les tissus, les parois des vaisseaux; à l'aide du sang qui le charrie, il peut se répandre dans les organes les plus éloignés. Quand les embryons ont

---

1. VAN BENEDEN, *Commensaux et Parasites*, pages 59, 135. Van Beneden, aux pages 132, 133, 135, cite, en outre, plusieurs genres d'isopodes (crustacés, groupe des édriophthalmes, 3ᵉ ordre) dont le développement récurrent est aussi prononcé que celui des lernéens et des cirrhipèdes.

traversé les parois des vaisseaux, ils creusent les tissus dans tous les sens jusqu'à ce qu'ils se trouvent dans les muscles ou dans l'organe qui est indiqué sur leur itinéraire. Arrivés à leur destination, ils s'arrêtent, s'entourent d'une gaine; leurs stylets devenus inutiles se flétrissent; à l'un des pôles apparaît une couronne de nouveaux crochets, tout différents des premiers, qui devront servir à amarrer la progéniture dans le nouvel hôte où ils seront introduits. Voilà le ver vésiculaire formé; sans subir aucun changement, il attend que son hôte ou l'organe qui le loge soit mangé pour se réveiller dans l'estomac du mangeur. Les deux premières phases de l'évolution sont donc celles-ci : 1° *état embryonnaire* : embryon hexacanthe, mot grec qui signifie armé de six crochets; 2° *état vésiculaire* : kyste adventif où se forme le ver vésiculaire, appelé *cysticerque*, chez le ténia.

Une fois le kyste adventif dans l'estomac du mangeur, les sucs de l'estomac dissolvent l'enveloppe et mettent le cysticerque en liberté. Celui-ci est muni d'une vésicule caudale plus ou moins volumineuse, d'où lui vient le nom grec de cysticerque (κύστις vessie, κέρκος queue); la tête est pourvue d'une double couronne de crochets et de ventouses, d'un cou et d'un corps peu développé, ridé transversalement. La tête et le corps peuvent se retirer dans la vésicule et s'y invaginer. Cette troisième phase évolutive est l'*état larvaire*.

Le cysticerque mis en liberté abandonne l'estomac, pénètre dans l'intestin, s'attache aux parois avec ses nouveaux crochets et ses ventouses et croît avec une telle rapidité qu'en moins de six semaines on voit souvent un ruban de plusieurs mètres de longueur. La vésicule caudale qui l'a protégé jusqu'alors est abandonnée ; la partie qui reste, avec crochets et ventouses, est la mère qui a engendré par gemmation ou bourgeonnement, sans le concours des sexes, toute la colonie. C'est cette mère qu'on appelle ordinairement la tête du ténia ; les naturalistes la nomment *scolex*. Une fois les cucurbitins ou proglottis formés, le ténia est à l'état adulte ou parfait ; c'est la dernière phase de l'évolution[1].

En résumé, les phases évolutives du ténia sont au nombre de quatre :

1° *L'état embryonnaire* : embryon hexacanthe ;

2° *L'état vésiculaire* : kyste adventif où se forme le cysticerque ;

3° *L'état larvaire* : cysticerque débarrassé de ses enveloppes ;

4° *L'état parfait* : cucurbitins ou proglottis.

Ces quatre phases se retrouvent chez les téniadés qu'on a pu étudier dans la série de leurs évolutions, avec les variations qui caractérisent chaque espèce. A l'état parfait, les téniadés n'existent que dans la cavité de l'intestin des animaux ; à l'état larvaire, ils se trouvent dans les autres organes. Communs chez les mammifères et les oiseaux, ils sont très rares chez les reptiles et les poissons.

---

1. Van Beneden, *Commensaux*, pages 185, 186.

Si l'on fait manger des œufs de *ténia solium* à un porc, celui-ci au bout de quelques semaines devient ladre, c'est-à-dire que ses muscles sont farcis de kystes adventifs renfermant chacun un cysticerque. Si l'homme ingère de la viande de porc ladre, le ténia solium apparaît dans son intestin. Arrivés à maturité, les cucurbitins ou proglottis se détachent du strobile et sont évacués dans les déjections ; ils s'agitent pendant peu d'instants et meurent. Qu'un porc vienne à absorber les œufs ainsi évacués, il devient ladre ; le cycle des transformations recommence (expériences de Van Beneden, de Kuchenmeister, etc.).

C'est la chair crue ou mal cuite du porc qui amène chez l'homme l'éclosion du ténia solium ou ténia armé ; c'est la chair crue ou mal cuite du bœuf qui amène dans l'intestin de l'homme l'éclosion du ténia inerme. Le ténia inerme diffère du ténia armé en ce que le scolex n'a pas de couronnes de crochets. Règle hygiénique : Ne mangez que de la viande bien cuite.

II. Ténia echinococcus. — L'état embryonnaire du ténia echinocoque est resté inconnu jusqu'à présent ; l'état vésiculaire, au contraire, est célèbre sous le nom de *hydatide*.

L'hydatide est une vésicule généralement sphérique ou ovoïde, d'un volume très variable, entre une tête d'épingle et une tête de fœtus à terme ; elle produit par gemmation, à sa surface interne ou externe, des vésicules semblables, lesquelles acquièrent un volume plus ou moins grand et se reproduisent à leur tour de la même manière.

La membrane intérieure de chaque vésicule, membrane qu'on appelle germinale ou germinative, donne naissance à un corps oblong, à peine visible à l'œil nu, long de 2 dixièmes de millimètres, large de 1 dixième de millimètre, séparé en deux parties par un étranglement circulaire ; ce corps est l'*échinocoque*, larve du ténia échinococcus. La partie antérieure forme une tête ou scolex, pourvue d'un rostre, munie d'une double couronne de crochets et de quatre ventouses musculaires contractiles. Les échinocoques naissent plusieurs ensemble dans la membrane germinative, à laquelle ils sont unis par un funicule. Lorsqu'ils ont acquis tout leur développement, le funicule se rompt ou se détache, et les échinocoques restent libres dans la cavité de l'hydatide. Les hydatides chez qui la membrane germinale ne s'est pas développée n'ont pas d'échinocoques.

Siebold et Van Beneden, après avoir fait avaler un grand nombre d'échinocoques à des chiens, ont constaté que l'échinocoque se développait en ténia parfait dans l'intestin du chien.

Les hydatides ne se développent point dans une cavité revêtue d'une membrane muqueuse, mais dans les cavités séreuses ou dans les tissus des organes. On les a observées chez l'homme, le singe, le bœuf, le mouton, bref chez les animaux qui se nourrissent généralement de végétaux.

En résumé, les phases de l'évolution du ténia echinococcus sont les suivants :

1° *L'état embryonnaire* : probablement embryon hexacanthe, inconnu jusqu'à présent ;

2° *L'état vésiculaire* : hydatides ;

3° *L'état larvaire* : échinocoques ;

4° *L'état parfait* : ténia echinococcus.

III. Ténia cœnurus. — On ne connaît pas encore l'embryon du ténia cœnurus ; il doit être hexacanthe puisque, ingéré dans l'estomac, il va se loger dans le cerveau ; il a donc dû se frayer un chemin à travers les tissus. Une fois logé dans le cerveau, il se transforme en une vésicule, la vésicule cœnurique.

La vésicule du cœnure atteint jusqu'à la grosseur d'un œuf de poule. Elle offre à sa surface des groupes de corps longs de 4 à 5 millimètres, rétractiles à l'intérieur de la vésicule et terminés par une tête. Cette tête est pourvue d'une double couronne de crochets et de quatre ventouses. Les têtes se produisent sur la vésicule par bourgeonnement : elles ne deviennent jamais libres comme font les échinocoques.

Le cœnure existe exclusivement dans le système nerveux central, soit libre dans les ventricules du cerveau, soit renfermé dans une poche creusée à la surface de l'encéphale ou dans son épaisseur.

Le cœnure appartient exclusivement aux herbivores. Administré à des chiens, il se développe en ténia parfait. Lorsqu'on donne à des moutons les œufs de ce ténia, les moutons contractent le mal appelé *tournis*.

En résumé, les phases de l'évolution du ténia cœnurus sont les quatre suivants :

1° *État embryonnaire* : embryon hexacanthe; inconnu jusqu'à présent;

2° *État vésiculaire* : vésicule cœnurique;

3° *État larvaire* : cœnures;

4° *État parfait* : ténia cœnurus.

La seconde tribu des cestodes est celle des bothriocéphales (grec κεφαλή tête, βοθριον fossette; tête à fossettes), ainsi appelés parce qu'au lieu de ventouses, les têtes ou scolex ont des fossettes. Le bothriocéphale diffère aussi du ténia en ce que les pores génitaux sont situés chez lui sur la ligne médiane des articles, tandis que ces mêmes pores, chez le ténia, sont situés en marge des articles. Enfin les articles du bothriocéphale ne se détachent pas comme les cucurbitins du ténia, mais ils se déchirent pour laisser échapper les œufs. D'après Van Beneden, l'embryon du bothriocéphale serait cilié et nagerait dans les eaux. Si au bout de huit jours, il ne s'est pas introduit dans un hôte, il perd son enveloppe et périt. Le genre bothriocéphale comprend un grand nombre d'espèces qui vivent presque toutes chez les poissons. La mieux connue est celle qu'on trouve chez l'homme, dans l'intestin grêle.

La longueur des cestodes est très variable; voici quelques longueurs authentiques :

1° *Bothriocéphales* : de 6 à 20 mètres;

2° *Ténias armés* : de 6 à 8 mètres;

3° *Ténias échinocoques* : 2 millimètres;

4° *Ténias proglottiniens* : 9 dixièmes de millimètre.

Le ténia proglottinien a été découvert par Davaine ; les poules en sont infestées.

§ II. **Trématodes** (du grec τρῆμα trou ; sous-embranchement des articulés ; classe des helminthes, 4ᵉ ordre). Les trématodes se distribuent en deux sous-ordres : l'un comprend les parasites **externes** ; l'autre, les parasites internes ; ce dernier est celui des distomides, lequel comprend, entre autres genres, le genre distome.

Les distomides n'atteignent jamais une grande taille, leur forme la plus ordinaire est aplatie foliacée ; ils ont sous le ventre une ventouse perforée qui est leur bouche, et une autre imperforée qui leur sert d'organe d'adhérence. Autrefois on croyait cette ventouse perforée, d'où le nom de distome (δίς deux, στόμα bouche) donné à ces parasites. Ils sont tous hermaphrodites, à l'exception de deux espèces.

Voici quelles sont les phases d'évolution des distomides :

1º *État embryonnaire*. Les œufs fécondés donnent naissance à un embryon cilié, en forme d'infusoire, qui nage librement et pénètre ordinairement dans un mollusque ;

2º *État vésiculaire*. L'embryon ainsi logé se convertit en un sac vésiculeux appelé *sporocyste*. Le sporocyste, par gemmation à l'intérieur, donne naissance à une multitude de petits corps elliptiques, terminés par une queue de têtard et que pour cela on appelle *cercaires* (κέρκος queue) ;

3º *État larvaire*. Les cercaires devenus libres pénétrent dans un hôte, lequel appartient à l'une des trois classes de vertébrés ; ils s'enkystent ; dans ce kyste se forme un distome parfait, sauf le sexe.

4° *État parfait.* Le kyste cercaire étant absorbé par un animal, le distomide, une fois mis en liberté, prend les deux sexes, le cycle est achevé.

Les distomides adultes ne vivent jamais libres : extraits des organes qu'ils habitent et placés dans l'eau, ils se décomposent et périssent vite[1]. Ils se trouvent principalement dans le tube digestif, dans les cavités respiratoires, dans les canaux biliaires, chez les animaux vertébrés.

Le distome hépatique est connu vulgairement sous le nom de *douve du foie;* on le trouve chez l'homme et chez la plupart des mammifères.

Le distome hématobie, appelé aussi *Bilharzia,* a été découvert en Égypte par le docteur Bilharz ; on ne l'a encore trouvé qu'en Égypte. Cette espèce est à deux sexes distincts. La femelle est beaucoup plus petite que le mâle ; elle est adhérente au mâle, incrustée dans une rainure longitudinale, de sorte que le couple ne semble faire qu'un animal. Le bilharzia vit chez l'homme dans la veine-porte et ses ramifications.

Les dimensions du distome hépatique sont de 18 à 31 millimètres en longueur, et de 4 à 13 millimètres en largeur, chez l'adulte. Le distome hématobie est long de 7 à 9 millimètres.

---

[1] DAVAINE, *Entozoaires,* page XLVII.

§ III. **Nématodes** (grec νῆμα fil, vers en forme de fil, sous-embranchement des articulés, classe des helminthes, 2ᵉ ordre). — Les genres principaux sont le strongle, l'ascaride lombricoïde, l'oxyure, la filaire et la trichine. Ce sont des animaux à sexes distincts.

« On voit chez quelques nématodes, dit Van Beneden, des exemples de transmigrations qui leur sont tout à fait propres. A côté de vers qui sont toujours libres, d'autres ne sont libres qu'une partie de leur vie ; d'autres transmigrent d'un animal à un autre animal, et quelques-uns même passent d'un organe à un autre organe. L'*ascaris nigro-venosa* vit dans les poumons de la grenouille, puis va habiter le rectum du batracien ou la terre humide. Dans le poumon, il est très petit et vivipare ; là il engendre des jeunes qui deviennent plus forts que leurs parents. La génération qui habite les poumons est hermaphrodite ; l'autre est à sexes distincts ; celle-ci a donc pour parents des hermaphrodites. Nous avons donc une mère, simple femelle ou hermaphrodite, très petite, qui pond, non des œufs, mais des petits tout formés. Au lieu de vivre comme la mère dans le poumon et y respirer plus ou moins à l'aise, ceux-ci vont se loger dans le rectum pour devenir, non pas comme leur mère, vivipares et hermaphrodites, mais ovipares et à sexes séparés. Ils engendrent à leur tour une race qui, au lieu de suivre l'exemple du père et de la mère, va comme la grand'mère se loger dans les poumons[1]. »

1. Van Beneden, *Commensaux*, pages 205, 142.

La filaire, à l'état de larve, a une épaisseur d'un centième de millimètre ; elle peut donc pénétrer dans les membres par les conduits excréteurs des glandes sudoripares ; cela explique l'éclosion d'épidémies de filaires. Le siège ordinaire de la filaire est dans les parois du tronc et dans les membres inférieurs. Ce ver reste plus ou moins longtemps, environ deux mois, dans le corps humain avant de donner aucun indice de son existence. Dans son plus grand développement il peut atteindre une longueur de 2 mètres [1].

Le plus curieux nématode du genre trichosome est le *trichosome crassicauda*. Le mâle a deux millimètres de long, la femelle en a dix-sept : le mâle loge dans l'utérus de la femelle. On trouve jusqu'à cinq mâles dans une femelle. Cette observation de Leuckart a été confirmée par Butschli. Le mâle a le tube digestif incomplet ; sa femelle mange pour lui, c'est-à-dire que le mâle est parasite de la femelle [2].

III. — Désordres causés par les animaux parasites.

Les phénomènes généraux des maladies vermineuses sont les suivants : attaques convulsives qui par leurs caractères se rapprochent de l'épilepsie, de la catalepsie, du tétanos, de l'hystérie, de l'hydrophobie même. Dans certains cas, les désordres fonc-

---

1. Davaine, *Entozoaires*, page 716.
2. Van Beneden, *Commensaux*, pages 218, 206.

tionnels ont acquis assez d'intensité pour amener une mort rapide [1].

I. Ténias. — Dans nos régions occidentales, la facilité d'avoir les secours médicaux fait que les désordres déterminés par la présence des ténias ont rarement un dénouement fatal. Il n'en est pas de même dans d'autres contrées, par exemple, dans les provinces russes éloignées des grands centres ; les enfants surtout, lorsqu'ils sont envahis par le ténia, tombent dans le marasme et finissent par succomber.

II. Cysticerques. — Chez les animaux, entre autres, chez le porc, la ladrerie peut durer deux ans et même davantage, elle est toujours mortelle.

Chez l'homme, les phénomènes pathologiques déterminés par les cysticerques sont chroniques ou aigus. Dans l'état chronique, on a vu des attaques épileptiformes, un délire monomaniaque, l'hébétude ou la démence. Puis après une durée de plusieurs années, surviennent des secousses convulsives qui entraînent en quelques jours la perte du malade. Dans l'état aigu, les attaques convulsives, le délire, la prostration, le coma, se succèdent, s'aggravent, et l'individu succombe après quelques semaines ou après quelques jours seulement de maladie apparente.

III. Hydatides. — Située dans un organe essentiel à la vie et qui ne peut se déplacer ou se laisser distendre, la tumeur hydatique occasionne la mort

---

1. Tous les faits qui vont suivre sont empruntés au grand ouvrage de Davaine, *Traité des Entozoaires*.

avant qu'elle ait acquis un grand volume. Davaine cite le cas d'un officier d'infanterie qui avait une tumeur hydatique au cerveau : « On vit chez le malheureux officier s'éteindre successivement les facultés intellectuelles, la sensibilité, la puissance musculaire, enfin la mort survint. »

Les hydatides sont communes dans le foie, le poumon et dans les organes abdominaux ; elles sont rares dans l'œil et le cerveau. C'est le contraire pour les cysticerques.

IV. Cœnures. — Le cœnure est le seul entozoaire connu qui ait pour habitat exclusif les centres nerveux. Il occasionne une maladie grave, ordinairement mortelle, qui a reçu le nom de *tournis*, de l'un de ses symptômes les plus constants et les plus remarquables. Parmi les animaux domestiques, on n'observe guère le tournis que chez le mouton et le bœuf ; il est beaucoup plus fréquent chez le premier de ces animaux ; il fait périr la presque totalité de ceux qu'il attaque. D'après Davaine, on n'aurait jusqu'ici observé aucun cas de tournis chez l'homme.

V. Distome hépatique. — Le distome hépatique se loge dans les voies biliaires des moutons et des bœufs. Dans un seul foie, le nombre des distomes peut s'élever jusqu'à un millier. Les moutons surtout sont exposés à cette invasion qui chez eux détermine une redoutable affection appelée *cachexie aqueuse*. Dans la cachexie aqueuse, l'animal, réduit à l'état de squelette, meurt ordinairement au bout de deux ou six mois. La cachexie aqueuse règne en automne et principalement au printemps. Elle est très universellement répandue. On estime qu'elle fait périr annuellement en Angleterre un million de moutons; en France, dans certaines épizooties, elle a enlevé la moitié et quelquefois la totalité des troupeaux atteints.

VI. Ascarides. — L'ascaride lombricoïde vit dans l'intestin grêle de l'homme. Les phénomènes déterminés par la présence de ce ver acquièrent parfois une grande intensité et constituent alors des affections graves et même mortelles.

VII. Oxyures. — La présence des oxyures peut provoquer des attaques convulsives, de la chorée, de l'épilepsie, de la catalepsie.

VIII. Filaires. — « J'ai vu plusieurs individus, dit Clot-Bey, chez lesquels il s'était formé des abcès profonds et des fistules d'où le ver n'était pas sorti, tomber dans le marasme et périr. » La rupture de la filaire encore engagée dans les chairs est un accident des plus graves, trop souvent mortel.

IV. — Fécondité des parasites.

I. Cestodes. — Les cestodes sont ovipares, ils pondent des œufs en nombre pour ainsi dire incalculable. Suivant Eschricht, chaque bothriocéphale porte dix millions d'œufs. Chez un *ténia serrata*, Dujardin a calculé qu'il y avait 25 millions d'œufs [1].

---

1. Davaine, *Entozoaires*, xxiv, xlii. Moquin-Tandon, *Zoologie*, page 388.

II. Filaires. — A l'époque où la filaire cherche à quitter l'organisme dans lequel elle a pris tout son développement, son corps est rempli d'une substance laiteuse, laquelle n'est autre chose que l'agglomération d'une quantité prodigieuse d'embryons, isolément invisibles à l'œil nu. Ceux-ci ont une longueur de 7 dixièmes de millimètre et une épaisseur d'un centième de millimètre.

III. Ascarides et oxyures. — Eschricht a évalué à plusieurs millions les œufs d'un seul ascaride lombricoïde. Quant aux oxyures, Raspail a calculé qu'en moyenne chaque oxyure pouvait contenir 3024 œufs.

IV. Trichines. — Les trichines ont les sexes répartis sur deux individus distincts, de manière qu'il y a des mâles et des femelles, que l'on peut fort aisément distinguer par la taille et la forme du corps. On trouve des trichines dans les chairs de la plupart des mammifères. Si on mange cette chair trichinée, les vers deviennent libres dans l'estomac à mesure qu'elle se digère, et ils se développent avec une extrême rapidité. Chaque femelle pond un nombre prodigieux d'œufs; de chaque œuf sort un ver microscopique qui traverse les parois de l'estomac ou des intestins; des milliers de trichines vont se loger dans les chairs où elles se calfeutrent jusqu'à ce qu'elles soient de nouveau introduites dans un autre estomac. Quand leur nombre est grand, leur présence peut causer des désordres et même la mort. Sur une livre de chair d'homme, Leuckart a compté jusqu'à 700000 trichines;

Zencker parle même de 5 millions trouvés dans une quantité semblable de chair humaine.

La trichine donne une centaine de jeunes vers au bout d'une semaine ; un cochon qui avale une livre de chair renfermant 5 millions de trichines peut avoir, au bout de quelques jours, 250 millions d'individus, en comptant que la moitié des individus éclos sont des femelles, ce qui n'est pas, car il y a plus de mâles que de femelles [1].

L'homme possède, avec le rat et le porc, le fâcheux privilège de compter au premier rang des hôtes favoris de la trichine. Chez les oiseaux, la trichine accomplit ses évolutions dans le tube intestinal, mais elle n'en peut traverser le tissu. Chez les reptiles, les batraciens et les invertébrés, la trichine ne peut vivre à cause de la température froide du sang. Mais si on élève la température du sang des reptiles à 30°, on peut les trichinoser [2].

Ce qui fait qu'on a méconnu si longtemps la trichinose, c'est que les symptômes ressemblent à ceux de la fièvre typhoïde ; c'est à la fièvre typhoïde qu'on attribuait les cas et les décès. On trouvera dans JOANNÈS CHATIN, *la Trichinose*, l'énumération des 90 épidémies de trichinose qui ont eu lieu de 1858 à 1882.

---

1. VAN BENEDEN, *Commensaux*, pages 213, 214.
2. J. CHATIN, *la Trichinose*, page 77. Il en est de même du bacille charbonneux ; en élevant la température du sang chez les grenouilles, on peut à celles-ci communiquer le charbon.

La trichine a été découverte en 1832, en Angleterre, par le docteur Hilton ; ce sont les travaux de Virchow et surtout ceux de Zencker qui, en 1860, ont fait connaître les évolutions de ce redoutable nématode.

V. — Résistance des œufs aux agents de destruction.

Tous les cestodes, dit Van Beneden, ont des œufs fort bien protégés contre tous les agents extérieurs ; ces œufs supportent le froid et le chaud, la sécheresse et l'humidité ; ils résistent par leurs enveloppes aux agents chimiques les plus violents et conservent la faculté de germer pendant des mois et des années [1].

Les œufs des filaires résistent même à l'action de l'alcool et des agents chimiques les plus actifs ; on a vu des œufs de préparations microscopiques, qui avaient servi plusieurs années à l'étude, produire des jeunes comme s'ils venaient d'être pondus [2].

VI. — Degré de résistance des embryons, des larves, des adultes.

Si les œufs des ténias ont une résistance prodigieuse, il n'en est pas de même des larves vésiculaires :

---

1. VAN BENEDEN, *Commensaux*, page 184. — MOQUIN-TANDON, *Zoologie*, page 400.
2. VAN BENEDEN, *Commensaux*, page 205.

elles meurent très vite et tombent en déliquium au bout de quelques jours.

Les distomides adultes ne vivent jamais libres ; extraits des organes qu'ils habitent et placés dans l'eau, ils se décomposent et périssent vite [1].

Les embryons des filaires ont la vie dure ; ils peuvent être desséchés, dit Van Beneden, pendant des semaines et des mois et revenir à la vie dès qu'on mouille leurs organes. Il ne faut pas cependant qu'ils soient entièrement secs ; un certain degré d'humidité est nécessaire. (Moquin-Tandon.)

Il n'en est pas de même de la filaire adulte qui s'est développée dans le corps de l'homme : lorsqu'on en fait l'extraction, elle donne quelques signes de vie et périt bientôt [2].

Le même phénomène se présente chez l'anguillule du blé niellé (*rhabditis tritici*) : l'adulte ne peut vivre hors du blé ; mais la larve passe plusieurs mois dans l'eau sans périr et, desséchée, elle reste en état de vie latente ; dans cette condition, elle peut attendre plusieurs années même que l'humidité lui rende les manifestations de la vie et lui permette de s'introduire dans une nouvelle plante de blé, hors de laquelle elle ne peut se développer et devenir adulte [3].

---

1. Davaine, *Entozoaires*, xlvii.
2. Davaine, *Entozoaires*, page 706.
3. Davaine, *Entozoaires*, page 707.

VII. — **Résumé des faits.**

I. Développement récurrent. — Dans la classe des crustacés, le développement récurrent est extrêmement prononcé :

1º Chez les cirrhipèdes : Van Beneden, pages 59, 62 ;

2º Chez les lernéens : Van Beneden, pages 135, 136 ;

3º Chez les isopodes : Van Beneden, pages 132, 133, 135.

II. Plan préétabli. — « Chaque ver a son organe de prédilection ; s'il n'a pas la chance de l'atteindre pour s'y épanouir, il périra plutôt que d'émigrer dans une loge qui n'est pas la sienne. » Van Beneden, page 89.

« Les principaux organes ou les principaux appareils ont leurs vers spéciaux : le cœcum est habité par le trichocéphale ; le rectum par l'oxyure ; les voies biliaires par le distome hépatique ; les voies urinaires par le strongle géant, etc.

« Comme les organes, les systèmes ont des vers qui leur sont propres : dans les muscles de la vie animale se trouve le *Trichina spiralis* ; dans le système nerveux central, le cœnure ; dans les cavités séreuses naturelles ou adventives, le cysticerque et l'échinocoque. Un très petit nombre d'entozoaires n'ont point de séjour fixe ; généralement, chez les parasites intestinaux, l'espèce est subordonnée à tel organe ou à tel système dont elle ne change qu'en changeant d'état [1]. »

A. *Fécondité.* C'est par milliers et par millions qu'il faut compter le nombre des œufs chez les cestodes, chez les ascarides, chez les oxyures, chez les trichines, chez les filaires.

B. *Résistance aux agents de destruction* : 1° œufs, chez les cestodes, chez les filaires ; 2° embryons, chez les filaires, chez les anguillules du blé niellé.

C. *Prompt dépérissement des larves et des adultes* : chez les cestodes, chez les distomides, chez les filaires, chez les anguillules.

D. *Conception et création de types d'une bizarrerie monstrueuse* : 1° tous les cestodes ; 2° l'ascaris nigrovenosa (nématode) ; 3° le distome hématobie (trématode) ; 4° le trichosome crassicauda (nématode).

VIII. — Conclusions.

1. L'organisation des parasites et leur habitat fatal dans des organes spéciaux chez les vertébrés, ainsi que l'impossibilité où ils sont de vivre et d'accomplir leurs évolutions biologiques hors de ces vertébrés, prouvent que la conception du type de ces parasites et la création de ces parasites sont *postérieures* à la

---

1. DAVAINE, *Entozoaires*, page 2.

création des vertébrés, hôtes nécessaires de ces parasites.

Cette conclusion est contraire à la théorie du perfectionnement graduel dans la succession chronologique des types.

II. Le développement récurrent de tous les individus mâles ou femelles dans certains groupes appartenant à la classe des crustacés est contraire à la théorie du perfectionnement graduel dans l'évolution biologique des individus.

Conclusion. — La théorie du perfectionnement graduel est démontrée fausse par les faits, soit dans l'ordre biologique, soit dans l'ordre chronologique.

III. Les lois de la nutrition des parasites, de leur évolution au sein des vertébrés ;

Leur fécondité prodigieuse et la résistance incroyable de leurs œufs aux agents de destruction ;

La mort rapide qui frappe les adultes dès qu'ils sont hors des vertébrés,

Tous ces faits prouvent que les parasites ont été ainsi créés qu'ils ne peuvent vivre qu'au sein des vertébrés, c'est-à-dire au sein d'animaux qui leur sont infiniment supérieurs, et que des privilèges inouïs leur ont été répartis pour que leurs œufs et souvent leurs embryons, échappant à la destruction, arrivent à s'implanter dans le corps des vertébrés.

Conclusion. — Ces faits sont contraires à la théorie qui accorde à la Cause première les attributs moraux, à savoir : sagesse et bonté dans les desseins.

IV. Les graves désordres et le plus ordinairement

la mort que déterminent les parasites par leur présence et leur nutrition dans les organes spéciaux qui leur ont été assignés primordialement chez les vertébrés, prouvent que l'inférieur a été conçu et créé avec un organisme tel qu'il ne peut vivre qu'en détériorant et même en détruisant le supérieur.

Conclusion. — Ces faits sont contraires à la théorie qui accorde les attributs moraux à la Cause première, à savoir : sagesse, bonté et justice.

V. Les conceptions de types tels que ceux des cestodes, de l'*ascaris nigrovenosa*, du distome *hématobie* et du *trichosome crassicauda*, ces conceptions étranges, loin d'attester une aspiration exclusive et constante vers le beau, accusent au contraire un goût pour le hideux qui touche parfois à la démence hystérique.

Conclusion. — Ces faits sont contraires à la théorie qui, accordant à la Cause première les attributs moraux, fait de la Cause première l'artiste qui imprime aux êtres qu'il pétrit un reflet de sa beauté infinie.

Appendice. — Voici quelques citations empruntées, non aux philosophes toujours suspects aux savants, mais à d'éminents savants eux-mêmes, qui résument avec concision la théorie des attributs moraux accordés à la Cause première :

1° Agassiz, *De l'espèce en zoologie*, page 10 : « Le plan de la création n'est pas issu de l'action nécessaire des lois physiques, mais a, au contraire, été conçu par l'intelligence toute-puissante et mûri dans sa pensée avant d'être manifesté sous des formes extérieures tangibles. »

Page 183 : « Le plan de la création tout entière a été mûrement délibéré et arrêté longtemps avant d'être mis à exécution. »

Page 183 : « Dans la gradation des animaux, chaque terme a été préconçu. »

Page 8 : « Les coupes zoologiques (embranchements, classes, ordres, familles, genres, espèces) ont été instituées par l'intelligence divine comme les catégories de sa pensée. »

2° ALBERT GAUDRY, *les Ancêtres*, page 159, dit que les naturalistes voient dans l'apparition successive des êtres aux temps géologiques « une continuité de plan qui atteste un artiste immuable ».

Page 168 : « L'artiste qui pétrissait était le Créateur lui-même, car chaque transformation a porté un reflet de sa beauté infinie. »

Les théories de l'archétype, de l'échelle des êtres et du perfectionnement graduel ne sont au fond que la traduction, sous une forme scientifique, des théories philosophiques qui accordent à la Cause première les attributs moraux. Fondées sur quelques faits particuliers observés dans un temps et un espace limités, elles se sont écroulées lorsqu'on les a soumises au contrôle des faits qui se sont déroulés dans toute la série des ères géologiques et sur toute la surface de la terre.

LIVRE QUATRIÈME

LE PLAN DE LA CRÉATION ET LE RÈGNE VÉGÉTAL

CHAPITRE PREMIER

LES PLANS DE STRUCTURE, LES CAUSES POSSIBLES DE MODIFICATIONS ET LES FORMES INTERMÉDIAIRES

I. — Les problèmes du règne végétal.

Les problèmes principaux que présente le règne végétal sont les mêmes que ceux du règne animal ; ils peuvent être ramenés aux quatre suivants :

1º *Les végétaux ont-ils une structure dérivée d'un plan unique, ou bien dans le nombre total des structures discerne-t-on plusieurs plans ?*

Si les végétaux ont respectivement une structure dérivée d'un plan unique, il sera plausible de croire et possible de démontrer que tous les végétaux descendent d'un ancêtre commun.

Si, au contraire, les structures des végétaux attestent plusieurs plans dissemblables, irréductibles, il sera illégitime de croire et impossible de démontrer que les végétaux descendent d'un ancêtre unique et commun.

2º *Peut-on rendre compte des différences de structure par les modifications qu'impriment à l'organisme les conditions variées du milieu ambiant ?*

Si les conditions extérieures sont assez puissantes pour modifier la structure des individus au point de faire passer cette structure d'un type à celle d'un autre type à l'aide de l'accumulation progressive des différences, alors la transformation d'un groupe en un autre groupe sera possible ; il suffira d'un temps plus ou moins long selon le degré d'intensité qu'aura sur l'être organisé l'action exercée par les conditions extérieures.

Si les conditions extérieures exercent une action restreinte, limitée à certains détails secondaires ; si elles laissent intact le type même de la structure, la transformation d'un groupe en un autre groupe sera impossible.

Toutefois, ce que ne pourront faire les conditions extérieures, peut-être un autre procédé le pourra-t-il ; de là le problème suivant :

3º *Peut-on rendre compte des différences de structure par les résultats du croisement d'individus appartenant à des groupes différents ?*

Oui, si le croisement donne des produits indéfiniment féconds ; le produit d'un tel croisement ayant un type intermédiaire entre les deux types des végétaux croisés, il s'ensuit que les croisements ultérieurs, en se variant indéfiniment, pourront donner des individus de tout type et de toute structure.

Au contraire, si le croisement est infécond au bout de quelques générations, le type intermédiaire produit ne se maintiendra pas : il s'éteindra promptement.

Si le croisement est infécond du premier coup, nul passage d'un type à un autre type n'est possible.

4° *La succession des végétaux dans les divers étages géologiques révèle-t-elle une évolution constante et continue vers le mieux, c'est-à-dire vers une organisation supérieure, ou bien a-t-on constaté des défaillances ou des retours en arrière, c'est-à-dire a-t-on constaté que l'évolution vers le mieux n'a été ni constante ni continue ?*

Il est clair que si dans l'évolution on constate des défaillances et des retours en arrière, on devra se faire de la Cause première une tout autre idée que si le progrès est constant et continu.

II. — Les plans de structure générale.

L'embryon de la plante ou plantule est une plante complète en raccourci, composée d'une tigelle ou petite tige, d'une radicule ou petite racine, d'une gemmule ou petit bourgeon, et d'une ou deux feuilles appelées *cotylédons.*

Les cotylédons naissent latéralement de la tigelle et protègent la gemmule, premier bourgeon de la plante future. Ces feuilles, ordinairement épaisses et succulentes, sont de véritables mamelles végétales, qui nourrissent le jeune bourgeon jusqu'à ce qu'il soit en état de croître par ses propres forces.

Le tissu végétal comprend des cellules, des fibres et des vaisseaux. Les fibres et les vaisseaux ne sont que des modifications de la cellule. Les études d'embryogénie végétale ont démontré que l'élément primitif est la cellule; puis se forment et se différencient les fibres et les vaisseaux.

Comme les cotylédons sont les nourrices de l'embryon, le principe de la classification au point de vue de la reproduction a été tiré de la présence ou de l'absence des cotylédons. De là les trois groupes naturels suivants :

1º Le groupe des plantes qui ont deux (ou plusieurs) cotylédons, à savoir, les dicotylédones;

2º Le groupe des plantes qui ont un seul cotylédon, à savoir, les monocotylédones;

3º Le groupe des plantes qui n'ont pas de cotylédon, à savoir, les acotylédones.

On dit également dicotylédonées, monocotylédonées, acotylédonées, ou plus brièvement, dicotylées, monocotylées, acotylées.

Linné donne le nom de *Phanérogames* aux dicotylées et aux monocotylées, et celui de *Cryptogames* aux acotylées.

I. PLAN DE STRUCTURE CAULINAIRE DES DICOTYLÉDONES. — Prenons pour modèle le plan de structure de la tige ou tronc du chêne. Voici ce que l'on constate :

A. Au centre de l'axe circulaire, un étui renfermant la moelle;

B. Autour de l'étui médullaire, une couche concentrique ligneuse, vasculaire, le *bois*; la portion du bois qui s'est formée dans l'année s'appelle *aubier*;

C. Autour de l'aubier, une couche concentrique qu'on appelle *cambium* ou zone d'accroissement ou zone génératrice [1].

D. Autour de la zone génératrice, une couche concentrique, le *liber*;

E. Autour du liber, un système de couches concentriques qu'on appelle l'*écorce*;

F. Un système de rayons médullaires divergents; ceux de la première année ou *grands rayons* partent de la moelle centrale; ceux des années subséquentes partent des couches qui se forment successivement chaque année;

G. Une solidité *croissante* de la circonférence au centre;

H. Par suite du mode d'accroissement, le diamètre va en décroissant de la base du tronc au sommet.

On donne le nom de *cambium* à une sève élaborée, mucilagineuse, plastique, d'abord semi-fluide et peu consistante, puis bientôt organisée en une couche de tissu utriculaire; c'est cette zone qui est intercalée entre le liber et l'aubier. Les cellules du tissu, à parois minces et délicates, se segmentent successivement; les plus intérieures en face du bois, se transforment en

---

[1]. BAILLON, *Anatomie végétale*, page 238.

fibres ligneuses; les plus extérieures, en face du liber, deviennent les éléments de nouveaux faisceaux libériens. A mesure que se complète ce travail d'organisation, la sève descendante développe entre les deux nouvelles couches un nouveau cambium qui subira les mêmes phases que le cambium précédent. Chaque année, la zone d'accroissement se transforme ainsi en faisceaux ligneux et en faisceaux libériens; et chaque année, la zone se régénère pour se transformer, l'année suivante, en aubier et liber [1].

II. Plan de structure caulinaire des monocotylédones. — Prenons pour modèle de plan de structure la tige ou stipe du palmier. Voici ce que l'on constate :

A. Il n'y a pas de moelle localisée au centre;

B. Il n'y a pas de couche concentrique ligneuse;

C. Il n'y a pas de cambium ou zone génératrice;

D. Il n'y a pas de couche concentrique de liber;

E. Il n'y a pas de système de couches concentriques d'écorce;

F. Il n'y a pas de rayons médullaires divergents;

G. Les faisceaux ligneux sont dispersés à côté les uns des autres; ils sont plus nombreux au pourtour qu'au centre; d'où la conséquence suivante :

H. La solidité est *décroissante* de la circonférence au centre; le centre a souvent une consistance très molle;

I. Par suite du mode d'accroissement, le diamètre du stipe (tronc) reste le même de la base au sommet.

---

1. Baillon, *Anatomie*, page 238, et Focillon, *Dictionnaire des sciences naturelles*, article Cambium.

III. Plan de structure caulinaire des acotylédones vasculaires. — Voici le plan d'une fougère arborescente prise pour modèle :

A. Au centre, un disque de tissu cellulaire ;

B. Autour de ce disque, un cercle plus ou moins irrégulier de faisceaux fibro-vasculaires ;

C. Autour du cercle des faisceaux, une zone de tissu cellulaire jaunâtre ;

D. Autour de la zone jaunâtre, une zone noirâtre formée par les bases des rameaux-feuilles (frondes) ;

E. Une gaine épidermique ;

F. La zone jaunâtre communique avec le disque central par des intervalles plus ou moins larges qui séparent les faisceaux fibro-vasculaires.

IV. Plan de structure des acotylédones cellulaires. — 1º Chez les hépatiques et les mousses, la tige est composée de cellules allongées qui, quelquefois, deviennent des fibres.

2º Chez les algues, les lichens, les champignons, il n'y a plus d'axe caulinaire, c'est-à-dire de tige proprement dite ; le tissu est entièrement cellulaire.

De la comparaison de ces quatre plans, il résulte que les végétaux sont construits sur quatre plans dissemblables, et non sur un plan unique.

V. Remarque au sujet du plan de structure des gymnospermes. — Les gymnospermes, sous-embranchement des dicotylées, comprennent deux classes, à savoir, celle des conifères et celle des cycadées.

A. *Conifères.* — Le plan structural des conifères st celui des dicotylédones, à savoir : couches concen-

triques du bois, du liber, de la zone génératrice, etc.
Les différences sont les suivantes : le bois est dépourvu
de vrais vaisseaux ; il est composé de fibres offrant
une ou plusieurs séries de ponctuations concaves.

B. *Cycadées*. — Même structure en couches concentriques, avec zone génératrice, rayons médullaires, etc.
Les cycadées diffèrent des conifères en ceci : elles ressemblent :

1° Aux fougères, par leurs jeunes feuilles roulées en crosse ;

2° Aux palmiers, par la forme et la disposition de leurs feuilles.

« Les cycadées, que les anciens botanistes avaient rapprochées, soit des palmiers, soit des fougères arborescentes et autres familles cryptogames, appartiennent évidemment à la classe des dicotylédones gymnospermes ; elles se lient étroitement à la famille des conifères : l'organisation intérieure des tiges, l'inflorescence, la structure des étamines, des ovules, des graines et de l'embryon, sont presque identiques dans les deux familles. La seule différence importante est dans le port et dans la foliation des cycadées [1].

Cette différence ne peut pas plus servir à rejeter les cycadées hors de l'embranchement des dicotylées gymnospermes que la ressemblance extérieure des baleines avec les poissons n'a déterminé les naturalistes à faire sortir les cétacés de la classe des mammifères.

---

1. LEMAOUT et DECAISNE, *Traité de botanique*, page 555.

III. — **Modifications que peuvent imprimer à l'organisme végétal les conditions variées du milieu ambiant.**

I. Influence du milieu sur l'ensemble de l'aspect extérieur des plantes. — Le docteur Gubler, qui fut vice-président de la Société botanique de France, résume ainsi, dans sa *Préface à la réforme des espèces*, l'influence qu'exerce le milieu sur l'aspect extérieur des plantes :

1º Un sol riche, ombragé et humide, élève la taille, fait prédominer les parties foliacées sur les organes reproducteurs. Chaque espèce possède ainsi une variété *umbrosa ;*

2º Un terrain sableux, aride, insolé, produit des effets opposés : brièveté de la taille, sécheresse des tissus, coloration plus intense, villosité plus prononcée ; c'est la variété *segetalis ;*

3º Lorsque la chaleur a fait défaut ou que le vent a sévi, la plante rabougrie, déprimée, semble ne pouvoir se détacher de la terre qui la nourrit, l'échauffe et l'abrite. Elle est constituée par une simple **rosette** de feuilles, du milieu de laquelle se détache à peine un style florifère, raccourci, portant deux ou trois fleurs en apparence sessiles ; c'est la variété *alpina ;*

4º L'immersion continue dans l'eau détermine des changements remarquables. Les feuilles s'allongent et se découpent souvent en divisions capillaires ; c'est la variété *aquatilis ;*

5° L'eau salée, l'atmosphère maritime produisent une taille plus courte et plus robuste, des plantes trapues, munies de tiges ou de feuilles charnues, succulentes, souvent glabres, quelquefois pourtant plus chargées de poils que dans les types ; c'est la variété *maritima*.

Toutes ces variations ne modifient en rien la disposition fondamentale du plan caulinaire.

II. Influence du milieu sur certaines parties de l'extérieur. — M. Lothelier a essayé de reproduire expérimentalement certains détails extérieurs qu'on observe sur les végétaux ; il a concentré ses expériences sur les épines et les aiguillons.

1° En cultivant dans une atmosphère *très humide* des épines-vinettes (*berberis vulgaris*) dont les piquants sont de nature nettement foliaire, M. Lothelier a obtenu des plantes à peu près dépourvues d'épines. Aux places où les épines se forment d'ordinaire, les feuilles normales se sont développées.

Inversement, dans l'air *sec*, presque toutes les feuilles des rameaux ont perdu leur parenchyme et sont devenues piquantes.

En présence d'une grande humidité, les piquants qui ont la signification morphologique d'un rameau ou d'une feuille ont montré une tendance à reprendre le type normal de l'organe qu'ils représentent. Par contre, les piquants provenant de stipules, c'est-à-dire de parties qui ne sont pas indispensables à la vie de la plante, ont tendu à disparaître par voie de régression ;

2° Au point de vue de l'*éclairement*, l'ombre a produit les mêmes effets que l'humidité, en amenant également la diminution du nombre et de la grandeur des piquants: mais ici cette suppression de l'épine résulte d'une atrophie de l'organe, et non d'un retour à l'état normal.

Cette application de la méthode expérimentale à la botanique éclaire d'un jour très vif les évolutions biologiques des végétaux; mais elle laisse intacte la disposition fondamentale du plan caulinaire [1].

III. INFLUENCE DU MILIEU SUR LES ÉLÉMENTS INTÉRIEURS DE LA TIGE. — Les variations dans le milieu physico-chimique ne retentissent que sur des caractères relativement peu importants de la structure des bois, à savoir, épaisseur des parois, des fibres, nombre des vaisseaux.

1° Le bois des espèces adaptées à une vie aquatique possède toujours des fibres ligneuses à parois minces; les vaisseaux sont nombreux (chez les saules, par exemple);

2° Les espèces des régions sèches possèdent un bois dont les fibres ligneuses ont des parois fortement épaissies; les vaisseaux sont peu nombreux (chez les chênes, par exemple).

En un mot, les modifications dues aux influences extérieures n'affectent que les éléments du bois; dans

---

[1]. LOTHELIER, Recherches anatomiques sur les épines et les aiguillons des plantes, *Revue scientifique*, 4 mars 1891. Thèse pour le doctorat ès sciences.

une famille donnée, elles n'altèrent jamais la disposition fondamentale du plan ligneux [1].

IV. Uniformité du climat terrestre jusqu'a la formation du terrain crétacé; ses conséquences. — Les études et les découvertes des géologues ont mis en lumière un fait d'une importance capitale : A partir des terrains primitifs jusqu'à la fin de l'ère secondaire, c'est-à-dire jusqu'à la formation du terrain crétacé, le climat a été *uniforme*, sur tout le globe, du pôle à l'équateur ; ce climat était à peu près celui que nous avons aujourd'hui aux tropiques.

Pour expliquer ce phénomène étrange, la seule hypothèse plausible est celle qu'a proposée M. Blandet ; elle est fondée sur la concentration progressive du soleil, conformément à la théorie cosmogonique de Laplace. Aujourd'hui le diamètre apparent du soleil est d'environ un demi-degré; avant l'époque tertiaire, il devait être, d'après M. Blandet, d'environ 47 degrés. Les pôles qui, aujourd'hui, restent annuellement six mois dans l'obscurité, ne connaissaient pas la nuit; le soleil versait continuellement sur eux la même quantité de lumière ou de chaleur que sur les autres parties du globe. Il suit de là que l'inégalité de température que donne aujourd'hui la différence des latitudes n'existait pas durant l'ère primaire et l'ère secondaire [2].

---

1. Houlbert, Recherches sur le bois secondaire des apétales, thèse pour le doctorat ès sciences, *Revue scientifique*, 28 janvier 1894.

2. Voir A. de Lapparent, *Traité de Géologie*, pages 37, 1465-1466.

D'autre part la surface du globe n'était pas hérissée de hautes montagnes comme elle l'est aujourd'hui ; les plissements étaient peu élevés. C'est à l'ère tertiaire que s'opéra le soulèvement des Pyrénées, des Apennins, des Alpes, des Cordillières, de l'Himalaya, etc. Durant l'ère primaire et durant l'ère secondaire, à l'exception du terrain crétacé, la plus haute altitude en Europe ne dépassait pas mille mètres (ridement du Hainaut, 800 mètres). Il suit de là que l'inégalité de température entre la plaine et la haute montagne, sous la même latitude, n'existait pas au temps de l'ère primaire et de l'ère secondaire. Le climat était donc sensiblement uniforme par tout le globe.

En prenant pour base l'estimation des physiciens, la durée qui s'étend de l'origine du globe à l'ère tertiaire exclusivement embrasserait 19 millions d'années ; d'après l'estimation des géologues, elle embrasserait 94 millions. Tel serait l'immense espace de temps pendant lequel l'uniformité de climat aurait régné sur le globe terrestre.

Durant cette longue période, des flores entières se sont éteintes ; d'autres leur ont succédé. Les botanistes ont reconnu que ces successions et ces disparitions s'étaient opérées, non pas partiellement et au hasard des terrains, mais avec ensemble et dans des terrains définis. Ils ont déduit de ce fait deux lois importantes, à savoir, la loi des concordances et la loi des extinctions.

1° *Loi des concordances.* Lorsqu'une flore apparaît dans une certaine couche géologique, elle apparaît dans la même couche sur toute la surface du globe.

Les modifications qui se font dans cette flore ne sont pas isolées, c'est-à-dire bornées à telle ou telle région, elles s'étendent simultanément sur toute la surface du globe.

2° *Loi des extinctions.* Lorsqu'une espèce végétale s'éteint dans une région déterminée du globe, c'est pour toujours ; jamais dans la suite il n'y aura retour de cette espèce dans les couches superposées d'origine plus récente [1].

Ces deux lois sont évidemment le résultat de l'uniformité de climat qui régnait par toute la terre. Les conditions d'apparition ou de suppression nous sont inconnues ; mais par l'égalisation du climat on comprend pourquoi telle flore apparaît simultanément dans la même couche sur tout le globe, et pourquoi telle espèce une fois éteinte ne reparaît plus.

V. Inégalités du climat a partir du terrain infracrétacé; ses conséquences. — Il n'en est plus de même à partir de la période crétacée. En effet, par suite de la contraction solaire, les pôles cessent de recevoir la même quantité de lumière et de chaleur que les autres parties du globe. De là un abaissement de température et par suite une différence de climat d'après les latitudes.

D'autre part, l'énergie intérieure du globe se réveille ; elle rompt l'état de quasi-équilibre où se reposait la surface terrestre depuis les convulsions de

---

[1]. B. Renault, *Plantes fossiles*, pages 335-339.

l'ère primaire. Au début de la période infra-crétacée, commence le soulèvemeut des hautes montagnes, soulèvement qui se continue pendant l'ère tertiaire. De là, sous la même latitude, une différence de climat entre la plaine et les hauts plateaux. Des alternances d'exhaussements et d'abaissements du sol ont eu pour conséquence l'extension des glaciers, puis leur retrait, extensions et retraits alternant à plusieurs reprises.

Cette phase géologique s'étend sur une durée de plus d'un million d'années, d'après l'estimation des physiciens ; de plus de 6 millions, d'après celle des géologues.

Les deux phases géologiques qui comprennent, l'une l'égalité du climat avant la période crétacée, l'autre l'inégalité des climats dans les périodes postérieures, ont une importance du premier ordre ; elles apportent, en effet, un concours décisif aux autres faits qui sapent par la base les théories transformistes.

IV. — Les croisements dans le règne végétal.

Dans la section consacrée aux croisements dans le règne animal, on a vu combien sont artificielles les divisions à chaque instant introduites dans la classification. « Les expressions communément usitées, dit Agassiz, quand il s'agit des genres, des espèces ou des grandes divisions de nos systèmes : M. A. a fait de telle espèce un genre; M. B. emploie telle ou telle espèce pour former son genre ; et celles que beaucoup de naturalistes se permettent quand ils parlent de leur espèce, de leur genre, leur famille, leur système, mettent pleinement en lumière cette conviction que les groupes ainsi désignés sont la création de celui qui parle. » Ces arrangements ne sont pas assurément sans utilité au point de vue de la commodité mnémotechnique, mais ils ne répondent en rien à la réalité des choses ; ils représentent les besoins de la mémoire ou même quelquefois l'infatuation humaine ; ils ne sont pas l'expression de la nature. Il suit de là qu'on ne peut avec certitude rien déduire du croisement opéré entre des individus que telle ou telle classification dit appartenir à deux espèces distinctes du même genre, ou même à des espèces de deux genres différents, attendu que ces espèces et ces genres, créations de l'ingéniosité humaine, n'ont aucun fondement dans la nature. On voit avec quelle prudence on doit accueillir le résultat des expériences faites sur le croisement de prétendus genres et de prétendues espèces.

I. Fécondation. — Les plantes peuvent être fécondées, soit chacune par son propre pollen, soit par un pollen étranger apporté par le vent ou par les insectes.

Dans les plantes destinées à être fécondées par le vent, les fleurs ne sécrètent pas de nectar ; le pollen, poudreux et abondant, est trop sec pour pouvoir s'attacher au corps des insectes ; la corolle n'existe pas ou ne possède ni le coloris, ni le parfum, ni le nectar qui pourraient attirer les insectes ; aussi ces plantes ne sont-elles jamais visitées par ces animaux.

Si on place sur le stigmate d'une fleur le pollen d'une espèce différente; si ensuite, même longtemps après, on y place du propre pollen de la fleur, l'action de ce dernier est tellement prépondérante qu'elle annule l'effet du pollen étranger. Ce fait, mis hors de doute par les expériences de Gœrtner, est d'une haute importance pour expliquer le maintien de la ligne de démarcation qui sépare les espèces dans le règne végétal contemporain [1].

Les expériences faites pour croiser les espèces distinctes sont d'une grande difficulté, surtout lorsqu'on opère sur des plantes hermaphrodites. Il faut couper les étamines, c'est-à-dire blesser grièvement la fleur, puis mettre celle-ci à l'abri du pollen que peuvent apporter les insectes et le vent. Aussi ne doit-on pas se hâter de tirer des conclusions négatives parce que les croisements expérimentaux sont restés inféconds.

Le croisement occasionnel d'un individu avec un autre individu de la même variété ou d'une autre variété augmente la vigueur et la fécondité de la descendance. Cette loi s'applique aux végétaux comme aux animaux [2].

Comme l'engraissement diminue la fécondité chez les animaux, ainsi la culture longtemps continuée dans un sol riche tend à diminuer la fécondité d'une

---

1. DARWIN, *Variations*, tome II, pages 116-192.
2. DARWIN, *Variations*, tome II, page 153 ; et *Origine des Espèces*, pages 281-289.

plante ; les étamines, en effet, se convertissent en pétales, les fleurs deviennent doubles [1].

Il en est de même des unions consanguines longtemps continuées ; elles restreignent la fécondité chez les végétaux comme chez les animaux ; d'où la nécessité du croisement avec un autre individu qui ne soit pas parent.

On ne peut jamais prédire avant l'expérience, dit Darwin, si tel animal reproduira en captivité ou si telle plante exotique, une fois soumise à la culture, donnera de la graine.

Il est un phénomène étrange, la parthénogénèse, dont on n'a pas encore pu donner une explication suffisante [2]. Des plantes femelles, appartenant à des espèces dioïques [3], ont donné, sans être fécondées par le pollen, des graines qui ont germé et produit à leur tour des individus femelles parfaitement semblables à la plante mère. Ce fait a été constaté chez les espèces dioïques suivantes : chanvre, mercuriale, bryone. Il croît en Australie un arbrisseau de la famille des Euphorbiacées qu'on nomme *cœlebogyne ilicifolia* ; ses fleurs sont dioïques. On cultive depuis plusieurs années dans la plupart des jardins botaniques des individus femelles de cette espèce, lesquels

---

1. Darwin, *Variations*, tome II, page 177.
2. Voir cependant Quatrefages. *Métamorphoses de l'homme*, chap. xxi.
3. Les espèces dioïques sont celles où chaque individu n'a qu'un sexe, mâle ou femelle, comme chez l'espèce humaine et les mammifères : telles sont les espèces *chanvre, mercuriale, bryone*, etc.

ont donné des graines fécondes qui ont reproduit des plantes femelles. Or, en Europe, il n'y a pas un seul *cœlebogyne* à fleurs mâles; la fertilisation des graines n'est donc pas due au concours des étamines. Ces phénomènes de parthénogénèse dans le règne végétal sont analogues à ceux qu'on rencontre dans le règne animal, chez les pucerons et entre ceux-ci chez le destructeur des vignes, le néfaste phylloxera. Ajoutons que la reproduction agame n'est pas illimitée, elle s'épuise; le concours des deux sexes redevient nécessaire pour assurer à l'espèce une postérité d'une continuité indéfinie.

II. Métissage. — On donne le nom de races à certaines variétés qui se reproduisent indéfiniment. D'habitude, les variétés qui se produisent spontanément n'ont qu'une durée passagère; elles ne se transmettent pas à la postérité de l'individu qui en est affecté. Pour les fixer, on élève à part les individus chez qui la variation s'est manifestée, en ayant soin de les mettre à l'abri du croisement par les individus de forme normale; c'est ce qu'on nomme la *sélection*. Au bout d'un certain nombre de générations obtenues par sélection, le nouveau type se fixe et se reproduit régulièrement de ses graines : une nouvelle race est créée.

Le croisement d'une variété avec une autre variété de la même espèce s'appelle le *métissage*. Les variétés intermédiaires qu'on obtient du semis des graines obtenues par métissage ont reçu de Vilmorin le nom de *métis*.

Les métis ou produits dérivés du métissage sont plus vigoureux et plus robustes que leurs parents. Cela résulte des expériences de Gœrtner, de Lecoq, etc. [1].

Dans certains genres, les individus d'une même espèce présentent deux formes remarquables : les uns ont le style long et les anthères courtes; les autres ont le style court et les anthères longues. Ce dimorphisme est constant chez les espèces du genre primevère et du genre lin; il y a des primevères longistyles et des primevères brévistyles, des lins longistyles et des lins brévistyles; les individus de chaque forme se montrent en nombre à peu près égal. Darwin, par ses observations et par ses expériences, a fait connaître les faits suivants :

1º Si chaque plante dimorphe est mise à l'abri de la visites des insectes, la plante reste stérile; la fécondation ne peut donc s'opérer que par l'intermédiaire des insectes ;

2º Lorsque chaque plante longistyle est fécondée par le pollen d'une plante brévistyle ou réciproquement, les produits sont plus vigoureux que si la plante était fécondée par son propre pollen; il en est ainsi chez les primevères. Bien plus ! chez les lins, chaque plante ne peut être fécondée par son propre pollen, il faut le pollen d'une plante ayant la forme contraire.

Au point de vue des résultats de la fécondation, les plantes dimorphes se comportent comme si elles

---

1. Darwin, *Variations*, tome II, page 135.

étaient dioïques ; chacune gagne à être fécondée par un autre individu [1].

III. Hybridation. — On donne le nom d'hybridation au croisement entre espèces différentes, appartenant au même genre. L'hybride est la plante qui provient d'une graine obtenue par hybridation. Quatrefages résume ainsi les faits qui concernent l'hybridation, soit naturelle, soit artificielle.

A. *L'hybridation naturelle* (par vent ou par insectes) est tellement rare que des naturalistes éminents en ont mis en doute la réalité. Toutefois on en connaît, selon M. Decaisne, une vingtaine d'exemples bien avérés.

B. Des études de Kœlreuter, de Gœrtner, de Naudin, il résulte que :

1º *L'hybridation artificielle* (par les soins de l'homme) ne réussit *jamais* entre espèces de familles différentes ;

2º Elle réussit *très rarement* entre espèces de *genres* différents (en supposant que ces genres différents, créés par tel ou tel botaniste, soient des genres *naturellement* différents) ;

3º Elle échoue *souvent* entre espèces du *même genre*, en apparence très voisines. (Dans le genre *dianthus*, un grand nombre d'espèces se croisent facilement ; dans le genre *silene*, on n'a jamais pu réussir à obtenir

---

[1]. Lemaout et Decaisne, *Traité de Botanique*, pages 122-123. — Voir aussi Darwin, *Origine des Espèces*, pages 290 et suivantes ; et *Variations*, tome II, chap. XIX, pages 191 et suivantes.

le moindre hybride entre des espèces extrêmement voisines);

4° Enfin elle est *impossible* chez des familles entières (celle des cucurbitacées, d'après les expériences de Naudin) [1].

Chez l'hybride végétal, l'équilibre physiologique est rompu *au profit* des appareils de la vie individuelle, c'est-à-dire des feuilles, de la tige, etc. « Tous les observateurs, Kœlreuter, Gœrtner, Lecoq, Naudin, etc., dit Darwin, ont été frappés de la vigueur, de la ténacité, de la taille de leurs produits hybrides. Le fruit des hybrides, c'est-à-dire la partie qui enveloppe la graine, est bien développé alors même qu'il ne renferme pas de graines, ce qui est le cas ordinaire [2]. »

En revanche, l'équilibre physiologique est rompu *aux dépens* des appareils de la vie de l'espèce, c'est-à-dire des appareils reproducteurs :

1° Les anthères des étamines ne renferment plus de véritable pollen, mais seulement des granulations irrégulières;

2° Les ovaires contiennent un peu moins rarement des ovules en bon état. Lorsque ce cas se présente, le plus souvent ces ovules resteraient stériles si la fécondation n'était pas opérée par le pollen d'individus non hybrides. C'est ainsi que chez les hybrides animaux, on cite deux ou trois cas de mules

---

1. QUATREFAGES, *l'Espèce humaine*, page 49.
2. DARWIN, *Variations*, tome II, pages 138-182.

fécondées, non par des mulets, mais par des chevaux.

Lorsqu'on croise deux hybrides provenant d'une première union entre deux espèces distinctes, les produits de ce croisement (si toutefois ce croisement est fécond) cessent d'avoir un caractère mixte, ils retournent en totalité à l'une des espèces mères, ou ils se partagent entre l'une et l'autre. Exemple : M. Naudin croisa le datura stramonium avec le datura ceratocaula. Les hybrides issus de ce croisement furent croisés entre eux ; les produits retournèrent tous au type datura stramonium.

Conclusion. — Des expériences et des observations faites sur les hybrides résulte la conclusion suivante : Il est impossible qu'entre les espèces végétales sauvages appartenant au même genre, à plus forte raison à deux genres différents, se soit établie une espèce ayant des caractères intermédiaires entre les deux prétendus types-parents.

V. — La sélection naturelle et la divergence des caractères.

Comme les végétaux sont fixés au sol et y puisent leur nourriture, la sélection naturelle n'a pour agents que le chaud et le froid, l'humide et le sec, ainsi que les croisements dont il vient d'être parlé.

D'autre part, comme la température du globe a conservé la même égalité, du pôle à l'équateur, jusqu'à l'époque crétacée, il s'ensuit que la sélection naturelle n'a pu s'opérer, durant cette longue période, que par l'influence de l'humide ou du sec.

On a vu précédemment quelles modifications apportait aux éléments du bois l'habitat dans une région marécageuse ou dans une région sèche. Ces modifications affectent exclusivement l'épaisseur des fibres ligneuses et le nombre des vaisseaux.

On a vu pareillement quelles sont les modifications qu'impriment à l'aspect extérieur des végétaux les conditions variées du milieu ambiant; les divergences de caractères ne dépassent point celles qui sont propres aux variétés ou aux races.

En un mot, la sélection naturelle et la divergence des caractères qui en est la conséquence sont capables de créer des variétés et parfois des races ; jamais elles n'altèrent l'ordre et l'arrangement du plan de structure. La sélection artificielle, opérée par l'homme avec des ressources et une ingéniosité incomparables, n'a pas réussi davantage à faire passer une espèce dans le rang d'une autre espèce.

La concurrence entre certains végétaux pour l'occupation d'un même terrain amène la destruction de l'un ou de l'autre, mais le plan de l'espèce reste immuable dans son ordre structural.

De même pour les espèces qui ne peuvent être fécondées que par l'intermédiaire de certains insectes ; si un accident atmosphérique ou une épidémie vient à supprimer ces insectes, les espèces, particulièrement les espèces annuelles, périssent; elles ne se transforment point.

VI. — Les formes intermédiaires ou passages.

I. Cycadées. — L'embranchement des dicotylées se partage en deux sous-embranchements, celui des dicotylées gymnospermes et celui des dicotylées angiospermes.

Le sous-embranchement des gymnospermes comprend deux classes, celle des conifères et celle des cycadées.

Les cycadées sont des arbres ou des arbustes à fleurs dioïques, c'est-à-dire que les sexes sont séparés; chaque individu n'a qu'un sexe.

1º « L'organisation intérieure des tiges, l'inflorescence, la structure des étamines, des ovules, des graines et de l'embryon sont presque identiques à celles des conifères [1]. » Les cycadées appartiennent donc aux dicotylées gymnospermes;

2º Les feuilles sont semblables à celle des palmiers par le port et la disposition; elles couronnent le sommet de la tige. Les cycadées ont donc, par les feuilles, une certaine affinité avec les monocotylées angiospermes;

3º Chez plusieurs cycadées, dans la jeunesse, avant l'épanouissement des feuilles, c'est-à-dire à la préfoliation, le rachis et les folioles sont roulés en crosse comme chez les fougères. En outre, les cordons vascu-

---

[1]. Lemaout et Decaisne, *Traité de Botanique*, page 555.

laires qui parcourent les feuilles sont composés de deux bois, l'un centripète, l'autre centrifuge. Or le bois centripète est regardé comme caractéristique des végétaux cryptogames[1]. Il s'ensuit que par l'enroulement en crosse du rachis et des feuilles ainsi que par le double bois des cordons foliaires, les cycadées ont des affinités avec les cryptogames vasculaires.

Comment expliquer dans la même famille végétale la réunion de caractères aussi contradictoires? Les seuls procédés de modifications que l'on connaisse sont les trois suivants : Action exercée par les conditions du milieu ambiant, par le croisement, par la sélection naturelle suivie de la divergence des caractères. Or nous avons vu précédemment que l'action du milieu ambiant se limitait à modifier l'épaisseur des parois des fibres, le nombre des vaisseaux et l'aspect extérieur de la plante ; que le croisement entre familles différentes est impossible et que l'hybridation est sur-le-champ ou promptement inféconde ; que la sélection naturelle et la divergence des caractères sont bornées à la création de races. Il suit de là que le port et la disposition des cordons foliaires sont inexplicables d'après les seuls procédés modificateurs qui soient connus. Les cycadées sont donc l'expression d'un plan primordial particulier.

Les botanistes qui sont partisans de l'évolution par descendance modifiée ont essayé de rattacher, à l'aide d'enchaînements étroits, les cycadées aux *lépi-*

---

1. B RENAULT, *Plantes fossiles*, page 381.

dodendrons, lesquels appartiennent à la famille des lycopodiacées, cryptogames vasculaires. D'après ces savants, la suite descendante serait celle-ci à partir des lépidodendrées, souche primitive : 1° Sigillaires à écorce cannelée ; 2° Sigillaires à écorce lisse; 3° Sigillariopsis; 4° Cordaïtes; 5° Medullosa; 6° Cycadoxylon; 7° Cycadites; des cycadites, dériveraient les cycadées modernes. Tous ces genres, que nos botanistes rangent parmi les cycadées, sont éteints [1]. Voici, d'après les tableaux de M. B. Renault, dans quels terrains on a trouvé ces ancêtres lointains de nos cycadées :

1° Les cordaïtes commencent au dévonien et s'étendent jusqu'au permien.

2° Les sigillaires cannelées s'étendent du houiller ancien au houiller supérieur;

3° Les sigillaires lisses, du houiller moyen au permien;

4° Les medullosa règnent dans le permien;

5° Les cycadoxylons, dans le houiller supérieur;

6° Les cycadites s'étendent du permien au crétacé [2].

L'ancêtre direct du *cycas revoluta* serait, d'après Heer, le *cycas Steenstrupi* découvert dans la craie moyenne du Groënland.

1. B. Renault, *Plantes fossiles*, pages 386, 396.
2. D'après ce tableau, notons que les cordaïtes sont de beaucoup antérieures aux sigillaires, ce qui ne permet pas de les regarder comme dérivées des sigillaires. D'autre part, les lépidodendrons les plus anciens datent également du dévonien : les cordaïtes étant contemporaines des lépidodendrons n'ont donc pu dériver de ceux-ci.

L'ancêtre probable du *Stangeria* actuel serait, d'après Saporta, le *vilsonnia* du rhétien, étage le plus ancien du jurassique.

Les études et les tableaux des éminents botanistes darwinistes sont du plus haut intérêt ; mais on doit leur appliquer ce que disait si justement Quatrefages des tableaux zoologiques de filiation dressés par M. Gaudry :

« Ces tableaux ont pour la science un réel intérêt en ce qu'ils permettent de saisir d'un coup d'œil les rapports multiples que présentent certains mammifères des anciens mondes entre eux avec leurs représentants actuels ; *ils n'apprennent rien quant à la cause qui a déterminé ces rapports* [1]. » Par exemple :

1º Les lépidodendrons n'avaient que du bois centripète, bois caractéristique des cryptogames ; dans les sigillaires lisses apparaît le bois centrifuge, qui caractérise les phanérogames ; ; le bois centripète était réduit presque à rien [2].

Ce qu'il faudrait faire connaître, c'est la cause qui a déterminé l'apparition du bois centrifuge et la disparition graduelle du bois centripète ;

2º La fécondation chez les lépidodendrées se faisait par l'intervention d'un anthérozoïde ; chez les cycadées primitives par des grains de pollen [3].

Ce qu'il faudrait expliquer, c'est comment l'anthérozoïde cilié, doué de motilité, a pu se transformer en

---

1. QUATREFAGES, *Charles Darwin*, page 191.
2. RENAULT, *Plantes fossiles*, page 274.
3. RENAULT, *Plantes fossiles*, pages 387, 393 figure.

un grain de pollen. Or tous les procédés de divergence de caractères, à savoir, action du milieu ambiant, croisement et sélection, sont impuissants à produire d'aussi énormes passages.

II. Casuarinées. — Les casuarinées sont des arbres ou des arbrisseaux appartenant au sous-embranchement des dicotylées angiospermes ; les fleurs sont monoïques ou dioïques. Une plante est dite *monoïque* lorsque sur le même individu existent les deux sexes, mais séparés et placés à une certaine distance l'un de l'autre. Par exemple, le maïs a ses organes mâles placés au sommet de la tige, tandis que les organes femelles sont au premier tiers de la même tige.

1º La tige des casuarinées est celle des dicotylées angiospermes, avec ses couches concentriques, sa zone cambienne d'accroissement, etc. ;

2º Les organes reproducteurs sont ceux des dicotylées angiospermes ;

3º Les rameaux sont articulés, sans feuilles, avec gaines multidentées aux articulations ; les entrenœuds sont striés ; c'est la structure des rameaux et de la tige des prêles (*equisetum*), cryptogames vasculaires.

Aucun procédé de divergence de caractères ne peut expliquer cette étrange association de rameaux cryptogames à une tige dicotylée angiosperme.

III. Ephédra. — Les *Ephédra* appartiennent au sous-embranchement des gymnospermes, classe des conifères, tribu des gnétacées ; les fleurs sont monoïques ou dioïques.

1º La tige a les fibres ponctuées, aréolées, des gymnospermes ;

2º Auprès des fibres gymnospermiques sont de gros vaisseaux ponctués, aréolés, ce qui rapproche la tige de l'ephédra de celle des dicotylées angiospermes, puisque les gymnospermes sont dépourvus de vrais vaisseaux ;

3º L'ovule, solitaire, a la structure propre des ovules gymnospermiques[1] ; mais il existe un tégument externe offrant au sommet une ouverture par où sort un tégument interne, lequel s'allonge en tube styliforme ; celui-ci s'épanouit en disque stigmatoïde, plus ou moins persistant. Il s'ensuit que ces appendices rapprochent l'ovule gymnospermique de l'ovaire des angiospermes ;

4º Les rameaux de l'éphédra sont articulés, noueux, offrant aux articulations des gaînes munies de feuilles très petites, sétacées ; ce sont des rameaux cryptogamiques de prêle.

En résumé : 1º La tige de l'éphédra est en partie celle des dicotylées gymnospermes, en partie celle des dicotylées angiospermes ;

2º Les rameaux articulés, avec gaînes aux articulations, se rattachent aux prêles, cryptogames vasculaires ;

3º L'appareil reproducteur est gymnospermique, mais il réunit les apparences de la structure complexe d'un appareil angiospermique.

---

1. Saporta et Marion, *Phanérogames*, tome Ier, pages 177-178.

« C'est tout au plus vers le milieu de l'époque tertiaire, dans l'oligocène, que de véritables éphédras auraient été observés, dans l'état actuel de nos connaissances [1]. »

Cette étrange complexité dans la structure de l'éphédra est analogue à celle de l'ornithorhynque parmi les animaux; elle est tout ainsi inexplicable que celle du monotrème australien.

1. SAPORTA et MARION, *Phanérogames*, tome Ier, page 180.

CHAPITRE II

LES MODES DE REPRODUCTION

I. — Chez les cotylédones ou phanérogames.

I. LES ORGANES SEXUELS. — L'organe mâle ou *étamine* comprend un filet surmonté d'une *anthère*; l'anthère est séparée en deux loges par une nervure médiane appelée *connectif*. C'est dans ces loges que se forme la poussière granuleuse qu'on appelle *pollen* [1].

L'organe femelle ou *pistil* se compose de une ou plusieurs feuilles appelées *carpelles*, lesquelles forment plusieurs enveloppes selon qu'elles sont libres ou soudées ensemble. Cette enveloppe ou *ovaire* renferme un ou plusieurs *ovules*. L'ovaire se prolonge, chez les

---

1. Tous les faits de ce chapitre ont été puisés dans le *Traité général de Botanique* de LEMAOUT et DECAISNE. J'ai aussi consulté BAILLON, *Anatomie et Physiologie végétales*; G. DE SAINT-PIERRE, *Diction. de Botanique*, et MARION et SAPORTA, *les Cryptogames*.

cotylées angiospermes, en un style, ordinairement surmonté d'un stigmate.

L'ovule des végétaux provient d'un mamelon arrondi qu'on nomme le *nucelle*. Autour du nucelle se développent l'une après l'autre deux tuniques. Lorsque celles-ci sont parvenues au sommet du nucelle, leur ouverture se resserre ; il en résulte une petite cavité cylindrique évasée en godet ; ce godet prend le nom de *micropyle*.

Au centre du nucelle, une cellule se dilate si bien qu'elle finit par adhérer aux deux bouts du nucelle. Cette cellule dilatée prend le nom de **sac embryonnaire**.

Lorsque l'ovule est nu, c'est-à-dire lorsqu'il est dépourvu d'ovaire, de style et de stigmate, le végétal est dit *gymnosperme* (γυμνός nu, σπέρμα germe).

Lorsque l'ovule est enfermé dans un ovaire que surmontent un style et un stigmate, le végétal est dit *angiosperme* (ἄγγειον vase, σπέρμα germe ; **germe enfermé dans une enveloppe**).

Toutes les monocotylédones sont angiospermes ; chez les dicotylées, seules les conifères et les **cycadées** sont gymnospermes ; toutes les autres dicotylées sont angiospermes.

II MÉCANISME DE LA REPRODUCTION. — Lorsque le pollen des étamines est mûr, l'anthère s'entr'ouvre, le pollen se dissémine. En ce moment, le stigmate est enduit d'une humeur visqueuse, de sorte que tout grain de pollen qui tombe sur le stigmate y est retenu. Le grain germe, se prolonge en tube (*tube pollinique*) le long du style et pénètre jusqu'au micropyle ; là il se met en contact avec le sac embryonnaire.

Peu après le contact du tube pollinique, on voit, en dedans du sac embryonnaire, au-dessous du point où appuie le tube pollinique, apparaître une ou plus souvent deux vésicules. Ces vésicules ne tardent pas à s'allonger ; bientôt l'une des deux s'atrophie et disparaît ; l'autre continue à se développer et envahit plus ou moins complètement par son extrémité libre la cavité du sac embryonnaire. C'est chez elle que se développe l'embryon ; aussi l'appelle-t-on la *vésicule embryonnaire*. Les phases embyrogéniques se succèdent conformément au type de la plante, soit dicotylée, soit monocotylée.

Chez les gymnospermes, l'ovule étant nu, c'est-à-dire non surmonté d'un style et d'un stigmate, le grain de pollen tombe sur le micropyle ; il y germe. Le tube pollinique pénètre dans le sac embryonnaire ; la fécondation a lieu.

Chez certaines plantes, la reproduction peut se faire, non seulement par graines fécondées, mais encore par d'autres procédés, entre autres par bulbilles. On appelle *bulbille* un bourgeon charnu, dont les écailles sont peu nombreuses, mais épaisses et quelquefois soudées ensemble en une seule masse. Peu adhérent à l'aisselle de la feuille, il s'en détache bientôt, tombe sur le sol, y pousse des racines et devient un individu isolé qui produit de nouveaux êtres. Le lis bulbifère offre un exemple bien connu de ce mode de reproduction.

II. — Chez les acotylédones ou cryptogames.

La terminologie appliquée par les botanistes aux organes reproducteurs des acotylédones ou cryptogames s'écarte beaucoup de la terminologie appliquée à ceux des cotylédones ou phanérogames. Elle en diffère même tellement que le mécanisme de la reproduction chez les cryptogames semble n'avoir pas un seul point de contact avec le mécanisme en vigueur chez les phanérogames. On serait induit à croire que ces deux mécanismes sont créés sur deux plans totalement étrangers l'un à l'autre. Il n'en est rien. Malgré de profondes différences, on trouve, surtout chez les cryptogames vasculaires, les analogies et les types, soit d'organes, soit de mécanisme, qu'on a vus chez les phanérogames ;

1° L'*anthéridie* des cryptogames est analogue à l'anthère des phanérogames.

2° L'*anthérozoïde* est analogue au pollen des phanérogames ; il y a toutefois une différence capitale. En effet, tandis que le pollen est dénué de faculté locomotrice, les anthérozoïdes sont généralement ciliés et mobiles ; on dirait des êtres animés ; c'est ce qui leur a valu le nom de *anthérozoïdes* (zoïdes, en grec, signifie qui semble animé). Cette locomotilité est en concordance avec le milieu où vit généralement la plante ; ce milieu est aqueux ou humide ; les anthérozoïdes nagent afin d'aller féconder l'archégone ;

3° L'*archégone* (en grec, cavité où commence la naissance) est analogue à l'ovule des phanérogames ;

4° Le *sporange* (en grec, sac à spores) est analogue au sac embryonnaire des phanérogames ;

5° La *spore* (en grec, semence ou graine) est analogue à la vésicule embryonnaire, d'où naît la nouvelle plante. C'est elle qui est fécondée.

Chez les cryptogames vasculaires, il est des spores qui ne sont jamais fécondées ; ces spores non fécondées sont analogues aux bulbilles des phanérogames. Le sporange qui contient ces spores n'est plus qu'un simple sac ; il n'a rien d'embryonnaire.

« Parmi les causes qui ont contribué à épaissir les ténèbres dont cette branche de la botanique est enveloppée, dit M. Decaisne, il faut mentionner le néologisme appliqué à la dénomination des divers organes observés ; trop souvent chaque auteur a voulu créer un vocabulaire spécial sans tenir compte de celui de ses devanciers ; les moindres modifications organiques, à mesure qu'elles se présentaient, ont été désignées par un terme nouveau, de telle sorte qu'un même organe a reçu plusieurs noms, tandis que plus d'une fois, par surcroît de multiplication, on a vu le même nom s'appliquer à des organes différents. Ce luxe de glossologie que déjà Linné appelait une calamité (*Verbositas præsente sæculo calamitas scientiæ*) a toujours entravé la marche des études, même pour les phanérogames. Depuis longtemps la botanique réclame une réforme et une simplification de la glossologie cryptogamique. L'exemple le plus remarquable de l'extension abusive donnée à un même terme pour désigner des organes différents nous est fourni par le mot *spore* substitué pour les cryptogames comme équivalent à celui de *graine* pour les phanérogames. Dans les fougères, les marsiléacées, etc. (cryptogames vasculaires), cette prétendue graine ne peut se comparer qu'à un bulbille, ou plutôt à un bouton de fleur, qui contient en germe les organes de la reproduction, mais qui ne se développera et ne fleurira qu'après s'être séparé de la plante-mère[1]. »

Avant d'exposer, en commençant par le mode le plus simple, l'évolution progressive des modes de reproduction chez les cryptogames, il est utile de donner en détail le mécanisme du mode de reproduction chez la plus élevée des cryptogames vasculaires, à savoir, la fougère. On se fera une idée plus nette des organes cryptogamiques et des termes qui les désignent.

Mode de reproduction chez la fougère. — A la face inférieure des frondes apparaissent des sporanges en amas ou *sores*, selon le mot grec σωρός amas. Les sores sont généralement recouverts d'une enveloppe

---

1. LEMAOUT et DECAISNE, *Traité de Botanique*. page 741. Dans un sujet aussi difficile où la vanité et le manque d'esprit philosophique ont, selon l'expression de M. Decaisne, épaissi les ténèbres, je me suis efforcé d'introduire dans l'exposition des faits le plus de méthode et de clarté. Dans l'obscur fouillis des détails je n'ai pris que ce qui était nécessaire au but poursuivi, c'est-à-dire les faits essentiels, et, pour les exprimer, j'ai employé les mêmes termes préalablement bien définis. En un mot, j'ai suivi l'excellent conseil de M. Decaisne.

qu'on appelle *indusium*, mot latin qui signifie *ce qui revêt, chemise*. L'indusium peut être absent ainsi qu'on le voit chez le *polypodium*.

La spore non fécondée (bulbille), échappée du sporange, germe au contact de la terre humide et se développe en une petite fronde (feuille) munie de radicelles qu'on appelle *prothalle* et aussi *pro-embryon*. Prothalle est un mot hybride qui signifie « plante antérieure à la plante définitive ».

La face inférieure du prothalle se couvre de vésicules transparentes qui renferment des filaments roulés en spirale et munis de cils doués de mouvement. Les vésicules s'appellent *anthéridies*; les filaments munis de cils, *anthérozoïdes*.

Dans le voisinage des anthéridies se trouvent de petits mamelons d'abord pleins et fermés, puis s'ouvrant ensuite en un tube dont la cavité se prolonge dans l'intérieur de la fronde ; ce sont les *archégones*. Au fond de la cavité de l'archégone existe un petit sac globuleux (le vrai sporange) où, après la fécondation, apparaîtra et se développera la spore (la vraie spore).

Toutes les conditions de la fécondation étant ainsi disposées, les anthérozoïdes rompent la paroi de l'anthéridie, entraînant avec eux une sorte de vésicule mucilagineuse, et s'échappent en exécutant, au moyen de cils vibratiles, des mouvements très vifs de translation, mouvements favorisés par la pluie ou par la rosée qui humecte le mucilage projeté en même temps qu'eux hors de l'anthéridie. Ils arrivent ainsi dans la cavité de l'archégone ; le petit-sac globuleux (vrai sporange) est fécondé ; un embryon se forme à l'intérieur.

L'embryon ou spore fécondée entre en germination, tout en restant enchâssé dans le prothalle ; il se développe en un bourgeon feuillé qui émet inférieurement une, puis plusieurs racines. La jeune fougère vit alors de son existence propre ; le prothalle épuisé n'est plus qu'un petit corps étranger qui disparaît bientôt.

Évolution du mode de reproduction chez les cryptogames. — § I. Il n'y a pas d'organes sexués ; la reproduction se fait sans le concours sexuel.

1° *Fissiparité ou scissiparité*. — Le nouvel individu est la segmentation d'un bourgeon.

Algues : diatomées, bactéries, desmidiées ;

2° *Sporulation spontanée*. — A. La matière verte se concentre et produit des spores *ciliées, motiles,* semblant animées, d'où le nom de *zoospores ;* les zoospores reproduisent la plante.

Algues : conferves, œdogoniées, laminariées, vauchériées.

B. La matière, sans être verte, peut aussi se condenser et produire des spores motiles (ou immobiles, cela dépend de la température, Arloing, *les Virus*, page 51).

Algues : bactéries (il sera parlé longuement des bactéries, au chapitre consacré aux végétaux parasites).

C. Chez de nombreux champignons, la spore est *immobile ;* en germant elle produit ordinairement un mycélium qui donne naissance à une plante nouvelle. Le *mycélium* est la souche filamenteuse, souvent souterraine, des champignons. Connu vulgairement sous le nom de blanc de champignon, il a reçu des auteurs plus de dix-neuf noms latins différents ! (G. DE SAINT-PIERRE, *Diction. de botanique.*) Le mycélium est caractéristique des champignons. Il est analogue au prothalle des cryptogames vasculaires et de certaines cryptogames cellulaires, mousses, sphaignes, hépatiques.

Champignons : basidiosporés, thécasporés, clinosporés, etc. [1] ;

3° *Conjugaison égale entre deux corps distincts mais semblables.* — Les cellules se gonflent, se mamelonnent et rencontrent celles du tube voisin, lesquelles se sont comportées de la même manière ; les deux mamelons se soudent, la communication s'établit d'une cellule à l'autre ; alors la matière verte de l'une passe dans la cavité de l'autre et se confond avec elle ; de cette fusion résulte une spore ciliée, motile (zoospore) qui reproduira la plante. La cellule qui verse la matière verte agit comme **organe mâle** ; la cellule qui reçoit la matière verte et donne naissance à une zoospore agit comme **organe femelle**.

Algues : Synsporées, desmidiées, diatomées.
Champignons : zygochytriées.

4° *Conjugaison inégale entre deux corps distincts et*

---

1. Je ne parlerai pas des Lichens ; il est démontré expérimentalement aujourd'hui que le lichen n'est pas un être simple, mais un composé formé d'une algue et d'un champignon. Le champignon vit en parasite de l'algue.

dissemblables. — Les deux corps protoplasmiques sont dissemblables ; l'un d'eux, remplissant le rôle de mâle, fait tout le chemin pour s'unir à l'autre qui reste en place et remplit le rôle de femelle ; de la fécondation résulte un œuf végétal appelé **zygospore** (spore formée par conjugaison) ; de la zygospore sort une zoospore, c'est-à-dire une spore ciliée, motile. La conjugaison inégale est le passage entre la reproduction asexuée et la reproduction sexuée.

Champignons : ancylistées.

§ II. Il y a des organes sexués ; la reproduction se fait par le concours des sexes.

A. Sans prothalle. — 1ʳᵉ Mode : *Anthéridie, Anthérozoïde, non cilié, immobile; sporange, spore immobile.* — L'anthéridie produit un anthérozoïde non cilié, non motile. Celui-ci, par l'intermédiaire d'un poil canaliculé appelé *Trichogyne*, féconde le sporange ; du sporange fécondé naît une spore immobile qui produit une nouvelle plante.

Algues : floridées.

2ᵉ Mode : *Anthéridie, Anthérozoïdes, ciliés, motiles, sporange, spore immobile.* — L'anthéridie produit des anthérozoïdes ciliés, motiles ; ceux-ci, sans l'intermédiaire d'un trichogyne fécondent le sporange ; du sporange fécondé naît une spore immobile.

Algues : fucacées.

3ᵉ Mode : *Anthéridie, Anthérozoïdes ciliés, motiles, spores ciliés, motiles* (zoospores). — L'anthéridie produit des anthérozoïdes ciliés, motiles, lesquels, sans aucun intermédiaire, fécondent le sporange ; du sporange fécondé naissent des spores ciliées, motiles ou zoospores. Les zoospores produisent une plante nouvelle chez les algues, un mycélium chez les champignons ; c'est le mycélium qui produit une plante nouvelle. La reproduction d'une plante par l'intermédiaire d'un mycélium forme le passage entre la reproduction sexuée *sans prothalle* et la reproduction sexuée *avec prothalle*.

Algues : vauchériées, œdogoniées (genre œdogonium).

Champignons oosporés : — Monoblépharidées (chez les champignons oosporés, le sporange prend le nom de oogone).

B. Avec prothalle. — Mode unique sans archégone : *Anthéridie, anthérozoïdes, ciliés, motiles, sporange, spores, prothalle filamenteux, plante nouvelle.* — Les anthéridies produisent des anthérozoïdes ciliés, motiles, qui fécondent directement le sporange. Du sporange fécondé naît une spore, laquelle en germant produit un prothalle filamenteux; celui-ci donne naissance à une plante nouvelle.

Cryptogames cellulaires : characées.

1re Mode avec archégone : *Anthéridie, anthérozoïdes ciliés, motiles, archégone, sporange, spore, prothalle filamenteux, plante nouvelle.* — Les anthéridies produisent des anthérozoïdes ciliés, motiles, qui pénètrent dans l'archégone (ovule) et vont féconder le sporange. Du sporange fécondé naît une spore, laquelle en germant devient un prothalle filamenteux; celui-ci donne naissance à une plante nouvelle.

Cryptogames cellulaires : Mousses, sphaignes, hépatiques.

Les mousses peuvent se multiplier par bulbilles et par propagules, à l'instar de certaines phanérogames. Les hépatiques se multiplient aussi par propagules. Les propagules sont des corps arrondis, analogues aux bulbilles, qui se montrent sur la face de la fronde ou sur ses bords.

2ᵉ Mode avec archégone : *Sporange non fécondé, spores-bulbilles, prothalle dilaté, anthéridies, archégones, anthérozoïdes ciliés, motiles, sporange fécondé, embryon ou spore fécondée, plante nouvelle.* — Ce mode est celui de la fougère dont on a lu plus haut l'exposé ; il est, dans ses traits essentiels, celui du groupe entier des cryptogames vasculaires.

Cryptogames vasculaires : Fougères, équisétacées, marsiléacées, lycopodiacées.

D'après le tableau de l'évolution des modes de reproduction chez les cryptogames, on peut remarquer que certains genres d'algues ont à la fois *plusieurs modes* de reproduction.

1° Les bactéries ont la scissiparité et la sporulation spontanée ;

2° Les diatomées ont la scissiparité, la sporulation spontanée et la conjugaison égale ;

3° Les œdogoniées, les vauchériées, les fucacées, ont la reproduction asexuée et la reproduction par le concours des sexes.

D'autre part, toutes les cryptogames vasculaires sont monoïques. Quant aux cryptogames cellulaires qui sont sexuées, elles sont toutes monoïques et dioïques.

III. — Conséquences relatives à certaines théories.

I. Conséquences relatives à la théorie de l'archétype. — D'après la théorie platonicienne de l'archétype, l'artiste suprême a créé l'algue et le champignon d'après un type idéal préconçu, structure et fonctions. De toutes les fonctions, la plus importante sans contredit est celle qui est destinée à perpétuer l'espèce ; si l'unité a dû présider à la conception d'un type fonctionnel, c'est bien à la conception du mode de reproduction. Or l'algue et le champignon ont des genres qui ont à la fois la structure asexuelle et la structure sexuelle, la reproduction asexuée et la reproduction par le concours des sexes. Ces faits sont contradictoires à la théorie de l'archétype.

II. Conséquences relatives à la théorie du perfectionnement graduel. — *Au point de vue chronologique,* l'évolution du mode de reproduction chez les cryptogames s'est-elle faite en ligne droite ou avec des écarts et des retours en arrière ? Pour résoudre ce problème, il faudrait que les couches géologiques eussent conservé les vestiges des différents genres cryptogamiques. On possède d'abondants documents pour les cryptogames vasculaires ; il n'en est pas de même pour les cryptogames cellulaires. Leur tissu est si parfaitement destructible que la trace de leur existence peut faire défaut sans qu'il soit permis d'arguer contre cette existence même. On a trouvé des algues (bilobites) dans le silurien, et encore, la nature végétale de ces restes est-elle contestée par quelques botanistes [1]. Dans les houilles d'Angleterre, on a découvert un grand nombre de diatomées (la carapace des diatomées est siliceuse, ce qui explique leur conservation) se rapportant toutes aux types de la nature actuelle. « Huit espèces de ces *Diatomées fossiles* vivent encore aujourd'hui et ont pu par conséquent traverser sans modification la longue suite des temps secondaires et tertiaires [2]. » Ce fait est contraire à la théorie darwinienne de l'évolution par divergence des caractères. C'est seulement à partir du tertiaire, dans les formations lacustres, que l'on observe les premières fucacées et les premières floridées (algues) assimilables aux espèces actuelles [3]. Il en est de même des hépatiques et des mousses [4].

Au point de vue physiologique, le fait qui domine non seulement l'embranchement des cryptogames, mais tout le règne végétal, c'est d'abord l'agent mâle de la reproduction cryptogamique, à savoir, *l'anthérozoïde cilié*, doué de *locomotilité*; c'est ensuite l'embryon cilié et motile, à savoir la zoospore, tous deux si supérieurs au pollen granuleux des phanérogames ainsi qu'à leurs embryons. Leur découverte

---

1. SAPORTA et MARION, *Cryptogames*, pages 68-69.
2. SAPORTA et MARION, *Cryptogames*, page 65.
3. SAPORTA et MARION, *Cryptogames*, page 102.
4. SAPORTA et MARION, *Cryptogames*, page 120.

frappa d'un si grand étonnement les premiers observateurs que ceux-ci les mirent au rang des animalcules.

« Quand on considère le rôle physiologique des anthérozoïdes et des zoospores, dit Decaisne, lequel semble emprunté à l'animalité, on ne peut méconnaître le lien mystérieux qui unit les deux règnes. De là l'ingénieuse comparaison qui représente le règne animal et le règne végétal comme deux arbres s'éloignant l'un de l'autre par leur cime et s'enchevêtrant par leurs racines. Linné exprimait la même pensée en disant dans sa *Philosophie botanique* que la nature associe les animaux et les plantes par leurs espèces les plus imparfaites [1]. » Il n'est pas de fait qui soit plus contraire à la théorie du perfectionnement graduel. Celle-ci, en effet, exigerait que les agents de la reproduction s'élevassent en excellence au fur et à mesure que dans la suite des siècles se développe le règne végétal ; par conséquent, c'est le pollen immobile et l'embryon dénué de faculté locomotrice qui eussent dû précéder l'anthérozoïde et la zoospore ; ceux-ci, à leur tour, eussent dû être l'apanage des végétaux supérieurs, de sorte que la transition entre le règne végétal et le règne animal se fût accomplie conformément à la loi du perfectionnement graduel. Or c'est l'opposé qui éclate aux yeux ; le type des deux agents de la reproduction végétale est allé se détériorant d'un embranchement à l'autre, si bien

---

1. LEMAOUT et DECAISNE, *Traité de Botanique*, page 742.

qu'au point de vue de la reproduction, le spectacle que nous donne la nature végétale est, non pas celui du perfectionnement, mais celui de la dégénérescence graduelle.

L'état sexuel, monoïque et dioïque, des cryptogames prête également à des considérations qui trouveront leur place dans le chapitre suivant.

CHAPITRE III

SUR UN CRITÉRIUM PROPRE A ÉTABLIR UNE HIÉRARCHIE ENTRE LES VÉGÉTAUX

Pour établir une hiérarchie entre les animaux, on a un bon critérium, c'est l'homme lui-même avec ses appareils organiques différenciés et circonscrits, avec ses fonctions à la fois indépendantes et solidaires l'une de l'autre, enfin avec ses facultés intellectuelles. Mais si excellent que soit ce critérium, les difficultés s'accumulent dès qu'on a franchi les limites de l'embranchement des vertébrés. Comme la faiblesse de la mémoire humaine impose la nécessité méthodique de prendre un seul même caractère pour classer les animaux en embranchements (et ce caractère c'est le système nerveux), il en résulte des interversions fatales dans l'ordre où devraient être rangés certains animaux d'après la perfection et la supériorité d'autres appareils fonctionnels. Aussi à part l'embranchement des vertébrés est-il impossible de placer les embranchements invertébrés les uns au-dessus des autres en ligne continue ; bref, le règne animal serait mieux représenté sous la forme d'un arbre dont les branches correspondraient à des séries partielles, formées chacune par le perfectionnement ou par la modification d'un type spécial.

Pour établir une hiérarchie entre les végétaux, un critérium aussi sûr que le critérium humain fait défaut. Des trois facteurs de celui-ci, on doit rayer le plus important peut-être, à savoir, l'*intelligence* [1]. Restent les deux autres, la différenciation et la localisation des appareils organiques, d'une part, et d'autre part, la perfection du travail physiologique, principalement dans le mode de reproduction. Mais ces deux principes, analogues à ceux du critérium zoologique, sont loin d'en avoir la solidité ; ne pouvant être rapporté à un type végétal pris pour unité de mesure aussi indiscutable que l'est le type humain pour les animaux, ils sont abandonnés, sans contrôle possible, aux appréciations individuelles des botanistes et surtout aux idées *a priori* de ceux-ci. En voici un exemple : L'un des plus illustres naturalistes du xixᵉ siècle, Agassiz, est possédé de cette idée platonicienne que le Créateur a fabriqué le monde d'après un plan préconçu et que ce plan préconçu se développe selon la loi du perfectionnement graduel. Il est donc nécessaire que le règne végétal forme une

---

1. Voir dans Darwin, *Origine des Espèces*, page 130, l'excellente page sur ce sujet.

série graduelle. « Or, dit-il, si l'on place les gymnospermes au rang des dicotylédonées, il est impossible de découvrir une relation entre le rang hiérarchique des plantes vivantes et l'ordre de succession de leurs représentants dans les âges passés. Au contraire, si l'on apprécie à leur valeur les véritables affinités des gymnospermes avec les fougères, les équisétacées et spécialement avec les lycopodiacées, on voit immédiatement que les végétaux ont été introduits sur la terre suivant un ordre qui coïncide avec le rang de leurs divisions primaires dans l'échelle des complications de structure. Avec leur fleurs imparfaites, avec leurs carpelles nus supportant sur l'axe des graines polyembryoniques, les gymnospermes sont *plus voisines* des acrophytes ananthérées (cryptogames vasculaires), aux spores innombrables, que des monocotylodonées ou des dicotylédonées. Si donc le règne végétal forme une série graduelle commençant aux cryptogames et se continuant par les gymnospermes pour finir aux monocotylées et aux dicotylées ; cette série n'offre-t-elle pas une coïncidence remarquable avec l'ordre de succession suivante : Les cryptogames dans les plus anciennes formations, spécialement les fougères, les équisétacées et les lycopodiacées de la période carbonifère ; après cela, les gymnospermes dans le trias et le terrain jurassique ; ensuite les monocotylées de la même formation, et enfin les dicotylées, qui se développent plus tard. Ici donc, *comme partout*, il y a un ordre, un plan dans la nature [1]. » Qu'on se reporte

---

1. AGASSIZ, *De l'Espèce en zoologie*, page 175.

au paragraphe consacré aux plans de structure générale [1] ; comparez le plan des gymnospermes, d'abord à celui des cryptogames vasculaires ou cellulaires, puis à celui des monocotylédones ; ajoutez à cela ce fait capital, à savoir, que l'agent de la fécondation chez les cryptogames vasculaires est un anthérozoïde cilié, doué de locomotilité, tandis que l'agent fécondateur chez les gymnospermes est un grain pollinique sans cils et dénué de toute faculté locomotrice ; enfin, après cet examen de différences inconciliables entre les gymnospermes et les cryptogames, constatez que les gymnospermes sont construites sur le même plan que les dicotylées, sauf que leurs vaisseaux sont incomplets et leur ovule nu ; alors vous apparaîtra nettement quel voile épais peut s'étendre sur les yeux du savant le plus sincère quand il a eu l'imprudence de se laisser envahir par une idée *a priori* [2].

En prenant pour critérium la différenciation et la variété des tissus, la localisation des organes et les

---

1. Voir page 317-318.
2. Dans trois communications, du reste très instructives, faites par M. Ad. Chatin à l'Académie des sciences, 6 novembre, 4 décembre 1893 et 9 avril 1894, on retrouve le même genre d'aberration, lequel peut se formuler ainsi : La création est faite d'après la loi du perfectionnement graduel ; or les gamopétales hypogynes, toutes hermaphrodites, ont été rencontrées dans les terrains de la formation la plus récente, donc elles sont au sommet de la hiérarchie végétale. De là pour justifier cette prééminence de la gamopétalie et de l'hermaphrodisme une série de raisonnements et de considérations dont la subtilité n'a d'égale que la fausseté.

agents de la reproduction, voyons ce que nous donnera l'examen des végétaux [1] :

I. — Variété des tissus.

Lorsqu'on examine au microscope une tranche aussi fine que possible de la racine, de la tige, des feuilles ou des organes floraux, dans un végétal quelconque, cette tranche montre un grand nombre de cavités diverses, les unes complètement circonscrites par des parois, les autres dépourvues de parois propres et occupant les intervalles des premières ; leur ensemble présente l'apparence d'un tissu ; de là le nom de *tissu végétal*.

Les cavités closes présentent trois modifications principales :

1° Elles ont un diamètre à peu près égal dans tous les sens : on les nomme *cellules*;

2° Elles sont plus longues que larges, et leurs deux extrémités amincies en fuseau : on les nomme *fibres*;

3° Elles forment des sacs très allongés dont on ne peut voir les extrémités sous le microscope : on les nomme *Vaisseaux* [2].

Les études d'embryogénie végétale ont démontré

---

1. Les éléments des paragraphes qui vont suivre sont empruntés, en grande partie, aux communications faites par M. Ad. Chatin.
2. LEMAOUT et DECAISNE, *Traité de botanique*, page 90.

que l'élément primitif est la cellule ; puis se forment et se différencient les fibres et les vaisseaux. Il résulte de là que la plante restée cellulaire à l'état adulte est regardée comme un arrêt de développement de la plante fibro-vasculaire; elle est donc inférieure à celle-ci.

Au plus bas de l'échelle sont les acotylédones exclusivement cellulaires, tels que les algues, les champignons, les lichens.

Au sommet de l'échelle sont les cotylédones, parce que chez elles les fibres et les vaisseaux ont l'organisation la plus variée.

Entre les acotylédones cellulaires et les cotylédones s'intercalent les fougères, acotylédones qui ont des vaisseaux, mais d'une organisation moins variée que celle des cotylédones.

II. — **Localisation des organes.**

La localisation des organes est la disposition, sur des points déterminés, de chacun des appareils, et la séparation ou distinction de cet appareil d'avec tous les autres, de ses voisins surtout.

Le terme opposé à la localisation, c'est la diffusion, la confusion et la soudure en un tout plus ou moins homogène du calice, de l'ovaire, des étamines et des pétales.

I. RACINE. — Chez les dicotylées, la racine est pivotante, c'est-à-dire bien localisée en un seul axe, lequel est opposé, base à base, à la tige ; la durée de la racine n'a pas d'autre limite que celle même de la durée de l'individu ; c'est la racine primordiale.

Chez les monocotylées, les racines, au lieu d'être pivotantes, ont en général une base multiple, c'est-à-dire qu'elles se composent de faisceaux simples ou peu ramifiés naissant tous du collet ; elles sont composées de multiples parties homologues, ce qui est un caractère de dégradation.

Les racines primordiales des monocotylées ont une faible durée ; elles disparaissent successivement de bas en haut, et sont remplacées par des racines adventives ou secondaires.

Les acotylées vasculaires (fougères, équisétacées, etc.) ont seulement les racines adventives ou secondaires.

Les acotylées cellulaires (algues, champignons, etc.) n'ont ni racines primaires, ni racines secondaires ; ce sont des cellules qui s'allongent dans le sol pour s'y enfoncer.

II. Tige. — Chez les dicotylées, la tige est formée d'un axe simple, qui va se divisant en axes secondaires ; ces axes secondaires sont nés de bourgeons placés à l'aisselle des feuilles.

Chez les monocotylées, les tiges sont multiples ou simples ; quand elles sont simples, le tronc n'est pas ramifié, la tige reste simple par l'arrêt de développement des bourgeons axillaires.

La description de la structure des tiges chez les

dicotylées, les monocotylées et les acotylées a été donnée précédemment[1].

III. Feuilles. — Chez les dicotylées, les feuilles ont généralement à leur base un pétiole où convergent et se localisent les faisceaux vasculaires, puis un limbe dans lequel ces vaisseaux s'épanouissent. A la conjugaison des faisceaux succède donc leur disjonction.

Chez les monocotylées, au contraire, à la place du pétiole dont les éléments vasculaires sont localisés, est une gaine circulaire d'où les faisceaux, restés parallèles, s'élèvent dans une sorte de limbe, continuation de la gaine. Ici donc, ni concentration ou localisation des faisceaux fibro-vasculaires au voisinage de la tige, ni disjonction ultérieure. C'est ainsi que, par défaut de localisation, les feuilles, comme la racine et la tige, placent les monocotylées au-dessous des dicotylées.

Chez les acotylédones, les feuilles ont la même organisation que la tige. Les fougères sont au premier rang par leurs feuilles à nervation qui rappellent celles des dicotylées. Chez les acotylées inférieures, les feuilles et la tige sont représentées par une fronde entièrement composée de cellules.

IV. Fleur. — Dans les plantes cotylédonées, la fleur est un assemblage de verticilles de feuilles diversement transformées ; ces verticilles, ordinairement au nombre de quatre, sont disposés l'un au-dessus de l'autre, en anneaux ou étages tellement rappro-

---

1. Voir pages 315-318.

chés que leurs entre-nœuds ne sont pas distincts.

Le premier verticille ou *calice* étant le plus rapproché des feuilles est aussi celui qui leur ressemble le plus.

Le deuxième verticille ou *corolle* subit des modifications plus considérables; le tissu s'est raffiné, la couleur est plus éclatante, mais l'onglet des pétales, leur limbe, leurs nervures et leur forme, ordinairement plané, rappellent encore les feuilles ordinaires.

Le troisième verticille ou *androcée*, qui comprend les organes mâles ou étamines, offre une grande analogie avec le second. La transformation réciproque des étamines et des pétales s'opère quelquefois dans une même fleur par des transitions insensibles (chez le *nymphœa*). Les fleurs doubles des jardiniers sont des fleurs où les étamines ont subi la métamorphose en pétales.

Le quatrième verticille, *gynécée* ou *pistil*, est le plus intérieur. Le pistil se compose d'une ou plusieurs feuilles appelées *carpelles*. Le limbe des carpelles, qui renferme et protège les ovules, est appelé *ovaire*. Il en a été parlé précédemment.

La situation centrale du pistil et la pression des organes environnants l'exposent à des altérations diverses et surtout à des soudures qui déguisent son origine; mais quand les feuilles carpellaires qui le composent sont libres entre elles (chez l'*ancolie*) ou solitaires (chez le *pois*), leur nature foliacée est facile à reconnaître.

Chez les dicotylées, la distinction ou localisation du

calice et de la corolle est très nette, tant par le point d'attache des deux enveloppes que par leur consistance et leur coloration.

Chez les monocotylées, les deux enveloppes se confondent à tel point que des botanistes éminents ont pu soutenir, les uns qu'elles n'ont pas de calice, les autres qu'elles manquent de corolle. Ces deux opinions sont fausses toutes les deux, car les deux verticilles sont très distincts au premier âge par la position concentrique et alterne de leurs mamelons respectifs [1]. L'enveloppe florale unique des monocotylées est désignée ordinairement par le nom de *périanthe simple*, ce qui ne préjuge rien sur la nature de l'enveloppe qui a disparu.

Parmi les plantes, les unes n'ont pas de pétales, *plantes apétales;* d'autres ont tous leurs pétales libres, *plantes polypétales;* les autres ont les pétales soudés en totalité ou partiellement, *plantes gamopétales.*

Les étamines ainsi que la corolle sont dites *hypogynes* (*hypo* sous, *gyne* l'organe femelle) quand elles sont libres d'adhérence avec le pistil et avec le calice et qu'elles naissent *au-dessous* de la base du pistil (chez les primevères, par exemple).

Elles sont dites *périgynes* (*péri* autour de, *gyne* l'organe femelle) lorsqu'elles s'insèrent sur le calice et se trouvent élevées à une certaine hauteur au-dessus de la base du pistil, de sorte que, relativement au pistil,

---

1. Ad. Chatin, *Comptes rendus*, 4 décembre 1893.

elles sont latérales au lieu d'être inférieures (chez la campanule, par exemple).

Elles sont dites *épigynes* (*épi* sur, *gyne* l'organe femelle) lorsqu'elles s'insèrent sur le pistil même (chez la garance, par exemple).

III. — **Organes et agents de la fécondation.**

1. L'OVULE NU DES GYMNOSPERMES. — L'ovule des gymnospermes est nu, c'est-à-dire dépourvu d'ovaire, de style et de stigmate; cette absence d'une enveloppe et de ses appendices met-elle l'ovule des gymnospermes en état d'infériorité relativement à l'ovule des angiospermes? Pour que l'ovule nu fût inférieur, il faudrait que, par cette privation d'enveloppe et d'appendices, cet ovule devînt moins apte à la fécondation et par conséquent moins propre à propager l'espèce. Il n'en est rien, la sûreté de la fécondation chez les conifères et la fertilité de celles-ci, non seulement ne le cèdent pas à celles des angiospermes, mais elles les surpassent peut-être. Les conifères, en effet, ont joué le rôle le plus considérable aux époques géologiques les plus reculées; aujourd'hui elles sont l'une des familles les plus nombreuses et les plus répandues sur la terre.

On ne peut pas dire que l'enveloppe-ovaire est destinée à protéger l'ovule contre les rigueurs de la température puisque, au contraire, ce sont les ovules nus qui résistent le mieux aux froids des hautes altitudes. Les ovules protégés des angiospermes ont besoin d'un climat plus tempéré; ils succombent là où vit et s'épanouit l'ovule gymnospermique. Cela prouve qu'il y a, non pas deux types d'une perfection graduelle, mais simplement deux types différents.

Il y a plus! c'est qu'une cause de stérilité fréquente pour les ovules angiospermiques est inconnue aux ovules nus des conifères. Il existe, en effet, des cas assez nombreux où le pistil d'une plante est trop long pour que les tubes polliniques puissent atteindre l'ovaire, la fécondation ne peut avoir lieu[1]. L'ovule nu des gymnospermes est à l'abri d'une telle cause de stérilité; le grain de pollen tombe directement sur le micropyle; le tube pollinique n'a pas de chemin à faire pour atteindre le sac embryonnaire, il y pénètre immédiatement. En outre, l'abondance du pollen des conifères est telle que le vulgaire donne le nom de pluie de soufre aux émissions prodigieuses de poussière fécondante que projettent les anthères, au moment de la déhiscence.

En résumé, puisque la nudité de l'ovule des gymnospermes, loin de nuire à sa fécondation, est souvent un avantage en regard des cas fréquents de stérilité qui atteignent les ovules munis d'un ovaire, d'un style et d'un stigmate, il s'ensuit que cet ovule nu ne constitue point pour les gymnospermes un caractère d'infériorité; c'est un type différent, mais ce n'est pas un type inférieur.

1. DARWIN, *Origine des espèces*, page 285.

II. Végétaux dioïques, monoïques, hermaphrodites. — Sous l'empire de cette idée *a priori* que l'apparition successive des êtres s'est faite en gradation perfectionnée, certains botanistes, s'appuyant sur la découverte des gamopétales hypogynes, toutes hermaphrodites, dans les terrains de la formation la plus récente, concluent de ce fait que les gamopétales hypogynes sont au plus haut degré de l'échelle végétale. Comme les plantes trouvées dans les terrains anciens sont des algues, il s'ensuit que la série graduelle des perfectionnements en ligne continue doit s'élever des algues aux gamopétales hypogynes. L'examen des végétaux au point de la vue de la disposition topique des organes sexués, dans la succession des âges qui s'étendent du terrain cambrien aux terrains quaternaires, donne les résultats suivants : Le premier mode de reproduction est la reproduction asexuée, autrement dit l'*agamie*. Lorsque apparaissent des organes sexuels, comment sont-ils répartis et localisés ? On voit, soit un seul sexe sur un individu, soit les deux sexes, mais notablement distants, sur le même individu ; le premier cas est la forme *dioïque*, le second cas est la forme *monoïque*.

Les cryptogames cellulaires sont dioïques et monoïques, c'est-à-dire que dans une même famille on trouve des groupes d'individus tantôt dioïques, tantôt monoïques. Les cryptogames vasculaires sont toutes monoïques. Les gymnospermes sont, les unes, à savoir, les cycadées, dioïques ; les autres, à savoir, les conifères, monoïques. La troisième forme, l'*herma-*

phrodisme, c'est-à-dire la disposition qui réunit les deux sexes, étamines et pistil, en un même centre apparaît postérieurement pour la première fois chez quelques monocotylédones; dans la suite des siècles, l'hermaphrodisme se développe parallèlement avec les deux autres formes; il devient la règle générale, mais non exclusive, chez les dicotylées gamopétales; il règne enfin sans partage avec les gamopétales hypogynes. Or, d'après nos botanistes théoriciens, les gamopétales hypogynes sont placées au sommet de la hiérarchie végétale, il s'ensuit que l'hermaphrodisme, apanage spécial des gamopétales hypogynes, est le suprême degré de perfection qu'ait atteint **la disposition systématique des organes sexuels.**

A défaut d'un critérium indiscutable, comme l'est le type humain pour le règne animal, le guide le plus sérieux et le moins arbitraire pour le **règne végétal** est sans contredit la localisation des organes et le perfectionnement dans la division du travail physiologique. De même que l'homme est dioïque ainsi que tous les mammifères, tous les oiseaux et tous les reptiles, c'est-à-dire tous les animaux de l'ordre le plus élevé, de même l'état dioïque ou *diœcie* est l'état supérieur pour les végétaux; puis vient l'état monoïque ou *monœcie;* au dernier rang, l'*hermaphrodisme,* car c'est l'état où, au lieu de séparation et de distinction, on a la concentration et même la soudure plus ou moins étroite de l'ovaire et des étamines.

Ce classement donné par le critérium adopté a reçu la confirmation la plus éclatante des travaux de

Gœrtner, de Lecoq, etc., ainsi que des observations et des ingénieuses expériences de Darwin sur les plantes dimorphes. De la multitude des faits recueillis se déduit une grande loi naturelle qui s'applique également aux plantes et aux animaux, elle s'énonce ainsi : « Le croisement d'animaux et de plantes qui ne sont pas en relations de parenté trop rapprochées est avantageux et même nécessaire ; la reproduction consanguine prolongée pendant un trop grand nombre de générations peut avoir les conséquences les plus nuisibles [1]. »

De toutes les plantes, les plus exposées à la fécondation consanguine sont incontestablement les hermaphrodites. C'est un fait mille fois vérifié qu'une plante hermaphrodite gagne à être fécondée par le pollen d'une autre plante appartenant à la même espèce. Ce croisement entre deux individus de la même espèce est ordinairement opéré, dans la nature, par l'intermédiaire des insectes, de sorte qu'au fond, la fécondation se fait comme si les plantes, quoique hermaphrodites, étaient en réalité dioïques. Les expériences de Darwin sur les plantes dimorphes ont fait la lumière complète sur ce fait capital. On a vu précédemment [2] que les expériences de Darwin sur les primevères brévistyles et les primevères longistyles, sur les lins brévistyles et les lins longistyles, se résumaient en les deux points suivants :

---

1. Darwin, *Variations*, tome II, page 153.
2. Voir page 330.

1° Si chaque plante dimorphe est mise à l'abri de la visite des insectes, la plante reste stérile, la fécondation ne peut donc s'opérer que par l'intermédiaire des insectes ;

2° Lorsque chaque plante longistyle est fécondée par le pollen d'une plante brévistyle ou réciproquement, les produits sont plus abondants et plus vigoureux que si la plante était fécondée par *son propre pollen ;* il en est ainsi chez les primevères. Bien plus, chez les lins, chaque plante ne peut être fécondée par son propre pollen, il faut le pollen d'une plante ayant la forme contraire.

Au point de vue du résultat de la fécondation, les plantes dimorphes se comportent comme si elles étaient dioïques; chacune gagne à être fécondée par un autre individu.

III. Les anthérozoïdes locomotiles, les zoospores, le pollen. — La supériorité des anthérozoïdes locomotiles et des zoospores sur le pollen immobile est tellement frappante que, comme on l'a vu plus haut [1], Linné lui-même, ce grand homme doué du plus admirable esprit philosophique, faisait de ces agents le lien qui rattachait le règne végétal au règne animal.

IV. — Résumé et conclusion.

En résumé, le seul critérium sérieux qui ait quelque valeur est celui qui est fondé sur la variété et la

1. Voir page 356.

différenciation des tissus, sur la localisation des organes et sur le perfectionnement du travail physiologique, principalement de la fécondation. Le classement qui dérive de l'application de ce critérium pourrait, dans ses grandes lignes, être le suivant :

1° *Au point de vue de la différenciation des tissus et de la structure caulinaire*, au sommet de l'échelle siègent les dicotylédones ; puis viennent les monocotylédones, les cryptogames vasculaires, et au dernier échelon les cryptogames cellulaires ;

2° *Au point de vue de la position des organes sexuels*, au sommet sont les plantes dioïques, puis viennent les plantes monoïques, les hermaphrodites ; au plus bas sont les plantes agames. Comme ces formes différentes se trouvent conjointement [1] dans les trois embranchements du règne végétal, tout classement en ligne droite est impossible ;

3° *Au point de vue des agents de la fécondation*, les cryptogames, avec leurs zoospores et leurs anthérozoïdes locomotiles, sont au premier rang ; les cotylédones, avec leur pollen dénué de toute faculté locomotrice, ne viennent qu'après les cryptogames. Il n'y a pas de raison valable pour ranger les gymnospermes au-dessous des angiospermes ; il y en aurait plutôt une pour les mettre au-dessus.

Comme on le voit, par certains côtés, tel groupe est supérieur à tel autre ; par un autre côté, il lui est infé-

---

1. Sauf l'*agamie* qui n'appartient qu'aux cryptogames cellulaires.

rieur. Si toutefois un caractère doit être à bon droit placé au-dessus des autres, c'est celui que donne *le plan de structure de la tige*, car il est l'expression même de la conception du type végétal ; les fonctions et les appareils fonctionnels, au fond, ne sont là que pour servir à la persistance du type et à sa perpétuation. Quoique inséparables du type structural, ils n'en sont pas moins, au point de vue logique, subordonnés à la réalisation du type lui-même. Avant d'introduire les fonctions vitales dans Galathée, il faut préalablement que Pygmalion ait réalisé dans le marbre le type féminin qui doit être Galathée. Concluons donc qu'il sera légitime de s'appuyer sur le plan structural lorsqu'il s'agira d'apprécier l'ordre d'apparition des végétaux dans la succession des époques géologiques. Mais ce sera moins pour formuler un jugement ferme sur le fond des choses que pour réduire à néant les funestes théories *a priori*, virus destructeurs de tout progrès scientifique aussi bien que de toute saine philosophie.

CHAPITRE IV

APPARITION DES VÉGÉTAUX DANS LES ÈRES GÉOLOGIQUES

Au chapitre intitulé « Ères géologiques et classification des animaux », nous avons donné l'énumération des périodes que comprend chaque ère géologique.

Nous avons également donné, pour la durée chronologique, l'estimation des physiciens et celle des géologues, soit 20 millions d'années d'après les physiciens, et 100 millions d'après les géologues.

Rappelons enfin à la mémoire la loi des concordances et celle des extinctions :

1° *Loi des concordances.* Lorsqu'une flore apparaît dans une certaine couche géologique, elle apparaît dans la même couche sur toute la surface du globe. Les modifications qui se font dans cette flore ne sont pas isolées, c'est-à-dire bornées à telle ou telle région, elles s'étendent simultanément sur toute la surface du globe.

2° *Loi des extinctions*. Lorsqu'une espèce végétale s'éteint dans une région déterminée du globe, c'est pour toujours ; jamais dans la suite il n'y aura retour de cette espèce dans les couches d'origine plus récente.

Ces deux lois ont régi le monde végétal pendant tout le temps où régna sur la terre l'uniformité de climat, c'est-à-dire jusqu'à la période crétacée ; cet espace de temps comprend 19 millions d'années d'après les physiciens, ou 94 millions d'après les géologues.

Durant cette longue série de siècles, les renouvellements de flores furent nombreux et complets ; cela rend impossible pour la flore contemporaine **toute** descendance par filiation continue des flores géologiques. Aussi lorsqu'on dit : Telle cycadée apparut à telle période, tel peuplier à tel autre, cela ne **signifie** point que les cycadées actuelles ou les peupliers contemporains sont les descendants de cette cycadée ou de ce peuplier ; cela signifie uniquement que le **type** du genre cycadée ou le type du genre peuplier a fait à telle époque sa première apparition. « Les **platanes** et les tulipiers (magnoliacées), dit M. de Saporta, se montrent à nous de très bonne heure, dès le milieu de la période crétacée. Cette apparition initiale répond à celle de *type* et nous apercevons clairement les ancêtres éloignés en tant que types de nos platanes, de nos peupliers et de nos tulipiers. Mais il ne s'ensuit pas que *nos formes actuelles soient les descendants directs* de chacune de ses formes prototypiques ou de l'une prise séparément. C'est seulement plus **tard et** dans le cours du tertiaire que les traces de notre platane ordinaire, que l'ancêtre visible du tulipier américain et les prédécesseurs évidents des peupliers actuels se laissent clairement apercevoir et se dégagent enfin des formes prototypiques [1]. » Ainsi, de l'aveu même de l'un des plus éminents partisans de l'évolution par descendance modifiée, *il n'y a pas filiation* entre nos arbres forestiers contemporains et les prototypes qui ont apparu *avant l'ère tertiaire*.

Si l'on ne peut rattacher par filiation nos arbres contemporains aux prototypes anciens, l'impossibilité d'expliquer l'apparition d'un type tel que celui des dicotylédones au milieu des flores cryptogamiques est bien autrement grande : elle est absolue. Il en est de même de l'apparition des premières monocotylées. Rien dans la théorie de l'évolution darwiniste n'est capable de rendre compte de ces deux faits. « L'origine première des dicotylées forestières, dit M. de Saporta, est tout aussi obscure, tout aussi difficile à saisir et à expliquer que celle des monocotylées. Avant la craie moyenne, on n'a pas jusqu'ici signalé de vestiges certains de dicotylées, ni même d'angiospermes avérées. C'est seulement à partir de la craie moyenne que les dicotylées, auparavant inconnues [2], se montrent et se multiplient

---

1. Saporta, *Origine des Arbres*, page 36.
2. M. de Saporta distrait à tort les gymnospermes de l'embranchement des dicotylées. Les gymnospermes sont, en effet, l'un des obstacles les plus gênants à toute théorie évolutionniste.

rapidement de manière à obtenir presque aussitôt la prépondérance... Comme dès cette époque on peut signaler sans trop d'incertitude des myricées et des cupulifères, des salicinées et des platanes, des magnoliacées, ménispermées, sapindacées, enfin jusqu'à des apocynées, il ressort de cet ensemble d'indices que *les types les plus divers de la classe se seraient développés simultanément* [1]. »

En résumé, l'*apparition subite*, non seulement des types d'embranchements, dicotylédones et monocotylées, mais des types les plus divers de la classe des dicotylées angiospermes, *exclut toute possibilité d'évolution et de filiation*.

Comme point de repère et pour faciliter la compréhension de ce qui va suivre, voici un tableau concis de la classification du règne végétal en commençant par les acotylédones :

I. Acotylédones — 1° *Cellulaires* : algues, champignons, lichens, hépatiques, mousses.

2° *Vasculaires* : lycopodiacées, marsiléacées, équisétacées, fougères.

II. Monocotylédones. — *Exalbuminées* [2] : butomées, alismacées, etc.

2° *Albuminées* : palmiers, graminées, pandanées, liliacées, cypéracées, orchidées, etc.

---

1. Saporta, *Origine des Arbres*, pages 136-138.
2. Les monocotylées sont appelées *exalbuminées* lorsque l'albumen destinée à alimenter l'embryon a été absorbé en totalité ; et *albuminées*, lorsque l'albumen n'a été consommé qu'en partie ; le reste se concrète jusqu'à l'époque de la germination.

III. Dicotylédones. — 1º *Gymnospermes* : Cycadées, conifères (4 tribus : abiétinées, cupressinées, taxinées, gnétacées);

2º *Angiospermes* : A. *Fleurs à périanthe nul ou simple* : bouleau, chêne, noyer, platane, saule, peuplier, etc.

B. *Fleurs apétales* : polygonées (rumex, renouées, sarrasin); aristoloche, etc.

C. *Fleurs polypétales* : 1º Périgynes : papilionacées, rosacées, ombellifères, etc.

2º Hypogynes : crucifères, renonculacées, magnoliacées, malvacées, polygalées, acérinées (érable, négundo), sapindacées (savonnier, paullinia).

D. *Fleurs gamopétales*: 1º Périgynes : campanulacées, composées, caprifoliacées, valérianées, etc.

2º Hypogynes : labiées, solanées, gentianées, scrofularinées, etc.

On n'attachera à ce tableau aucune idée d'échelle graduée en dehors des quatre embranchements (acotylédones cellulaires, acotylédones vasculaires, monocotylédones, dicotylédones) fondés sur la différence de plan structural. Nous avons donné au chapitre précédent les raisons pour lesquelles on ne peut légitimement classer les végétaux en série hiérarchique.

I. — Ère primaire.

I. Période cambrienne. — Nul vestige de plantes, si ce n'est d'algues marines en Scandinavie. Nous avons dit comment la nature molle et peu consistante des cryptogames inférieurs rendait extrêmement difficile la conservation de ces végétaux.

II. Période silurienne. — Apparition des lycopodiacées, cryptogames vasculaires, avec le genre *psilophyton*, à la fois en Amérique et en Angleterre.

III. Période dévonienne. — Les lycopodiacées sont représentées par leur genre le plus élevé, à savoir, le *lepidodendron*[1].

Les calamariées, qui ne sont plus représentées aujourd'hui que par le genre *equisetum* (prêle), font leur apparition avec les genres *annularia* et *astérophyllites*.

Il en est de même des fougères, dont les unes étaient herbacées, les autres arborescentes.

Le fait le plus remarquable de la période dévonienne est l'apparition du type cycadée avec le *cordaïtes Robbii* (B. Renault), genre le plus ancien de l'importante famille des cordaïtées. Ainsi, en même temps que les acotylédones vasculaires, apparaît le type des dicotylédones gymnospermes, d'une part; d'autre part, ce dernier type précède celui des monocotylédones, lequel lui est inférieur. Ces deux faits sont contraires, d'abord à la théorie de l'évolution, ensuite à celle du perfectionnement graduel.

IV. — Période permo-carbonifère. — M. Grand'Eury a fait de cette période une classification en cinq phases.

1. La majeure partie des faits est empruntée à M. B. Renault, *Plantes fossiles*, qui a dressé des tableaux synoptiques des genres éteints et des genres survivants.

Dans la première phase, outre les calamariées, les lycopodiacées et les fougères, apparaît le type des conifères (dicotylédones gymnospermes), tribu des gnétacées, *calamodendron*, *arthropitis*, *bornia* (B. RENAULT).

Dans la deuxième phase, règnent les mêmes cryptogames vasculaires et la grande famille des cycadées, à savoir, les Sigillariées lisses et cannelées.

La troisième phase est caractérisée par la décadence des lycopodiacées et par la présence des grandes fougères. La famille des cordaïtées (cycadées) devient commune [1].

Dans la quatrième phase, la tribu des abiétinées, classe des conifères, est représentée par le *walchia*, type du genre araucaria; la tribu des taxinées, par le *Gingkophyllum*, type du genre gingko ou salisburia; le genre gingko est encore représenté aujourd'hui par des arbres qui, en Chine et au Japon, sont considérés comme sacrés. Ils peuvent atteindre plus de 20 mètres de hauteur et 4 mètres de diamètre [2]. L'apparition de ces conifères nouvelles s'ajoute à la persistance des types précédents.

Dans la cinquième phase, la tribu des cupressinées (conifères) apparaît, représentée par le *Thuyites Parryanus* (HEER), type du genre thuya.

« D'après les observations de M. Grand'Eury, les types végétaux de cette époque, tant cryptogames que

---

1. A. DE LAPPARENT, *Traité de Géologie*, pages 802-803.
2. B. RENAULT, *Plantes fossiles*, page 321.

gymnospermes, paraissent avoir atteint d'emblée leur plus grande perfection. Leurs congénères actuels sont à la fois incomparablement plus petits et aussi moins élevés en organisation [1].

Des faits de l'ère primaire on déduit les conclusions suivantes :

1º L'apparition simultanée des cryptogames vasculaires et des dicotylédones gymnospermes (cycadées) dans la période dévonienne est contraire à la théorie de l'évolution.

2º L'apparition des dicotylées gymnospermes, cycadées et conifères (tribus des gnétacées, des abiétinées, des taxinées et des cupressinées), avant les monocotylédones est contraire à la théorie du perfectionnement graduel, relativement aux embranchements.

3º L'apparition de types végétaux incomparablement plus élevés en organisation que les types correspondants actuels est contraire à la théorie du perfectionnement graduel, relativement aux genres.

II. — Ère secondaire.

1. Période triasique. — Les conifères, les cycadées abondent ainsi que les fougères arborescentes. C'est dans le trias qu'apparaît la première monocotylédone, le *Yuccites rogesiacus* (B. Renault), type du genre yucca, hermaphrodite, famille des liliacées.

1. A. de Lapparent, *Traité de Géologie*, page 802.

II. Période liasique. — Dans le lias blanc anglais apparaît une seconde monocotylédone, le *bambusum liasicum*, type du genre bambou, hermaphrodite, famille des graminées.

III. Période oolithique. — D'autres monocotylédones, famille des cypéracées, hermaphrodites, et des pandanées dioïques, apparaissent, tandis que règnent des cycadées et des conifères de haute taille. Un *Gingko*, *salisburia sibirica* (Heer) trouvé en Sibérie, dans le jurassique supérieur, atteste qu'à cette date le type du gingko, définitivement constitué, ne différait par aucun détail caractéristique de ce qu'il est encore sous nos yeux [1].

IV. Période infra-crétacée. — Des pins, des sapins et des cèdres se montrent associés aux types tropicaux, mais aussi bien près du pôle, au Groënland, que dans l'Europe centrale, ce qui atteste que les climats devaient offrir une grande uniformité.

Dans l'infra-crétacé du Groënland, M. Heer a découvert une feuille qu'il a attribuée à un peuplier ; ce peuplier, *populus primæva*, serait, dans ce cas, la plus antique dicotylédone angiosperme que l'on connaisse ; il était associé à des pins, à des séquoias, à des cycadées.

V. Période crétacée. — Première apparition certaine des dicotylédones angiospermes ; ces plantes à fleurs et à feuillages caducs indiquent une lumière solaire suffisamment vive et un certain jeu des saisons [2].

---

1. Saporta, *Origine des Arbres*, pages 53-55.
2. A. de Lapparent, *Traité de Géologie*, page 1068.

Parmi les dicotylédones apétales, on compte le chêne et le bouleau, monoïques, le saule, dioïque; le laurier, hermaphrodite; le noyer et le figuier, monoïques (tableaux de B. RENAULT).

Parmi les dicotylées polypétales, on compte l'aralia, le magnolia, le cytise, le cassia et l'eucalyptus, toutes plantes hermaphrodites.

Les dicotylées gamopétales font encore défaut.

C'est dans la période crétacée qu'apparaissent les premiers palmiers, *flabellaria*, monocotylédones monoïques ou dioïques, rarement hermaphrodites.

Le pêle-mêle de monœcie, de diœcie et d'hermaphrodisme dans lequel apparaissent les premiers monocotylées et les premières dicotylées angiospermes ne permet point de déduire quelque conséquence relativement à un plan suivi, encore moins à un perfectionnement graduel.

III. — Ère tertiaire.

I. PÉRIODE ÉOCÈNE. — L'Europe est envahie par une mer appelée mummulitique, laquelle constituait une Méditerranée quatre ou cinq fois plus grande que la nôtre; cette mer touchait au tropique vers le Sud. La température qui suivit cette invasion est la plus élevée que l'Europe ait connue aux temps tertiaires. Les palmiers abondent en France; les cocotiers prospèrent en Angleterre; les arbres à feuilles caduques sont relégués sur les hauteurs d'où ils ne descendent qu'à la fin de l'éocène. La période s'achève à peu près dans ces conditions sans que les régions les plus voisines du pôle cessent de nourrir une végétation qui témoigne d'une moyenne supérieure d'une vingtaine de degrés à celle que l'on constate de nos jours dans les mêmes parages [1].

Les palmiers n'ont d'étroite affinité avec aucune des familles de l'embranchement auquel ils appartiennent (monocotylédones) [2], ce qui est défavorable à la théorie de l'évolution.

II. Période oligocène. — La flore est plus riche que celle de l'éocène; elle est remarquable par le développement des laurinées, des érables, des charmes, etc., ainsi que par celui des plantes aquatiques.

III. Période miocène. — Cette période se distingue par la marche envahissante des arbres à feuilles caduques, notamment des peupliers, des érables, lesquels n'ont jamais été plus abondants en Europe qu'à l'époque miocène. C'est dans cette période qu'on a trouvé le premier *éphédra*, conifère, tribu des gnétacées.

IV. Période pliocène. — La flore européenne commence par perdre les grands palmiers et les camphriers; seul le palmier *chamærops humilis* parvient à se maintenir jusqu'à la fin de la période aux environs de Marseille; puis après avoir conservé quelque

---

1. A. de Lapparent, *Traité de Géologie*, page 1121.
2. Lemaout et Decaisne, *Traité de botanique*, page 645.

temps les séquoias (conifères, tribu des abiétinées), et les bambous, l'Europe se peuple d'espèces *très voisines* de celles qu'elle possède aujourd'hui, mais destinées à reculer vers le sud, dans les âges suivants. Le chêne, le hêtre, le peuplier, le noyer, le mélèze, sont prépondérants au centre de la France, offrant quelques types dont les identiques doivent être aujourd'hui demandés à la flore de l'Algérie, à celle du Portugal et même au Japon. Plusieurs espèces végétales du pliocène européen sont aujourd'hui indigènes des grandes forêts de l'Amérique[1].

C'est dans l'ère quaternaire que se développe la flore que nous avons aujourd'hui.

IV. — Conclusions.

Tout en maintenant les réserves qu'il est prudent de faire sur la valeur d'un essai de classement hiérarchique parmi les végétaux, on peut légitimement, des faits géologiques, déduire les conclusions suivantes :

I. CERTAINS TYPES QUI D'EMBLÉE FURENT PARFAITS ONT SUCCOMBÉ APRÈS UNE DURÉE PLUS OU MOINS LONGUE ; ILS ONT ÉTÉ REMPLACÉS PAR DES TYPES INFÉRIEURS, CE QUI EST CONTRAIRE A LA THÉORIE DU PERFECTIONNEMENT GRADUEL. — Les types végétaux de la période permo-carbonifère, tant cryptogames que dicotylées gymnospermes, ont eu d'emblée leur plus grande perfection ; leurs congé-

---

1. A. DE LAPPARENT, *Traité de Géologie*, page 1212.

nères actuels sont à la fois plus petits et moins élevés en organisation.

II. L'APPARITION SUBITE, SIMULTANÉE, DE TYPES D'EMBRANCHEMENTS DIFFÉRENTS ET IRRÉDUCTIBLES EST CONTRAIRE A LA THÉORIE DE L'ÉVOLUTION PAR DESCENDANCE MODIFIÉE. — 1° Apparition simultanée de types d'embranchements différents, à savoir, cryptogames vasculaires et dicotylées gymnospermes (cycadées) dans l'ère primaire ;

2ᵉ Apparition subite du type des monocotylédones, dans le trias ;

3° Apparition subite et simultanée des types les plus divers des dicotylées angiospermes, dans la période crétacée ;

4° Apparition subite des palmiers, lesquels n'ont aucune affinité avec les autres genres de monocotylées, dans la période crétacée.

III. CERTAINS VÉGÉTAUX TRÈS ANCIENS SE SONT PERPÉTUÉS JUSQU'A NOUS SANS MODIFICATIONS PROFONDES, CE QUI EST CONTRAIRE AU PRINCIPE FONDAMENTAL DE L'ÉVOLUTION, A SAVOIR, DIVERGENCE DES CARACTÈRES A CHAQUE DESCENDANCE. — 1° Huit espèces de diatomées (algues, cryptogames cellulaires), trouvées dans les houilles d'Angleterre, se rapportent aux types de la nature actuelle ; elles n'ont pas varié depuis un nombre immense de siècles ;

2° L'espèce gingko trouvée dans le jurassique supérieur est à peu près identique à l'espèce aujourd'hui vivante.

IV. LE PÊLE-MÊLE DANS L'APPARITION SIMULTANÉE DE LA DIOECIE, DE LA MONOECIE ET DE L'HERMAPHRODISME DANS L'ÈRE SECONDAIRE EST CONTRAIRE A LA THÉORIE DE L'ÉVOLU-

TION AINSI QU'A CELLE DU PERFECTIONNEMENT GRADUEL. — Apparition simultanée de monocotylédones et de dicotylées angiospermes, dioïques, monoïques, hermaphrodites, dans l'ère secondaire.

Ces quatre conclusions peuvent se résumer dans la suivante :

L'APPARITION DES VÉGÉTAUX NE S'EST FAITE, NI SELON LA LOI D'UN PERFECTIONNEMENT GRADUEL, NI CONFORMÉMENT A LA THÉORIE DE L'ÉVOLUTION.

CHAPITRE V

LES VÉGÉTAUX PARASITES

I. — Phanérogames.

Les végétaux parasites sont des plantes végétant sur d'autres plantes dont elles s'assimilent les sucs nourriciers.

Certaines plantes parasites germent sur la plante qui est leur nourrice : tel est le gui, *viscum album*. Le gui n'a pas d'autres racines que l'organe qui s'enfonce dans l'écorce de l'arbre; son parasitisme est absolu.

D'autres plantes parasites commencent à végéter *avec leurs propres racines;* ce n'est que plus tard que leurs racines, ou quelques-unes seulement de leurs racines, s'accolent par leur extrémité organisée en suçoir aux racines des plantes voisines pour en absorber les liquides : tel est le mode de végétation des orobanches. Decaisne a constaté que le mélampyre, le thésium, le rhinanthe, l'euphraise, sont parasites de la même manière ; c'est un demi-parasitisme.

Chez les cuscutes, le mode de parasitisme diffère en ce que les suçoirs sont des mamelons très courts disposés le long de la tige, et que ces suçoirs s'attachent, non aux racines, mais aux tiges des plantes voisines ; celles-ci succombent promptement aux étreintes et à la succion des cuscutes.

Les plantes qui vivent sur les écorces des arbres réduites en terreau, mais n'en absorbent pas la sève, ne sont pas des parasites ; c'est donc à tort que vulgairement on leur donne ce nom : telles sont les orchidées exotiques dites *épiphytes* ou *épidendrées*, c'est-à-dire qui vivent sur les plantes ou sur les arbres.

Le gui n'est ordinairement pas un parasite dangereux ; toutefois le nombre de ses touffes peut devenir parfois assez considérable pour épuiser les arbres.

Il en est autrement des cuscutes ; elles tuent les plantes qu'elles enlacent de leurs nombreux filets ; c'est un des plus redoutables fléaux pour nos cultures.

II — Champignons.

I. MANIÈRE DE VIVRE DES CHAMPIGNONS. — Les champignons n'ont pas de feuilles ni de parties vertes, c'est-à-dire qu'ils n'ont pas de chlorophylle. La cellulose qu'ils renferment, ils l'empruntent aux plantes ou bien aux animaux et aux substances végétales en décomposition dans le sol, de sorte qu'on peut dire des champignons qu'en dévorant des plantes ou des animaux, ils *vivent à la manière des animaux*, et non à la manière des plantes, lesquelles puisent leur nourriture dans le sol ou dans l'air et n'empruntent rien aux autres êtres vivants [1].

II. HABITAT ET STATION DES CHAMPIGNONS PARASITES. — On trouve des champignons parasites sur des plantes appartenant à toutes les familles du règne végétal et sur les champignons eux-mêmes; sur les animaux vivants, vertébrés ou invertébrés, sur leurs cadavres et sur leurs déjections; dans les eaux stagnantes et dans la mer, au grand air ou dans les mines, dans les souterrains et dans les caves; il y en a même à l'intérieur de la terre, comme les truffes et ces mycéliums destructeurs que de Candolle appelle *rhizoctones* (κτείνω tuer, *rhiza* racine; qui tue les racines).

D'autres habitent nos maisons, envahissent nos climats, nos vêtements, nos ustensiles de toute sorte, les papiers de tenture et les livres dont la colle leur offre un aliment assimilable. On en trouve jusque dans les substances pharmaceutiques les plus actives, sur les pastilles de soufre, dans les solutions arsénicales [2].

III. POLYMORPHISME CHEZ CERTAINS CHAMPIGNONS PARASITES. — Certains champignons parasites revêtent, à des phases diverses de leur existence, des formes très différentes qui les ont fait décrire pour des espèces distinctes. En voici un exemple pris pour type :

---

1. TROUESSART, *Microbes*, page 9.
2. TROUESSART, *Microbes*, page 10.

Au printemps, sur les deux faces des feuilles du blé, ainsi que sur les chaumes, se présentent de petits points jaunes pulvérulents ; c'est la rouille du blé, l'*uredo linearis*, famille des urédinées, classe des champignons clinosporés. L'*uredo linearis* donne des spores qui, transportées sur les feuilles saines du blé germent et donnent une nouvelle tache de rouille ; c'est le *puccinia graminis*.

A l'époque de la moisson, le *puccinia*, devenu presque noir, donne à son tour des spores dont la membrane d'enveloppe est très épaisse. Les spores du *puccinia* ne peuvent germer sur une feuille de blé saine ni par conséquent lui communiquer la rouille. Elles doivent passer l'hiver sur le chaume du blé en attendant le printemps suivant, et alors même *elles ne peuvent se développer sur le blé en herbe*. Il faut qu'elles se développent préalablement sur les feuilles d'une autre plante, le *berberis* ou épine-vinette. Portées avec une goutte de pluie ou de rosée sur les jeunes feuilles de l'épine-vinette, les spores du *puccinia* y germent en formant des taches d'un brun rougeâtre sur les deux faces de la feuille ; ces taches sont l'*æcidium berberidis*.

L'*æcidium berberidis* donne, à la face supérieure des feuilles, des spores qui sont destinées à retourner sur le blé, le seigle ou sur toute autre graminée pour y reproduire la rouille primitive. Placées, en effet, sur une feuille des graminées, les spores de l'*æcidium* germent immédiatement et la couvrent bientôt de taches semblables à celles de l'année précédente, celles de l'*uredo linearis*. Et le cycle de végétation recommence[1].

Ce qui donne à ce phénomène son caractère le plus important, c'est que le cercle entier des phases de développement ne peut s'accomplir qu'à l'aide d'un changement de plante nourricière. Ce cycle des parasites végétaux est comparable à celui qui régit certains parasites animaux, tels que les ténias.

On a observé des phénomènes semblables chez l'ergot de seigle *sphacelia segetum*, chez le *rœstelia cancellata* du poirier, etc.

IV. Nombre immense des spores pour perpétuer les espèces. — Les spores des champignons sont si ténues, dit le botaniste suédois Fries, qu'un seul *reticularia* (champignon myxosporé) les présente par millions; si subtiles qu'elles échappent à nos sens; si légères qu'elles sont enlevées avec les vapeurs atmosphériques, et si nombreuses qu'il est difficile de concevoir un espace assez étroit pour en être complètement privé[2].

V. Maladies causées par les champignons. — A. *Chez les végétaux*. Aucun végétal n'est à l'abri de l'invasion des champignons. La vigne, à elle seule, est en proie aux atteintes de plus de cent champignons; les maladies de la vigne les plus répandues sont les suivantes : Le mildiou, *peronospora viticola* (champignon oosporé); l'anthracnose, *phoma uvicola* (cham-

---

1. Trouessart, *Microbes*, pages 14-15.
2. Lemaout et Decaisne, *Traité de Botanique*, page 729.

pignon clinosporé) ; le pourridié du midi, *agaricus melleus* (champignon basidiosporé) ; l'*oïdium tuckeri*, forme transitoire de l'*erysiphé* (champignon thécasporé), etc. Les pommes de terre, les céréales, les arbres fruitiers, sont la proie et la victime des champignons parasites.

B. *Chez les animaux*. L'homme est sujet à de hideuses et souvent mortelles maladies dues à des champignons. La teigne faveuse est causée par l'*achorion schœnlenii* (champignon hyphosporé, subdivision des arthrosporés); la teigne tonsurante, par le *trichophyton tonsurans* (hyphosporé, subdivision des trichosporés); le feu de Saint-Antoine ou mal des Ardents, par l'ergot de seigle, *sphacelia segetum*, forme transitoire du *claviceps purpurea* (champignon thécasporé); cette maladie a fait périr, en l'an 990, plus de quarante mille personnes dans le Limousin et le Périgord; la pellagre, par le verdet du maïs, *sporisorium maïdis* (champignon clinosporé); cette maladie débute par une sorte de lèpre qui attaque la figure, le cou, les mains et toutes les parties du corps exposées au soleil; puis elle occasionne des vertiges, des convulsions et bientôt la folie et la mort. On ne possède aucun moyen d'arrêter le verdet.

III. — Algues.

I. Définition des bactériens. — Les travaux de Pasteur et ceux de son école ont amené la découverte de tout un monde d'organismes invisibles, causes des fermentations. Les essais de nomenclature et de classification se sont rapidement succédé au fur et à mesure que les études plus approfondies faisaient mieux connaître ces agents microscopiques ; il s'en faut de beaucoup que le travail de définition précise soit achevé ; cette œuvre est réservée à l'avenir. Quoi qu'il en soit, on a commodément réparti les microbes qui intéressent le plus la médecine en deux vastes groupes, d'après leur forme ordinaire, à savoir, les microcoques et les bacilles.

A. *Microcoques*. Comme en grec grain se dit κόκκος, et petit μικρός, on a donné le nom général de *micrococcus*, *microcoque*, à tous les petits organismes qui ont la forme globuleuse, ou ovoïde, ou ovoïde-elliptique.

Lorsque les grains sont disposés en chaînette recourbée, on a pris l'adjectif grec στρεπτός recourbé pour appeler *streptocoque* le microbe qui apparaît sous cette forme.

Lorsque les grains sont disposés en grappe de raisin, on a pris le mot grec σταφυλή grappe de raisin pour appeler *staphylocoque* le microbe qui apparaît sous cette forme.

Le microbe qui consiste en un double grain enfermé dans une capsule a reçu le nom de *diplocoque*, du grec διπλόος double.

Enfin on ajoute souvent au mot *coccos* le nom de l'organe où l'on trouve le microbe. Exemple : le *pneumocoque*, microbe du poumon, en grec πνευμων.

Et ainsi de suite; ce système de nomenclature est clair et commode; par la terminaison *coccos*, coque, on reconnaît qu'il s'agit d'un corps globuleux ou ovoïde; par le préfixe grec *strepto*, *staphylo*, *pneumo*, etc., on sait quelle est la disposition des grains ou quel est l'organe où on les rencontre.

B. *Bacilles*. L'autre catégorie de microbes apparaît sous la forme de petits bâtons; comme en grec bâton se dit βακτήριον ou *Bacteria*, et en latin *bacillum* ou *bacillus*, on les a d'abord appelés indifféremment *bactéries* ou *bacilles*. Aujourd'hui la tendance est d'appeler *bactériens* tous les microbes, soit en forme de grains, soit en forme de bâtonnets; de constituer le genre *bacterium* avec les bâtonnets qui n'ont jamais plus d'un ou deux articles et qui, dans leur plus grand état de développement, ne présentent qu'une ou deux spores; de constituer le genre *bacillus* avec les bâtonnets qui s'allongent beaucoup et montrent dans leur protoplasma une série de spores. Voici en un résumé concis la nomenclature actuelle des bactériens selon leur forme :

1° Un globule isolé s'appelle : un *micrococque*;

2° Un bâtonnet court, cylindrique, isolé : un *bacterium*;

3° Des bâtonnets unis bout à bout plusieurs ensemble : un *bacillus*;

4° Un long filament simple : un *leptothrix* (*thrix* cheveu, *leptos* fin);

5° Un filament ramifié : un *cladothrix* (*thrix* cheveu, *clados* rameau);

6°. Un filament spiralé : un *spirillum*.

On nomme *essaims* les groupes de microbes, microcoques ou bacilles, rapprochés *sans l'intervention d'une matière muqueuse ou glaireuse*.

On appelle *zooglées* (ζῶον être vivant, γλοιος humeur visqueuse) des groupes plus considérables rapprochés au sein d'une matière muqueuse ou glaireuse.

Lorsque les bactériens vivent dans les matières organiques en décomposition et dans les cadavres, on les appelle *saprophytes* (σαπρός pourri, φυτόν plante).

Lorsque les bactériens déterminent dans un corps vivant une maladie particulière, épidémique ou contagieuse, ayant ses symptômes et ses lésions spéciales, on les appelle *pathogènes* (πάθος maladie, γένος naissance).

Tous les bactériens ont besoin d'oxygène pour évoluer, croître, assimiler, en un mot pour vivre. Ceux qui empruntent cet oxygène à l'air atmosphérique s'appellent *aérobies* (ἀήρ air, βίος vie). Ceux qui l'empruntent, non à l'air, mais au milieu nutritif où ils vivent et que pour cela ils décomposent, s'appellent *anaérobies* (ἀ privatif, ἀήρ air, βίος vie) [1].

II. Nature des bactériens, leurs modes de reproduction, leur degré de résistance. — Lorsqu'on découvrit les bactériens, la première question qui se posa fut celle-ci : ces organismes sont-ils des plantes ou sont-ils des animaux ? Les savants se partagèrent. Aujourd'hui

---

1. Arloing, *les Virus*, pages 58, 61, 61, 97.

le problème est péremptoirement résolu : *les bactériens sont des végétaux*.

En effet, l'ammoniaque, la potasse, l'acide sulfurique, l'acide acétique concentré attaquent les cellules animales, mais respectent les cellules végétales parce que les cellules végétales ont leur protoplasma enveloppé par de la cellulose. Or les bactériens résistent aux réactifs précédents, ce sont donc des végétaux.

Le second problème fut celui-ci : à quelle classe de végétaux appartiennent les bactériens ? Les bactériens se reproduisent par scissiparité et par sporulation spontanée : *les bactériens sont donc des algues*.

Il y a deux catégories d'algues, celles qui sont munies de chlorophylle, et celles qui n'en ont pas. Les bactériens sont des algues dénuées de chlorophylle; ce caractère les rapproche des champignons.

Les bactériens ont 1 millième de millimètre en tous sens lorsqu'ils sont globuleux ; 1 millième de millimètre de largeur sur 2 à 4 millièmes de millimètre de longueur quand ils sont filiformes [1].

Lorsque les bactériens sont dans un liquide favorable à leur nutrition, ils se multiplient rapidement. Leurs cellules croissent, bourgeonnent ; quand l'une d'elles a atteint une dimension suffisante, elle s'étrangle en son milieu et se divise en deux parties semblables, lesquelles tantôt se séparent, tantôt restent unies bout à bout. Ce mode de multiplication continue tant que rien n'entrave le développement de la plante

---

1. Arloing, *les Virus*, page 38.

dans le liquide nourricier. Mais si, par exemple, le liquide vient à se dessécher, le protoplasma contenu dans chaque cellule se contracte et se transforme en un ou plusieurs globules brillants, ronds ou ovoïdes, lesquels sont les spores ou organes reproducteurs de la plante. Ces spores peuvent rester un temps très long sans se développer; elles peuvent se dessécher complètement, subir même l'action d'une température élevée, et conserver cependant la faculté de germer lorsqu'elles sont mises de nouveau dans les conditions favorables à leur développement. Elles reproduisent alors la végétation qui leur a donné naissance, et se multiplient de la même manière [1].

A l'état végétatif, les microcoques, soumis à la chaleur, sont tués entre 50 et 60 degrés; les bacilles entre 70 et 100 degrés. Les spores ne sont tuées qu'entre 110 et 115 degrés.

Soumis à l'action d'un froid de 120 degrés au-dessous de zéro pendant vingt heures, les bacilles du charbon ont repris leur végétabilité et leur virulence [2].

Soumis à la dessiccation, au vide, à l'action de l'acide carbonique, à celle de l'alcool ou de l'oxygène comprimé, les bacilles meurent, tandis que les spores résistent victorieusement à toutes ces épreuves [3].

On voit, d'après ces faits, par quelle prodigieuse résistance à la destruction est assurée la perpétuation des bactériens.

1. TROUESSART, *les Microbes*, page 68.
2. ARLOING, *les Virus*, page 223.
3. TROUESSART, *les Microbes*, page 129.

III. Nombre immense des microbes dans l'air, dans l'eau, dans le sol. — Tant que les microbes rencontrent dans l'eau ou dans le sol humide les conditions favorables à leur développement, ils y vivent et s'y multiplient. Mais que le sol vienne à se dessécher; qu'une rivière rentre dans son lit après une inondation; qu'un marais disparaisse par l'évaporation de ses eaux, tous les microbes donnent des spores destinées à assurer leur conservation. Sous cette forme qui leur donne un très petit volume et une grande légèreté, dès qu'elles sont desséchées, et seulement alors, ces spores sont emportées par le moindre souffle de vent comme une fine poussière qui flotte au loin ; elles constituent ce qu'on appelle *les germes de l'air* [1].

Le docteur Miquel, qui à l'observatoire de Montsouris est chargé de jauger les germes de l'air, a calculé qu'une masse d'air qui parcourrait Paris à raison de 4 mètres par minute, entraînerait par jour 40 milliards de bactéries.

D'après les mesures du même savant, l'eau de la Seine prise à Bercy, en amont de Paris, renfermerait près de 5 millions de germes par litre; prise à Asnières, en aval, elle en renferme par litre 12 millions et demi [2].

Les bactériens contenus dans le sol de nos régions appartiennent surtout au genre *bacillus*, dans la pro-

---

1. Trouessart, *les Microbes*, page 150.
2. Antoine, *les Virus*, pages 129, 135.

portion de 90 0/0. Habituellement on les y rencontre à l'état de spores.

Les taches de sang qu'on voit sur le pain, le lait, sur la colle et en général sur toutes les substances alimentaires ou farineuses exposées à la chaleur humide, sont causées par le *micrococcus prodigiosus*.

Les pluies de sang sont dues au *spirillum sanguineum*, qui passe facilement du vert au rouge.

La neige rouge est produite par le *protococcus nivalis*; le lait bleu, par le *bacterium cyanogeneum*.

La mer Rouge doit son nom à une algue microscopique, le *trichodesmium Ehrenbergii* qui, parfois sur une surface de plus de 320 kilomètres carrés, la couvre de ses petits filaments d'une couleur rouge brique [1].

Les dimensions des algues sont prodigieusement variées ; le *protococcus* mesure à peine un 300e de millimètre, tandis que les *macrocystis* ont jusqu'à 560 mètres d'étendue. Les macrocystis sont des algues laminariées, pourvues de vessies natatoires.

IV. Polymorphisme des bactériens. — Le polymorphisme règne chez les bactériens comme chez les champignons. En modifiant la composition du milieu nutritif ou celle de l'atmosphère ambiante, et en faisant varier la température, on change la forme extérieure et les dimensions d'un microbe au point qu'on peut légitimement le classer tantôt dans un genre, tantôt dans un autre. En voici un exemple frappant :

---

1. Lemaout et Decaisne, *Traité de Botanique*, page 710.

MM. Guignard et Charrin ont, au moyen de cultures additionnées de réactifs variés, réussi à obtenir le *bacillus pyocyaneus* sous la forme de bacille court ou long, droit ou courbé, de filament spiralé et même sous la forme de micrococque. Dans tous les cas, il s'agissait de la même espèce, car si l'on semait l'une quelconque de ces formes dans du bouillon pur, on récoltait immédiatement le bacille normal avec tous ses caractères physiologiques [1].

Wasserzug a fait des observations analogues sur le *micrococcus prodigiosus*. Cet organisme prend la forme bacillaire dans le bouillon additionné d'acide tartrique. Par une longue série de cultures, il finit par la revêtir définitivement.

V. Difficultés pour caractériser les espèces bactériennes. — Par suite de cette mobilité des formes, on ne peut chercher le critérium de l'espèce dans les caractères morphologiques. Il en est de même lorsqu'on les prend isolément.

On a cru qu'un bactérien serait surtout caractérisé par la maladie qu'il peut déterminer chez l'homme ou chez les animaux. Malheureusement les propriétés pathogènes manquent aussi de stabilité. Les agents virulents s'atténuent par l'action de la chaleur, de l'air, du milieu nutritif, de la lumière, à un degré tel qu'ils perdent la faculté de produire les troubles pathologiques dont ils sont ordinairement la cause. D'autre part, l'inverse se produit également. Exem-

---

1. Arloing, *les Virus*, page 68.

ple : M. Arloing, en cultivant le streptocoque de la septicémie puerpérale dans le bouillon de poulet neutralisé, lui enlève ses qualités pathogènes ; il les lui rend en le cultivant dans le bouillon de bœuf salé. Pasteur affaiblit le virus rabique en le faisant passer par l'organisme du singe ; il lui rend graduellement son énergie en le faisant passer par l'organisme du lapin.

Les embranchements supérieurs du règne végétal offrent des phénomènes analogues. Sur certains sols, dans certaines expositions, il y a des plantes qui modifient leur aspect extérieur et perdent leur toxicité par la diminution ou la disparition des principes vénéneux qui se forment dans leurs organes. La ciguë ne contient plus de conicine (principe vénéneux) en Écosse ; la racine d'aconit reste inoffensive sous les climats froids. Transportées sur d'autres sols et dans une autre exposition, ces plantes redeviennent vénéneuses et reprennent leurs caractères extérieurs primitifs. La forme et la virulence des microbes sont donc des propriétés sujettes à variations [1].

Ces variations chez les microbes pathogènes peuvent-elles aller jusqu'à transformer une espèce en une autre espèce ? Ce qui constitue l'espèce chez un microbe pathogène, c'est moins la stabilité des caractères morphologiques que la stabilité des propriétés infectieuses. La stabilité des propriétés infectieuses consiste en deux points, à savoir : d'abord la

---

1. ARLOING, *les Virus*, page 355.

propriété de produire une maladie particulière, ensuite la propriété d'immuniser contre la maladie particulière l'animal qui en a été infecté. Pour transformer une espèce pathogène en une autre espèce, il faudrait détruire ces deux propriétés constituantes. Et cela même ne suffirait pas ; il faudrait en outre que les nouveaux caractères imprimés au microbe pathogène fussent capables de se reproduire indéfiniment dans les générations ultérieures, sans qu'on eût besoin d'entretenir d'une manière permanente les conditions spéciales de culture qui ont permis de créer les caractères nouveaux.

M. Chauveau a fait des expériences sur le *bacillus anthracis*. A l'aide de l'emploi persistant de l'oxygène comprimé, il a réussi à faire disparaître la virulence du *bacillus anthracis*, mais il n'a pu lui enlever la propriété de l'immunisation. Ce bacille ne pouvait plus donner le charbon, mais il conférait très bien l'immunité contre le charbon.

Pour lui enlever cette dernière propriété, M. Chauveau a continué l'emploi de l'oxygène comprimé jusqu'à ce que le microbe ait péri ; mais le microbe a conservé jusqu'à la fin l'aptitude à créer l'immunité. Vie et aptitude immunisante sont inséparables ; elles s'éteignent simultanément [1].

Les expériences pour transformer une espèce pathogène en une autre espèce ont donc échoué. Il a toujours manqué aux bactéries modifiées par les

---

1. ARLOING, *les Virus*, page 338.

expérimentateurs l'un ou l'autre des caractères qui définissent une espèce nouvelle. Dans le cas où l'on espérait créer une espèce en s'attaquant à la virulence, on a vu subsister le pouvoir vaccinal, tout entier ou en partie. Dans le cas où l'on s'est attaqué à la morphologie, la végétation n'arrivait plus à son terme naturel. On pourrait peut-être objecter un résultat remarquable obtenu par le docteur Roux. Ce savant a réussi à enlever aux bacilles charbonneux la virulence et la faculté de produire des spores en les cultivant au contact de l'acide phénique. Ces bacilles restent indéfiniment asporogènes (qui ne produisent pas de spores) quand bien même ils ont reconquis leur virulence en passant de lapin à lapin par l'inoculation du sang de l'animal qui vient de mourir. Ces bacilles asporogènes et virulents du docteur Roux sont analogues à ces variétés de végétaux (hybrides) qu'on propage par boutures. Or cela ne suffit pas pour constituer une espèce véritable, indépendante. De même qu'un végétal supérieur, en possession de tous ses caractères spécifiques, doit assurer sa propagation par la formation de la graine, de même une espèce bacillaire doit assurer la sienne par la formation des spores [1].

Ainsi, même dans le monde inférieur des infiniment petits, où l'organisme est réduit à sa plus simple expression, la théorie transformiste, malgré les ressources les plus variées de l'expérimentation

---

1. Arloing. *les Virus*, page 360.

contemporaine, n'a pu acquérir la sanction d'un seul fait positif ; elle reste donc une simple conjecture *a priori*.

— VI. LE PARASITISME EST-IL ABSOLU CHEZ LES BACTÉRIENS ? — Le parasitisme n'est pas absolu chez les bactériens qui déterminent dans le corps vivant la fièvre typhoïde, le choléra, le charbon, etc. Les bacilles de ces maladies, lorsqu'ils sont mis en liberté, soit par l'expulsion hors du corps malade pendant la vie, soit par la destruction du cadavre après la mort, se conservent et vivent plus ou moins longtemps dans l'eau ou dans les matières organiques qui seront ingérées plus tard par les animaux sains. Avant de redevenir parasites, les bacilles ont donc vécu en saprophytes. Le parasitisme alterne donc avec le saprophytisme pour les microbes producteurs de maladies infectieuses.

Le parasitisme est-il absolu pour les microbes producteurs des maladies qui ne se gagnent pas autrement que par le contact, telles que la rage, la syphilis, la vaccine, maladies proprement dites virulentes ? On l'ignore. Il faudrait qu'on eût isolé les microbes causes de ces affections et qu'on eût pu observer leur développement biologique. Or ces microbes sont inconnus.

VII. ACTION DES BACTÉRIENS SUR LES ANIMAUX. — On sait quelles redoutables maladies développent chez les animaux les bactériens pathogènes : tuberculose, fièvre typhoïde, variole, diphtérie, scarlatine, morve, choléra, peste, etc. L'homme est peut-être de tous celui qui a la réceptivité la plus grande, c'est-à-dire qui est le mieux prédisposé à contracter la plupart de ces affections. La bouche, par exemple, est un appareil de culture dans lequel les germes des microbes trouvent naturellement la température constante et l'humidité nécessaires à leur développement, conditions qu'on ne réalise qu'artificiellement dans les laboratoires de physiologie. Aussi l'on sait avec quelle facilité s'implante dans la gorge le bacille diphtérique.

En revanche, certains bactériens, logés dans le tube intestinal, concourent efficacement au travail digestif, ainsi que l'a démontré M. Duclaux. Mais, qu'est-ce que ce léger service en comparaison des effroyables ravages opérés par les bacilles pathogènes !

VIII. Action des bactériens sur les végétaux. — L'action nuisible des bactériens sur les végétaux vivants est peu de chose, si même elle est quelque chose, en comparaison de celle qu'exercent les champignons.

Il n'en est pas de même de leur action utile. Les travaux d'Hellriegel, continués par une pléiade de savants tels que Schlœsing, Muntz, Aimé Girard, Berthelot, etc., ont fait connaître que les plantes, surtout les légumineuses, s'assimilaient directement l'azote atmosphérique, grâce à l'activité biologique de bactéries logées dans les racines des plantes[1].

Ce sont également des bactéries qui produisent la

---

[1]. Des expériences récentes de M. Naudin tendent à infirmer cette prétendue action bienfaisante des bactériens. *Comptes rendus*, 2 novembre 1896.

nitrification dans le fumier, dans les terrains convenables, et par conséquent sont les agents de la fertilité des terres.

Ce sont des bactériens, connus sous le nom de ferments ou de levures, qui produisent nos boissons fermentées, qui font lever le pain ; bref, qui sont les précieux agents de l'industrie.

Leur rôle à l'égard des matières en décomposition n'est pas moins utile. En se nourrissant aux dépens des corps putréfiés, les bactériens saprophytes réduisent les éléments complexes en éléments plus simples, en substances minérales solubles. Celles-ci retournent au sol d'où elles étaient sorties sous forme de plantes ; elles peuvent alors servir de nouveau à la nourriture des graines et de nouveau s'élever à la dignité de végétal. Les bactériens débarrassent ainsi la surface de la terre des cadavres, des matières excrémentitielles, de toutes les substances mortes et inutiles qui sont les déchets de la vie ; ils les rendent ainsi aptes à rentrer dans le circulus de la vie terrestre. Ce n'est donc pas sans raison qu'en tenant compte des services que rendent les bactériens saprophytes en regard des ravages causés par les bactériens pathogènes, on a pu appeler les microbes dans leur ensemble : *Les ouvriers invisibles de la vie et de la mort* [1].

---

1. TROUESSARD, *les Microbes*, page 7.

IV. — Résumé des faits.

I. PARASITISME. — Les vrais parasites n'ont pas une vie indépendante, c'est-à-dire qu'ils ne puisent pas leur nourriture exclusivement dans le sol et dans l'air; ils vivent sur des plantes dont ils tirent leurs sucs nourriciers ; il s'ensuit qu'ils ont dû être créés *postérieurement* à ces plantes.

A. *Chez les phanérogames.* 1° Le gui est un parasite absolu; il est donc né postérieurement aux arbres dans le rameau desquels il enfonce sa racine;

2° L'orobanche de la fève implante une partie de ses racines sur les racines de la fève et en absorbe ainsi les liquides ; comme on ne la trouve que sur la fève, et jamais à l'état indépendant, il s'ensuit qu'elle a dû être créée postérieurement à la fève ;

3° Quoique la cuscute ait ses racines exclusivement plongées dans la terre, les suçoirs dont sa tige est munie annoncent un parasitisme constitutionnel ; la création de la cuscute a donc dû être postérieure à celle des plantes qu'elle épuise.

Il en est ainsi des autres parasites, lesquels se rangent dans les trois types précédents.

B. *Chez les champignons.* 1° Le plus grand nombre est parasite ; leur création a dû être postérieure à celle des plantes dont ils tirent leurs sucs nourriciers ;

2° Le cycle du *puccinia graminis* (rouille du blé)

prouve que la création de ce champignon est postérieure, non seulement à celle des graminées, mais encore à celle de l'épine-vinette ; car là où n'existe pas l'épine-vinette, le *puccinia* ne peut se développer sur les graminées.

Il en est de même des autres parasites dont le cycle d'évolution a des stades nécessaires.

C. *Chez les algues.* Dans la classe des algues, c'est surtout la famille des Bactériens qui renferme les parasites ; mais le parasitisme des bactériens n'est pas absolu. Ils peuvent, en effet, vivre dans l'eau ou dans les liquides minéralisés appropriés, y croître, y évoluer et parcourir toutes les phases de leur développement. Il règne toutefois une certaine obscurité relativement aux agents de quelques maladies virulentes, agents du reste entièrement inconnus, car on n'a pas encore réussi à les isoler.

On appelle *saprophytes* les bactériens qui vivent sur les matières organiques mortes, et *parasites* proprement dits les bactériens qui vivent à la surface ou à l'intérieur des êtres vivants, mais toujours aux dépens de ceux-ci. Quand les bactériens parasites déterminent des troubles de la santé, ils deviennent *pathogènes.*

La distinction des bactériens en saprophytes et en parasites proprement dits n'est pas rigoureuse, car il est à peu près sûr que les bactériens pathogènes vivent, à des époques successives, en parasites et en saprophytes [1].

---

1. ARLOING, *les Virus*, page 61.

II. Polymorphisme. — A. *Chez les champignons.* Polymorphisme du *puccinia graminis* pris pour type ; celui-ci revêt la forme *œcidium* de l'épine-vinette ; puis, de la forme *œcidium* passe à celle d'*uredo linearis*, et revient enfin à celle de *puccinia graminis*.

Un autre puccinia, le *puccinia coronata* du rhamnus bourdaine, le *rœstelia cancellata* du poirier, l'ergot de seigle ou *spharelia segetum*, etc., sont également à cycle polymorphique.

B. *Chez les algues.* Le polymorphisme des bactériens ne le cède en rien à celui des champignons. On a réussi à donner au *bacillus pyocyaneus* la forme d'un bacille court ou long, droit ou courbé, celle d'un filament spiralé, enfin celle d'un microcoque.

On a réussi également à donner la forme bacillaire au *micrococcus prodigiosus*.

III. Nombre immense des parasites. — A. *Chez les champignons.* D'après le calcul du botaniste Fries, un seul *reticularia* produit des spores par millions.

B. *Chez les algues.* D'après les mesures du docteur Miquel, l'eau de la Seine en amont de Paris renferme plus de 5 millions de germes par litre ; et en aval plus de 12 millions par litre.

Le même savant a calculé qu'une masse d'air qui parcourrait Paris à raison de 4 mètres par minute entraînerait 40 milliards de bactéries par jour.

IV. Résistance des bactériens. — A. *Action de la chaleur.* A l'état végétatif, les microcoques sont tués entre 50 et 60 degrés ; les bacilles entre 70 et 100 degrés. Les spores ne sont tuées qu'entre 110 et 115 degrés.

B. *Action du froid.* Soumis à un froid de 120 degrés au-dessous de zéro pendant vingt heures, les bacilles du charbon ont repris leur végétabilité et leur virulence.

V. Action nuisible exercée par les parasites sur les végétaux. — A. *Champignons.* Aucun végétal n'est à l'abri des atteintes des champignons. La vigne, à elle seule, est en proie à plus de cent parasites, entre autres : le *peronospora viticola* ou mildiou; le *phoma uvicola* ou anthracnose; l'*agaricus melleus* ou pourridié; l'*oïdium tuckeri,* etc.

On sait quelle est l'action destructive des champignons sur les pommes de terre, les céréales, sur les arbres fruitiers, dont les radicelles sont dévorées par les rhizoctones.

B. *Bactériens.* Les bactériens causent peu de dommages aux végétaux vivants.

VI. Action nuisible exercée par les parasites sur les animaux. — A. *Champignons.* Un grand nombre d'affections horribles sont causées par des champignons parasites. Exemples : La teigne faveuse est due à l'*achorion schœnlenii ;* la teigne tonsurante au *trichophyton tonsurans ;* le feu de Saint-Antoine à l'ergot de seigle, *sphacelia segetum,* forme transitoire du *claviceps purpurea ;* la pellagre, au verdet du maïs, *sporisorium maïdis ;* le muguet, à l'*oïdium albicans,* etc.

B. *Bactériens.* Les plus grands fléaux qui désolent l'humanité sont l'œuvre des bactériens : la tuberculose est due au bacille de Koch ; le lupus tuberculeux qui ronge la figure est dû au même bacille ; la fièvre typhoïde, au bacille d'Eberth ; la diphtérie, au bacille de Lœffler ; le choléra, au bacille-virgule ; la variole, la scarlatine, a rougeole, l'influenza ou grippe, le charbon, la morve, le cancer sont dus à des bacilles.

Parmi les microcoques, le plus malfaisant est le *streptocoque*; c'est lui qui détermine l'érysipèle et la septicémie puerpérale. Non seulement il produit dans un corps sain des maladies spécifiques, mais encore il rend le plus souvent mortelle toute affection qui aurait guéri facilement sans lui ; telle, par exemple, la grippe, la pneumonie, etc. Ces affections sont alors qualifiées d'infectieuses.

VII. ACTION UTILE EXERCÉE PAR LES PARASITES. — A. *Sur les corps morts, végétaux ou animaux*. Les champignons et surtout les bactériens réduisent les substances mortes ou les déchets de la vie tels que l'urée, etc., en éléments simples, en substances minérales solubles ; ils les font ainsi rentrer dans le circulus de la vie terrestre.

B. *Sur les corps vivants, végétaux ou animaux*. — En permettant aux végétaux d'assimiler directement l'azote atmosphérique, l'action des bactériens est très utile au règne végétal[1].

Certains bactériens, logés dans le tube intestinal, favorisent la digestion ; à cela se borne leur rôle utile dans le règne animal.

---

1. Très contestable, d'après les expériences récentes de M. Naudin.

V. — Conclusions.

I. Les parasites, par cela même qu'ils sont parasites, sont inférieurs aux végétaux qui ont une vie indépendante ; leur création, postérieure à celle de leurs victimes, est *contraire à la théorie du perfectionnement graduel dans l'ordre chronologique.*

II. Le nombre immense des parasites et leur résistance aux agents de destruction attestent un plan préétabli en faveur de l'action que les parasites sont appelés à exercer sur les végétaux et sur les animaux :

1° L'action que les parasites exercent sur les substances mortes, végétales ou animales, est très utile ;

2° Celle qu'ils exercent sur les végétaux vivants est double et contradictoire ; en effet, l'une est très utile, l'autre est très nuisible ;

3° Celle qu'ils exercent sur les animaux vivants est à peu près exclusivement nuisible.

Conclusions. — 1° Les faits qui concernent l'action des parasites sur les substances mortes, végétales ou animales, sont *favorables* à la théorie qui accorde à la Cause première les attributs moraux, à savoir : sagesse, prévoyance dans les desseins, bonté, justice ;

2° Les faits qui concernent l'action des parasites sur les végétaux vivants sont, d'un côté *favorables* à la même théorie et, de l'autre côté, *défavorables ;*

3º Les faits qui concernent l'action des parasites sur les animaux vivants, c'est-à-dire les maladies hideuses et redoutables que déterminent les parasites chez les animaux vivants, prouvent que l'inférieur a été créé pour détériorer et détruire le supérieur; ils sont donc *défavorables* à la théorie qui accorde à la Cause première les attributs moraux, à savoir : sagesse, bonté, justice.

LIVRE CINQUIÈME

LES DÉDUCTIONS

CHAPITRE PREMIER

LA SUBSTANCE ET LES SYSTÈMES MÉTAPHYSIQUES

I. — La substance et le dualisme.

Avant de tirer les déductions que contiennent les données expérimentales, il importe de définir exactement le mot substance et d'exposer quelle est la substance qu'enseigne chacun des grands systèmes métaphysique. En métaphysique, comme partout, ce qui doit régner en souveraine, c'est la clarté.

Un examen superficiel des phénomènes qui se déroulent sous nos yeux nous conduit à les classer en deux grandes catégories, à savoir : la catégorie des phénomènes matériels et celle des phénomènes vitaux et psychiques (sensations, sentiments, connaissances). Pour être bref et ne pas entrer dans les détails ni dans les distinctions qui conviennent à un traité complet de métaphysique, appelons les phénomènes vitaux et psychiques du nom unique de phénomènes spirituels, par opposition aux phénomènes matériels.

Tous les individus, hommes, animaux et plantes, apparaissent, subsistent quelque temps, puis succombent. D'autres individus leur succèdent, et le même cycle se reproduit indéfiniment. Mais si les individus ou phénomènes individuels sont en proie à un flux changeant sans cesse renouvelé, il est dans cette dissolution du corps des individus quelque chose qui reste constamment debout, c'est la matière; il est sous cette éclipse successive des phénomènes spirituels de chaque individu quelque chose qui reste debout, c'est l'esprit. On voit, en effet, la matière revêtir incessamment des formes individuelles sans cesse renouvelées, et l'esprit animer incessamment les formes nouvelles qu'a prises la matière. Or ce qui reste debout constamment sous les phénomènes transitoires et changeants est ce qu'en métaphysique on appelle *la substance* ainsi que l'indique l'étymologie latine « *stare* se tenir debout, *sub* sous ». La matière est donc la substance des phénomènes matériels; et l'esprit, la substance des phénomènes spirituels. On peut donc définir la substance en ces termes : *Le fond permanent d'où émane la variété indéfinie des phénomènes transitoires et changeants*. Tel est le sens du mot métaphysique substance.

Quant à la distinction des deux fonds permanents qui correspondent aux deux classes de phénomènes naturels, elle est le point de vue auquel se sont mis certains philosophes. Il y avait donc, pour ces philosophes, deux substances irréductibles, la matière et l'esprit. Ce qui les confirmait dans cette interprétation, c'est qu'à la mort de chaque individu, homme, animal ou plante, ils remarquaient que les phénomènes spirituels disparaissaient des éléments matériels de l'individu mort, de sorte que nos philosophes furent amenés à induire que l'esprit non seulement était distinct de la matière, mais encore qu'il pouvait loger et logeait effectivement pendant un temps limité dans les corps matériels; enfin, que ce qu'on appelait la mort n'était autre chose que la séparation de l'esprit d'avec la matière. Ce genre de philosophie, lequel admet deux substances irréductibles, est le type du dualisme. De Platon à Descartes, ces deux grands pontifes du dualisme, le genre s'est subdivisé en nombre d'espèces et de variétés; mais cela est l'affaire de l'histoire de la philosophie.

Ce que nous avons appelé esprit a reçu plusieurs autres noms; le plus employé dans les trois derniers siècles a été le mot force; il est aisé d'en comprendre la raison. En effet, ce qui en apparence caractérise les corps matériels est de recevoir le mouvement de l'extérieur et de subir le mouvement dans la mesure que celui-ci leur est donné; on a donc appelé *passifs* les phénomènes matériels, et l'on a dit : la matière est passive.

Au contraire, l'activité éclate avec évidence dans les phénomènes vitaux et psychiques; c'est de l'esprit que partent les initiatives et les impulsions; on a dit :

l'esprit est actif. Pour exprimer en un seul mot cette activité de l'esprit, on a dit *la force*. Ce mot a l'avantage d'avoir un sens plus large que celui d'esprit ; il convient également aux phénomènes vitaux et aux phénomènes psychiques. Ces détails sont un peu longs, mais nécessaires, car les mots jouent un grand rôle dans la métaphysique. Cela dit, reprenons notre classification des systèmes philosophiques.

Nous avons déjà un premier embranchement philosophique, celui qui admet deux substances, à savoir : la matière et la force. Il est connu sous le nom assez impropre de spiritualisme. Le spiritualisme est le type de la classe des philosophies dualistes.

II. — **La substance et le matérialisme.**

Le second embranchement est celui qui admet une seule substance. Il comprend trois genres distincts ; ces genres sont fondés sur la valeur respective que les philosophes attribuent à la matière et à la force.

Le premier système unitaire est celui qui fait de la matière la substance unique ; c'est le matérialisme. Il regarde la force comme une simple propriété de la matière : par conséquent la force est subordonnée à la matière ; elle ne lui est pas essentielle ; elle pourrait être conçue comme étant enlevée à la matière sans que pour cela la matière fût supprimée. L'existence des minéraux semblait, aux yeux des anciens philosophes, démontrer l'exactitude de cette conception. Une comparaison servira à faire comprendre le point de vue auquel se place le matérialisme.

Il nous est impossible de voir écrit ou d'entendre prononcer le nom de Socrate sans qu'aussitôt s'éveille en nous l'idée de sagesse et de bon sens ; sagesse et bon sens sont inséparables du nom de Socrate. Et cependant nous concevons parfaitement que Socrate eût pu exister sans posséder cette admirable propriété que nous appelons sagesse et bon sens. En fait, de son propre aveu, Socrate, dans sa jeunesse, fut enclin à deux passions, celle des femmes et celle du vin, lesquelles n'ont rien de commun avec la sagesse et le bon sens. Il est donc évident que dans l'individu appelé Socrate la substance est le corps matériel avec sa forme caractéristique ; la sagesse et le bon sens sont la propriété de la forme matérielle connue sous le nom de Socrate. Cet exemple permet de saisir le sens et la portée du système unitaire qui s'appelle le matérialisme. L'idée de force s'adjoint bien à la matière, mais elle s'y adjoint en tant que propriété, de même que l'idée de sagesse s'adjoint à Socrate en tant que propriété morale. Pour le matérialisme, la force n'est pas plus la substance que pour l'anthropologie la sagesse n'est Socrate.

III. — La substance et le dynamisme.

A côté de ce système unitaire se range un autre système également unitaire, lequel se place au pôle opposé : pour lui, la force est la substance unique ; la matière n'est qu'une forme dégradée, grossière de la force, ou si l'on veut conserver l'antithèse symétrique, la matière est une propriété de la force. L'auteur de ce système est un philosophe du plus vaste génie, Leibniz. Comme force en grec se dit *dynamis*, on a donné le nom de dynamisme à la théorie de Leibniz. La force est à l'état de pureté absolue dans Dieu et dans les âmes isolées du corps ; elle est à l'état de grossièreté absolue dans les minéraux. La forme pure et la forme grossière de la force coexistent dans l'homme ; l'une, à savoir, l'âme, est logée dans l'autre, à savoir, le corps. Cette inclusion passagère de la force pure dans la force grossière place, dans la hiérarchie dynamiste, l'homme au-dessous de Dieu et des âmes libres. Après l'homme viennent les animaux, puis les végétaux, et en dernier lieu les minéraux, où l'état de grossièreté de la force est telle que celle-ci en semble être éteinte. La comparaison suivante fera peut-être mieux saisir la théorie leibnizienne.

Tout le monde sait que dans une atmosphère chaude la vapeur d'eau est transparente, invisible, insaisissable. Dans un air qui se refroidit un peu, la vapeur d'eau s'épaissit en nuage. Dans un air plus froid, le nuage se condense davantage ; sa grossièreté déchoit en un état plus grossier encore, qu'on appelle la pluie. Enfin, lorsque la température s'abaisse au-dessous de zéro, la pluie se concrète en glace : c'est l'état de grossièreté absolue. Rien ne paraît plus dissemblable que la vapeur d'eau invisible, échappant à tous nos sens, et la glace qui affecte ces mêmes sens péniblement. Et cependant la glace et la vapeur d'eau sont essentiellement une seule et même chose sous deux états différents. L'invisible vapeur d'eau est l'image de la force pure de Leibniz; c'est Dieu et les âmes libres. Le nuage, la pluie et la glace représentent l'épaississement progressif de la force leibnizienne dans les hommes, les animaux, les plantes et dans les minéraux, avec cette nuance que chez l'homme la forme grossière de la force renferme une parcelle à l'état pur, à savoir, l'âme; et chez les animaux, une autre parcelle moins pure que chez les hommes.

Comme on le voit, dans le dynamisme, la force est la substance unique; ce qu'on appelle matière n'est que l'état dégradé et grossier de la force; cet état ne lui est pas du tout essentiel; la force peut exister et, en fait, selon Leibniz, elle existe sans lui dans Dieu et dans les âmes. Le dynamisme est donc un **système unitaire** qui se pose en un point de vue diamétralement opposé à celui du matérialisme. Le dynamisme de Leibniz, par cela qu'il n'admet pas la matière comme substance, devrait recevoir exclusivement le nom de spiritualisme; car il est peu raisonnable d'appeler spiritualisme une théorie qui admet comme substance la matière aussi bien que l'esprit.

Le matérialisme disait : la matière est la substance; la force en est la propriété.

Le dynamisme dit : la force est la substance; la matière est un état éventuel de la force; ou, en forçant un peu les termes afin de rendre symétrique l'antithèse : la force est la substance ; la matière en est une propriété.

IV. — La substance et la matière-énergie.

A côté de ces deux systèmes unitaires se range un troisième système unitaire qui dit ceci : La matière et la force sont inséparables et identiques ; elles ne sont pas le fond permanent des phénomènes, c'est-à-dire la substance ; elles sont les deux aspects sous lesquels la substance se manifeste à l'esprit humain. Si l'esprit humain les distingue en donnant à chacun des deux un nom particulier, c'est par impuissance d'embrasser la totalité des phénomènes simultanés ; la distinction entre la matière et la force est donc une distinction purement logique ; elle n'implique pas du tout une distinction réelle, correspondant à des faits réels. Aujourd'hui le mot force, pour avoir été employé abusivement, tend de plus en plus à être exclu de la science ; on le remplace par le mot *énergie*, lequel a le double avantage de n'avoir pas été défloré par les métaphysiciens *a priori* et de traduire plus exactement les données de la thermodynamique. Il suit de là que le troisième genre unitaire peut se formuler ainsi : Il n'y a qu'une substance ; la Substance unique se manifeste à l'esprit humain sous deux aspects qui semblent distincts, mais qui, en réalité, sont simultanés, indissolubles et identiques ; ces deux aspects sont la matière et l'énergie. Une comparaison aidera peut-être à faire mieux saisir cette théorie. Prenons un homme quelconque, Pierre ou Paul.

En tant que nous considérons le père et la mère de Paul, nous appelons celui-ci : *le fils*.

En tant que nous considérons la femme que Paul a prise en mariage, nous appelons Paul : *l'époux*.

En tant que nous considérons les enfants qu'il a eus de sa femme, nous l'appelons : *le père*.

Ces trois expressions « le fils, l'époux, le père » ne désignent pas trois Pauls, trois substances différentes, mais un seul Paul, une seule substance, laquelle prend ces noms divers selon le point de vue sous lequel on la considère ; c'est par une pure distinction logique que nous discernons dans Paul le fils, l'époux et le père, car ces trois manifestations pauliniennes sont simultanées, inséparables, et substantiellement identiques.

Le troisième genre unitaire n'est pas nouveau, quant au fond ; dans l'antiquité, les Stoïciens et, dans le XVIIe siècle, Spinoza, l'ont exposé en suivant des méthodes différentes ; mais jusqu'à la moitié de notre siècle, ce système unitaire est resté au rang des métaphysiques *a priori*, c'est-à-dire une hypothèse dépourvue de la sanction suprême, à savoir, la vérification expérimentale.

Les progrès des sciences physiques et surtout la découverte de la théorie mécanique de la chaleur ont transformé radicalement les termes en lesquels se pose le problème métaphysique. Il est acquis à la science aujourd'hui, dans le dernier quart du xıx⁰ siècle, que le repos absolu n'est nulle part et que le mouvement ou plus exactement l'activité est partout ; que ce qu'on prenait autrefois pour le repos n'est pas autre chose que l'équilibre ; or l'équilibre est la balance égale entre deux ou plusieurs activités qui se meuvent en sens contraires ; il suit de là que l'énergie est partout. La conception d'une matière qui serait dépourvue d'énergie est à jamais condamnée ; une telle matière est une fiction, une chimère ; l'énergie ne peut donc pas être la propriété de la matière.

D'autre part, il a été impossible à la science moderne armée des plus puissants instruments, des réactifs les plus délicats, ainsi que de cette admirable analyse spectrale qui tient du prodige, il a été impossible de trouver une manifestation *énergique* sans constater simultanément une manifestation *matérielle*. Or il était déjà également impossible de surprendre une particule matérielle qui fût dénuée d'énergie. Il suit de là qu'énergie et matière sont indissolubles et substantiellement identiques. Régulièrement on ne devrait pas séparer les deux mots par la conjonction *et*, mais les unir par un trait d'union. La formule exacte du troisième genre unitaire serait donc celle-ci : la substance est unique ; sa manifestation extérieure est la matière-énergie.

En comparant le troisième genre unitaire aux deux autres genres, il est aisé de voir en quoi il se rapproche de chacun d'eux et en quoi il s'en éloigne.

1º Il s'éloigne du matérialisme en ce qu'il nie contre

celui-ci que l'énergie soit la propriété de la matière, et que la matière puisse être conçue comme antérieure et supérieure à l'énergie.

Il se rapproche du dynamisme en ce qu'il affirme avec celui-ci que l'énergie est partout, éternelle et indéfectible ;

2º Il s'éloigne du dynamisme en ce qu'il nie contre celui-ci que l'énergie se manifeste ou puisse se manifester dans l'univers isolément, en dehors de toute particule matérielle.

Il se rapproche du matérialisme en ce qu'il affirme avec celui-ci que la matière est partout aussi bien que l'énergie, puisque énergie et matière, termes au fond synonymes, sont, pour le troisième système, la manifestation nécessairement simultanée de la Substance.

Enfin, si l'on met en parallèle ce que chacun des trois systèmes appelle la substance, on aura le tableau suivant :

1º Selon le matérialisme, la matière est la substance ;

2º Selon le dynamisme, l'énergie est la substance ;

3º Selon le troisième système, qu'on pourrait appeler le spinozisme expérimental, ni la matière ni l'énergie ne sont la substance ; la substance est ce que l'esprit *conçoit* comme le fond permanent qui se manifeste extérieurement sous la forme *Matière-Énergie*.

CHAPITRE II

ATTRIBUTS MÉTAPHYSIQUES DE LA CAUSE PREMIÈRE

Tels sont les attributs de la matière-énergie, tels seront les attributs de la Cause première ; cela est évident par soi-même.

Or la science a établi sur un fondement inébranlable, celui de l'expérience, les attributs de la matière-énergie.

Ces attributs, qui ont reçu des philosophes le nom d'attributs métaphysiques, se déduisent de la manière suivante :

1° *La forme* des individus, minéraux, végétaux, animaux, hommes, est inexplicable par les lois naturelles.

L'apparition de la vie sur la terre est inexplicable par les lois naturelles.

La Forme et l'Apparition de la vie exigent *nécessairement* une cause première.

Donc la *Cause première est nécessaire*.

2º La matière-énergie, n'ayant pas été créée, n'a pas eu de matière-énergie antérieure d'où elle dériverait; elle est donc *absolue*.

Donc la *Cause première est absolue*.

3º La matière-énergie n'a pas eu de commencement dans le temps; elle n'aura pas de fin; elle est donc *éternelle*.

Donc la *Cause première est éternelle*.

4º La matière-énergie n'a pas de limites dans l'espace; elle est donc *infinie*.

Donc la *Cause première est infinie*.

5º La matière-énergie embrasse tous les êtres puisque tous les êtres, minéraux, végétaux, animaux, hommes, astres, sont des modes de la matière-énergie; elle est donc *universelle*.

Donc la *Cause première est universelle*.

En résumé la Cause première est nécessaire, absolue, éternelle, infinie, universelle. Ces attributs métaphysiques ne sont pas des conceptions *a priori* : ils sont la traduction exacte des attributs de la matière-énergie, tels que les ont établis les travaux de la science moderne [1].

La Cause première est le nom que prend la Substance quand la Substance est considérée particulièrement comme étant la source productrice des individus et des phénomènes.

---

[1]. Voir le résumé de ces travaux au premier livre de ce volume, et les détails dans les volumes antérieurs : *la Matière et l'Énergie, la Vie et l'Ame, l'Ame est la fonction du cerveau*.

CHAPITRE III

LES ATTRIBUTS MORAUX

Si la Cause première a les attributs moraux, ces attributs doivent être portés à la perfection ; il serait absurde que la Cause créatrice fût inférieure à certaines de ses créatures. Toutes les théories philosophiques sont d'accord sur ce point.

Les attributs moraux peuvent être ramenés à trois, lesquels sont comme des genres contenant chacun des espèces et des variétés nombreuses ; ces trois genres sont la puissance intelligente, la sagesse et l'amour ; ils auront, chez la Cause première, la perfection suprême.

Si l'on accorde à la Cause première ces trois genres d'attributs, il faudra nécessairement que la Création, dans son ensemble et dans ses détails, fasse éclater l'empreinte de chacun des attributs et de leur perfection. Or voici ce qu'exige chacun d'eux :

I. Puissance intelligente. — 1° Plan général de la création conçu et exécuté selon les règles d'une méthode parfaite;

2° Plan particulier des types individuels conçu et exécuté selon les règles parfaites de la variété dans l'unité.

II. Sagesse. — 1° Veiller sans relâche au maintien de l'ordre et à la conservation des individus et des groupes qu'elle a créés;

2° La sagesse implique la justice puisque les injustices tendent à détruire l'œuvre réglée par la sagesse.

III. Amour. — 1° Amour pour les créatures ou amour paternel;

2° Amour du beau; beauté dans la structure, dans l'évolution biologique et chronologique des créatures, ainsi que dans les rapports réciproques des individus, soit du même groupe, soit de groupes différents.

I. — La perfection absolue.

La perfection absolue des attributs moraux exige que la création se soit *d'emblée* déroulée avec une perfection absolue, dans l'ensemble et dans les détails. Or l'absence de perfection absolue dans la création, ensemble et détails, est tellement évidente que toute discussion sur ce point serait ridicule. Il s'ensuit que la perfection absolue des attributs moraux ne peut être accordée à la Cause première. Cela seul suffirait pour exclure les attributs moraux de la définition de la Cause première. Il y a pis encore : c'est qu'on ne peut pas même accorder à la Cause première le genre inférieur de perfection, celui qui se manifeste chez les hommes d'élite et qui se résume ainsi : imprimer à chaque création nouvelle un degré plus élevé de perfectionnement. C'est ce genre de perfection qu'impliquent la théorie de l'échelle des êtres et la théorie du perfectionnement graduel, la première pour la création contemporaine, la seconde pour les créations des ères géologiques.

II. — **La perfection relative**.

Chez les hommes, il est des causes générales et particulières qui expliquent les défaillances et les rétrogradations. C'est d'abord l'infériorité de la nature humaine, avec son cortège de maladies, d'infirmités, avec l'inévitable usure de la vieillesse. A cette cause générale se joint l'influence de l'époque et du milieu où l'on vit ; le cerveau, les mœurs et les idées de l'homme ne peuvent s'affranchir de la loi du temps ni de celle du milieu ; le milieu et le temps marquent inéluctablement leur empreinte sur les œuvres de l'homme. Aucune de ces sources de trouble et d'imperfection n'existe pour la Cause première ; il est donc nécessaire qu'elle soit plus artiste qu'un Sophocle ou un Racine ; qu'un Léonard de Vinci ou un Praxitèle ; qu'elle soit plus bienveillante et plus généreuse qu'un Vincent-de-Paul ou un Bouddha, etc. ;

en un mot, il faut que dans la création successive des êtres on trouve toujours un degré plus élevé de perfectionnement, jamais de défaillances ni de rétrogradations. Cela revient à dire qu'au point de vue naturaliste, il faut que la théorie de l'échelle des êtres et celle du perfectionnement graduel soient *continûment* confirmées par les faits. Or, comme nous l'avons vu, les faits présents et passés en ont démontré la fausseté. Nous allons remettre succinctement sous les yeux, en regard des attributs moraux, les conclusions que nous a données l'enquête faite dans le règne animal et dans le règne végétal.

§ I. **Puissance intelligente.** — I. Plan général de la création. — 1° La création des animaux ne s'est pas faite selon la loi d'un perfectionnement graduel, c'est-à-dire en partant du plus bas en organisation pour s'élever graduellement jusqu'au plus parfait ; souvent le supérieur en organisation est apparu en même temps que l'inférieur, maintes fois même avant lui.

2° Chez les végétaux, l'apparition subite, simultanée, de types d'embranchements différents et irréductibles est contraire à la théorie de l'évolution par descendance modifiée, et aussi à la loi du perfectionnement graduel. Mais, pour cette dernière, l'argument n'a pas la même force que pour l'évolution, attendu que nous manquons d'un bon critérium pour hiérarchiser les végétaux.

3° Le pêle-mêle dans l'apparition simultanée de la diœcie, de la monœcie et de l'hermaphrodisme dans l'ère secondaire est contraire à la théorie de l'évolution ainsi qu'à celle du perfectionnement graduel.

Ces conclusions générales résument, comme on l'a vu, une multitude de faits. Il en est de même des conclusions qui vont suivre.

II. Plan particulier des types. — 1° Dans l'ordre de la création des types comme dans l'ordre de leur apparition, il y a eu des tâtonnements et des rétrogradations (fausseté de la théorie de l'archétype, page 281).

2° L'organisation des parasites animaux (*entozoaires*) et leur habitat fatal dans des organes spéciaux chez les vertébrés ainsi que l'impossibilité où ils sont de vivre et d'accomplir leurs évolutions biologiques hors de ces vertébrés, prouvent que la conception du type de ces parasites et la création de ces parasites sont *postérieures* à la création des vertébrés, hôtes nécessaires de ces parasites. Cela prouve que la succession chronologique des types ne s'est pas faite selon la loi d'un perfectionnement graduel ;

3° Les parasites végétaux, par cela même qu'ils sont parasites, sont inférieurs aux végétaux qui ont une vie indépendante ; leur création, postérieure à celle de leurs victimes, est contraire à la loi du perfectionnement graduel dans l'ordre chronologique ;

4° Le développement récurrent de tous les individus mâles ou femelles dans certains groupes appartenant à la classe des crustacés prouve que l'évolution biologique des individus ne s'est pas faite selon la loi d'un perfectionnement graduel ;

5° Les formes intermédiaires telles que l'ornithorhynque et l'échidné chez les animaux, telles que l'éphédra et les casuarinées chez les végétaux, attestent dans la conception de ces types une bizarrerie qui touche à l'aberration mentale.

Conclusion. — Dans le plan général de la création et dans le plan particulier des types individuels, la création ne s'est pas faite selon la loi d'un perfectionnement graduel; il y a eu des défaillances, des tâtonnements, des rétrogradations et même des aberrations inexplicables. Au point de vue de la puissance intelligente, la Cause première n'a donc pas même la perfection relative.

§ II. **Sagesse.** — I. Sagesse-providence. — (Veiller sans relâche au maintien de l'ordre et à la **conservation des individus créés.**)

1º Les types des êtres animés décèlent un plan organique et une idée directrice, mais *seulement* à l'origine primordiale; il n'y a pas de cause directrice *actuellement* agissante (causes finales, page 120).

Une Cause première fainéante qui, après avoir dessiné le plan de l'univers, s'endort ensuite dans un éternel repos sans s'inquiéter de la manière incorrecte et déplorable dont s'exécute son plan, cette Cause première-là ne peut être acceptée du métaphysicien pas plus que le serait d'un propriétaire l'architecte qui, satisfait d'avoir tracé sur le papier les linéaments d'une maison, laisserait les ouvriers mettre les cheminées dans la cave, et la cave sur le toit.

2º Les types qui furent supérieurs, après une durée plus ou moins longue, ont tous succombé, cédant la place aux types inférieurs.

II. Sagesse-justice. — 1º Les lois de la nutrition des parasites (*entozoaires*), de leur évolution au sein des vertébrés ; leur fécondité prodigieuse et la résistance incroyable de leurs œufs aux agents de destruction ; la mort rapide qui frappe les adultes dès qu'ils sont hors des vertébrés ; tous ces faits prouvent que les parasites ont été créés avec un organisme tel qu'ils ne peuvent vivre qu'au sein des vertébrés, c'est-à-dire au sein d'animaux qui leur sont infiniment supérieurs, et que des privilèges inouïs leur ont été répartis pour que leurs œufs et souvent leurs embryons, échappant à la destruction, arrivent à s'implanter dans le corps des vertébrés ;

2º Les graves désordres et le plus ordinairement la mort que déterminent les parasites par leur présence et par leur nutrition dans les organes spéciaux qui leur ont été primordialement assignés chez les vertébrés, prouvent que l'inférieur a été conçu et créé avec un organisme tel qu'il ne peut vivre qu'en détériorant et même en détruisant le supérieur.

3º Le nombre immense des parasites végétaux et leur résistance aux agents de destruction attestent un plan préétabli en faveur de l'action que les parasites sont appelés à exercer sur les végétaux et sur les animaux. L'action qu'exercent les parasites végétaux sur les substances mortes, végétales ou animales, est très utile ; celle qu'ils exercent sur les végétaux vivants est, ici très utile, là très nuisible ; celle qu'ils exercent sur les animaux vivants est, à une légère exception près, extrêmement nuisible.

Conclusion. — Accorder à la Cause première l'attribut sagesse est en contradiction avec les faits positifs, soit au point de vue de la Providence, soit au point de vue de la Justice. Sur ces deux points, la perfection non seulement n'est ni absolue, ni relative, mais la création des êtres inférieurs appelés parasites postérieure à celle des vertébrés qui leur sont supérieurs décèlerait, si on accordait les attributs moraux à la Cause première, une intelligence injuste et méchante.

§ III. **Amour.** — I. Amour pour les créatures. — Les déductions qui s'opposent à ce qu'on accorde l'attribut sagesse à la Cause première s'opposent également à ce qu'on lui accorde l'attribut amour. Un père qui, après avoir donné le jour à des enfants, se croise les bras et abandonne ses enfants à tous les risques, à tous les fléaux que lui-même a déchaînés, ce père-là n'a pas d'amour pour ses enfants.

Ces enfants se mangent entre eux; les herbivores mangent les végétaux, les carnassiers se nourrissent de la chair des herbivores, et l'homme fait sa pâture des carnassiers, des herbivores et des végétaux. En se plaçant au point de vue abstrait du bien qui résulte de la transformation de l'inférieur en supérieur, on peut admettre la légitimité de cette loi fatale de la nourriture, pourvu que se bornant aux grandes coupes du règne vivant on ne descende pas dans les détails. Ainsi on admettra facilement que tout animal est supérieur aux végétaux et que les carnassiers sont supérieurs à l'ensemble des herbivores, car le cheval et surtout l'éléphant doivent être mis à part. Tous les voyageurs, en effet, qui ont vu l'éléphant, soit en liberté, soit à l'état domestique, s'accordent pour mettre l'éléphant au plus haut rang. Livingstone, le grand missionnaire africain, a écrit cette phrase qui résume des observations et une pratique de plus de trente années : « Après l'homme, la première des créatures est le noble éléphant. » Cette réserve faite, il est permis d'accepter la supériorité des carnassiers sur les herbivores. Par conséquent, à ce point de vue abstrait et général, le loup mangera l'agneau sans qu'on ait le droit d'en tirer une déduction contraire aux théories qui accordent à la Cause première les attributs moraux sagesse et amour. Mais il en est tout autrement lorsqu'on passe à la considération des parasites, surtout des parasites animaux (entozoaires). Créés postérieurement aux vertébrés, ils ne peuvent vivre et se développer qu'en s'assimilant la substance des vertébrés, de sorte que le supérieur est transformé en inférieur. Et quel abîme entre la supériorité d'un homme, par exemple, et l'infériorité d'un téniadé ou d'un bacille pathogène ! Il est donc absolument impossible d'accorder l'attribut moral Amour paternel à la Cause première.

II. Amour du beau. — 1° Les conceptions de types tels que ceux des cestodes, de l'ascaris nigro-venosa, du distome hématobie et du trichosome crassicauda, ces conceptions étranges, loin d'attester une aspiration exclusive et constante vers le beau, accusent au contraire un goût pour le hideux qui touche parfois à la démence hystérique;

2° Le développement récurrent de tous les individus mâles ou femelles dans certains groupes appartenant à la classe des crustacés atteste également une rétrogradation vers le hideux.

Conclusion. — Ni au point de vue de l'amour pour les créatures, ni au point de vue de l'amour du beau, on ne peut accorder l'attribut moral Amour à la Cause première. Cet attribut non seulement n'aurait pas la perfection absolue, il n'aurait même pas la perfection relative.

Conclusion générale. — Puisque la création, dans son ensemble et dans ses détails, ne manifeste l'empreinte ni de la perfection absolue ni même de la perfection relative des attributs moraux puissance intelligente, sagesse et amour, lesquels contiennent tous les autres attributs, il s'ensuit qu'il est impossible d'accorder à la Cause première les attributs moraux.

III. — **Problème insoluble.**

I. Intelligence et cerveau. — Les types des êtres animés décèlent un plan organique et une idée directrice, à l'origine primordiale ; l'univers tout entier est régi par des lois permanentes et constantes. Il y a donc de l'*intelligence* dans la création. Or toute manifestation intellectuelle est *exclusivement* le produit de la fonction d'un appareil organique spécial, soit un ganglion cérébral chez les animaux inférieurs, soit un cerveau chez les animaux supérieurs et, au-dessus de tous, chez l'homme. Là où n'existe pas de ganglion cérébral, à plus forte raison, de cerveau, jamais on n'a pu constater l'ombre même d'une trace d'intelligence. La condition fondamentale de la production de la pensée, de tout acte intellectuel, est une oxydation de la substance cérébrale ; ce fait a été mis hors de doute par les expériences des physiologistes contemporains. Pour qu'il y ait *intelligence*, il faut donc qu'il y ait *cerveau*. Or le cerveau est un organe d'une si prodigieuse délicatesse que s'il n'était pas protégé par une boîte solide, il serait sur-le-champ détruit ; il faut donc que le cerveau soit enfermé dans un crâne. Intelligence, cerveau et crâne sont trois termes indissolublement liés. Est-ce qu'on peut concevoir une Cause première munie d'un cerveau et d'un crâne ? Non seulement ce serait le comble de l'absurdité, mais encore les attributs métaphysiques rendent cette conception absolument impossible. On est donc acculé à cette alternative, à savoir, de donner à la Cause première un cerveau enfermé dans un crâne si l'on fait entrer l'intelligence dans sa définition, ou bien d'omettre l'intelligence dans la définition et réduire celle-ci aux attributs métaphysiques, lesquels sont fondés sur une base certaine et inébranlable.

II. INTELLIGENCE ET ESPRIT PUR. — Vient une dernière allégation, de toutes la plus répandue et la plus populaire, la voici : La Cause première est un esprit pur. Que peut être un esprit pur ? Avant le xix° siècle, on considérait comme esprits purs l'électricité, le magnétisme, la chaleur, la lumière : c'étaient des agents impondérables, exerçant leur activité sur la matière, mais radicalement distincts de celle-ci. Dans l'antiquité, l'air lui-même était un esprit, ainsi que le prouve le mot même d'esprit, puisque *spiritus* en latin, πνεῦμα en grec, signifient le souffle, le vent, l'air en mouvement. C'était toujours par un souffle passant sur leur front que les fidèles reconnaissaient la présence de l'Esprit saint, *sanctus spiritus*, αγιον πνεῦμα. Ainsi que le disait plaisamment l'abbé Haüy : « Les Anciens qui niaient la pesanteur de l'air en portaient sans le savoir douze mille kilogrammes sur le corps [1]. » Les travaux scientifiques du XIXe ont démontré que l'électricité, le magnétisme, la chaleur et la lumière sont des modes ondulatoires d'un fluide matériel appelé éther. Jusqu'à présent l'éther est resté une hypothèse, faute d'une preuve expérimentale qui ait démontré sa réalité effective, hypothèse scientifique qui rend compte de tous les faits connus et per-

---

[1]. La colonne d'air qui pèse sur chaque centimètre carré du corps est égale à 1 kilogramme. La surface totale du corps d'un homme est environ de 1 mètre carré et demi. Un mètre carré renferme 10 000 centimètres carrés ; un demi-mètre en renferme 5 000, total 15 000 centimètres carrés. En réduisant le demi-mètre à un quart, on aura environ 12 000 centimètres carrés ; d'où le poids de 12 000 kilogrammes que porte le corps d'un adulte de stature ordinaire. Si notre corps n'éprouve aucune gêne dans ses mouvements, c'est que les pressions s'équilibrent exactement autour de lui. L'air le presse de bas en haut avec la même intensité ; il pénètre dans toutes nos cavités, dans tous nos tissus (oxygène charrié par le sang) et réagit encore de l'intérieur à l'extérieur avec la même énergie.

met de prévoir les faits à venir. Quant à la preuve expérimentale qui manque encore à la sanction définitive de l'éther, on est à la veille de la faire [1].

Reste la Pensée. Qu'est-elle ? Il faut avouer que sur ce point règne une grande obscurité. Mais cette obscurité n'est pas plus grande que celle qui enveloppait naguère le magnétisme, l'électricité et la lumière ; que celle qui enveloppe encore aujourd'hui la manière dont fabriquent leurs produits les glandes corporelles [2]. Le voile est en partie soulevé, et cela sur un point capital. On est sûr aujourd'hui, expérimentalement sûr, que là où il n'y a ni ganglion cérébral ni cerveau, la production de la pensée est impossible, pas plus que la sécrétion du lait n'est possible là où il n'y a pas de glande mammaire, etc. On est sûr que là où il y a un cerveau, la pensée est en puissance ; que pour qu'elle se produise et passe en acte, il faut une oxydation de la substance cérébrale ; que cette oxydation cérébrale produit non seulement de la pensée, mais aussi de la chaleur et de l'électricité ; c'est-à-dire que le phénomène d'énergie cérébrale est en tout semblable aux phénomènes d'énergie qui ont lieu dans chacun des appareils glandulaires du corps [3]. Or les conquêtes de la science moderne, surtout dans

---

1. A. Cornu, *les Forces à distance et les Ondulations*, Annuaire des Longitudes de 1896.
2. Voir les détails dans mon livre *La Vie et l'Ame*, page 427 et suivantes, et aussi dans *l'Ame est la fonction du cerveau*.
3. Voir dans ce volume : *Rapports* particuliers du cerveau avec la matière et l'énergie, page 64.

la seconde moitié du siècle, aboutissent à la conclusion suivante : Énergie et matière sont inséparables ; ce sont les deux aspects d'une seule et même substance ; l'aspect passif s'appelle matière ; l'aspect actif s'appelle énergie. Quel que soit celui des deux aspects sur lequel se concentre l'attention, la substance reste une et identique à elle-même. Il est donc démontré qu'il ne peut exister un esprit pur, c'est-à-dire une énergie sans matière. Par conséquent, la conception d'esprit pur qui, vu l'état d'imperfection où était la science dans les siècles passés, avait une certaine apparence de plausibilité, cette conception n'a plus maintenant la moindre raison d'être. Elle ne peut plus être que l'expression symbolique d'une ignorance absolue ; affirmer que la Cause première est un esprit pur sera une manière imagée de dire : Je ne sais pas ce qu'est la Cause première. Ainsi entendue, cette définition pourrait être tolérée si elle n'exposait pas à un grave danger : « Les mots, en effet, ont une telle puissance sur l'esprit de l'homme, qu'ils finissent par donner une existence réelle aux fictions qu'ils représentent[1]. » Or rien n'est plus tenace, rien n'est plus difficile à déraciner qu'une erreur métaphysique, surtout si cette erreur est l'interprète inconsciente d'aspirations intimes à la justice et au bonheur[2]. Dans un tel état d'âme, il est

---

1. A. Cornu, *les Forces à distance*, *Annuaire des longitudes*. 1896, A. 5.
2. Cl. Bernard, *Introduction à la médecine expérimentale*, page 48 : « L'homme est naturellement métaphysicien et orgueil-

bien difficile de rechercher laborieusement la Vérité pour elle-même et de l'accepter, si dure ou désespérante qu'elle soit. Et cependant, la conquête de la Vérité est à ce prix. « L'expérimentateur, dit Claude Bernard, pose des questions à la nature; mais dès qu'elle parle, il doit se taire; il doit constater ce qu'elle répond, l'écouter jusqu'au bout et, dans tous les cas, se soumettre à ses décisions[1]. »

En résumé : 1° Il est impossible d'accorder les attributs moraux à la Cause première parce que nombre de faits sont en contradiction avec ces attributs, non seulement sous le rapport de la perfection absolue, mais aussi de la perfection relative.

2° On ne peut pas faire entrer l'intelligence dans la définition de la Cause première parce qu'on se heurte à un problème insoluble, à savoir, une intelligence sans un cerveau abrité par un crâne.

Il suit de là que la prudence et la sagesse exigent que la définition de la Cause première soit limitée aux attributs métaphysiques; ceux-ci, en effet, sont d'une certitude absolue; pour le reste, il faut *savoir ignorer*. Les éléments empruntés aux fictions imaginatives, dénuées de toute sanction physique, ou aux aspirations sentimentales, dénuées de toute valeur

---

leux ; il a pu croire que les créations de son esprit *qui correspondent à ses sentiments représenteraient aussi la réalité*. Ce n'est qu'après avoir erré longtemps dans les discussions théologiques et scolastiques qu'il a fini par reconnaître la stérilité de ses efforts dans cette voie. »

1. Cl. Bernard, *Introduction à la Médecine*, page 41.

objective, loin d'apporter une force aux éléments qui sont d'une certitude absolue, les vicient et les dissolvent ; le système entier s'écroule ; tout s'en va au néant, comme le dit Lucain, *etiam periere ruinæ*.

CHAPITRE IV

TRANSCENDANCE ET IMMANENCE, VRAI ET RÉEL

I.— **Transcendance et immanence.**

La Cause première, nécessaire, absolue, éternelle, infinie, universelle, est-elle transcendante au monde, c'est-à-dire est-elle distincte du monde et supérieure à lui ; en d'autres termes, y a-t-il deux substances, à savoir, la Cause première et le monde ?

La Cause première, nécessaire, absolue, éternelle, infinie, universelle, est-elle immanente au monde, c'est-à-dire ne fait-elle qu'un avec lui ; en d'autres termes, la substance est-elle unique ?

Tel est le problème à résoudre.

Du moment que la Cause première est nécessaire, absolue, éternelle, infinie, universelle, il est impossible qu'elle soit distincte du monde. En effet :

1° Si elle était distincte du monde, elle serait limitée par le monde dans l'espace, elle ne serait donc pas infinie ;

2º Si le monde était en dehors de la Cause première, la Cause première ne comprendrait pas tout, elle ne serait pas universelle.

Donc la Cause première n'est pas transcendante au monde; elle lui est immanente.

C'est une déduction mathématique, irréfutable, avec cette condition capitale que la base de la déducion n'est pas une abstraction, une conception *a priori*; c'est une donnée expérimentale, à savoir, la matière-énergie, telle que l'a analysée, déterminée, et fait connaître la science moderne, à l'aide de l'observation et de l'expérience, en s'astreignant aux règles de la méthode la plus rigoureuse.

II.— Vrai et Réel.

Maintenant, comment faut-il entendre cette *immanence* et concevoir le rapport de la Cause première au monde, alors qu'ils ne font qu'un?

La solution du problème est dans le rapport qu'il y a entre le *vrai* et le *réel*.

Ce qui est réel a les trois dimensions, longueur, largeur, épaisseur; le réel subit des modifications et peut perdre sa forme pour en prendre une autre, ce qu'en langage usuel on appelle périr.

Le vrai n'a pas de dimensions, ne subit pas de changements; il est immuable et toujours identique à lui-même. Une comparaison fera mieux comprendre la définition ainsi que les rapports du vrai et du réel.

Le triangle géométrique a des propriétés immuables, éternelles, nécessaires. Il est impossible de concevoir dans le temps et dans l'espace un moment où, par exemple, les trois angles du triangle ne seraient pas égaux à deux angles droits. Cette équation s'impose à l'esprit avec les caractères du nécessaire, de l'immuable et de l'éternel. Le triangle géométrique est une *vérité*; mais est-il réel ? Absolument non ; ce qui est réel, ce sont les triangles en bois, en métal, en pierre, etc., qui tous ont les trois dimensions ; qui tous participent plus ou moins des propriétés du triangle géométrique, sans pouvoir atteindre jamais à leur exacte plénitude. Par exemple, la somme des trois angles d'un triangle réel se rapproche de la somme de deux angles droits d'autant plus près que ce triangle réel est fait avec plus de soin et d'habileté ; mais jamais la somme de ses trois angles ne peut arriver à l'équation parfaite. Cette impossibilité est inhérente à la condition fondamentale de tout triangle matériel, celle des trois dimensions. Le triangle géométrique, lui, n'a que la longueur ; c'est précisément cette simplicité qui l'élève au rang de *vérité*. Tout triangle réel peut ne pas exister ; ou s'il existe, il peut varier, être détruit ; le *triangle vrai* ou triangle géométrique a les attributs opposés : il est nécessaire, immuable, éternel. A l'instant où apparaît un triangle matériel quelconque, le triangle géométrique lui impose ses lois. Au fond et en dernière analyse, c'est *le même fait vu sous deux aspects distincts* ; le vrai est inséparable du réel ; mais le vrai domine le réel, lui donne son sens, sa valeur; il est *sa loi dirigeante ;* si l'on osait se servir d'une métaphore vulgaire, on dirait : Le vrai est l'âme du réel.

Il en est de même de la Cause première dans ses rapports avec les phénomènes de l'univers. Elle les domine, les explique, leur *communique quelque chose de ses attributs*, et donne un sens aux liens qui les unissent. Elle en est la vérité, comme le triangle géométrique est la vérité des triangles matériels. Elle est immuable, nécessaire, éternelle, infinie, universelle, tandis que les réalités sont changeantes, contingentes, limitées dans le temps et dans l'espace, individuelles. Tel est le sens qu'emporte l'immanence de la Cause première.

Voici comment le réel participe des attributs de la Cause première, c'est-à-dire de la substance; nous prendrons les hommes comme représentants du réel ; le raisonnement qui s'applique aux hommes s'appliquera d'une manière analogue à tous les autres êtres réels.

1° La substance est *nécessaire*, c'est-à-dire qu'elle seule est capable d'expliquer le déroulement *total* des êtres et des phénomènes.

Chaque homme est *contingent ;* mais du moment qu'il existe ou a existé, chaque homme devient *nécessaire* pour expliquer l'existence de *quelques* êtres, ses enfants par exemple, ou de *quelques* œuvres, une maison par exemple, un livre, etc. Chaque homme participe donc un peu, dans une sphère aussi restreinte que l'on voudra, mais enfin il participe de l'attribut *nécessaire* de la substance.

2º La substance est *absolue*, c'est-à-dire qu'elle ne dépend de rien d'antérieur et que *tout* ce qui se déroule, êtres et phénomènes, dépend d'elle.

Chaque homme est *dépendant*, ou, en langage philosophique, *relatif ;* mais s'il dépend d'êtres antérieurs à lui et immédiatement de son père et de sa mère, à son tour dépendent de lui les enfants qu'il a créés et toute leur descendance. Chaque homme participe donc d'une manière extrêmement restreinte, mais enfin participe de l'attribut *absolu* de la substance.

3º La substance est *éternelle* et *infinie*, c'est-à-dire qu'elle remplit *toute* la durée et *tout* l'espace.

Chaque homme est *passager* et *fini ;* mais par cela même qu'il existe, il remplit *un point* de la durée et *un point* de l'espace. Chaque homme participe donc un peu des attributs *éternel* et *infini* de la substance.

4º La substance est *universelle*, c'est-à-dire qu'elle comprend *tous* les individus.

Chaque homme est *individuel ;* mais par cela même qu'il est individu, il est une partie composante momentanée de l'universalité substantielle. Chaque homme participe donc un peu de l'attribut *universel* de la substance.

Comme on le voit, les attributs de la Cause créatrice et les attributs des créatures ne sont pas opposés, inconciliables ; ils sont les deux aspects d'une seule et même chose, à savoir, la Substance ; lorsque l'on considère la substance dans son tout, le tout apparaît nécessaire, absolu, éternel, infini, universel ; quand on considère la substance dans ses manifestations singulières, chaque manifestation particulière apparaît contingente, dépendante, passagère, finie, individuelle. Et c'est toujours la même substance, en un mot, la Substance. L'argumentation des philosophes dualistes repose tout entière sur ce prétendu antagonisme du fini et de l'infini, du contingent et du nécessaire, etc. Il suit de là que les philosophies dualistes sont irrémédiablement condamnées ; seuls, les systèmes unitaires ont quelque fondement.

En résumé, il n'existe pas deux substances ; la substance est unique ; elle a deux aspects :

1° Lorsqu'on envisage la substance unique au point de vue de la vérité, elle s'appelle la Cause première ;

2° Lorsqu'on envisage la substance unique au point de vue de la réalité, elle s'appelle le monde.

Par monde, il faut entendre la série des phénomènes qui se déroulent passagèrement sur une scène toujours changeante[1].

---

1. Cette solution, fondée sur la distinction du vrai et du réel, a le mérite de pouvoir s'adapter non seulement aux phénomènes physiques, mais aussi aux phénomènes moraux. Pour les âmes mystiques et tendres, la Cause première sera le vrai au point de vue de la justice, de la bonté, de la sagesse. Les hommes réels s'en rapprocheront d'autant plus près qu'ils se dépouilleront davantage des instincts et des appétits grossiers. La comparaison entre le Triangle vrai et les triangles réels est applicable à tous les cas.

CONCLUSION

I. — Conclusions métaphysiques.

§ I. 1° La substance est le fond permanent d'où émane la variété indéfinie des phénomènes transitoires et changeants ; elle est unique ;

2° La manifestation extérieure de la substance est la matière-énergie ;

3° La matière-énergie a deux modes généraux d'évolution, à savoir :

A. Le mode général inorganique, qui comprend tous les modes individuels appelés corps minéraux ;

B. Le mode général organique, qui comprend tous les modes individuels appelés végétaux et animaux.

L'ensemble des modes individuels, minéraux, végétaux et animaux, ainsi que leurs évolutions, est connu en philosophie sous le nom consacré de monde.

§ II. 1° Lorsque le fond permanent ou substance est considéré au point de vue du vrai, il prend le nom de Cause première ;

2° Lorsque le fond permanent ou substance est considéré au point de vue du réel, il prend le nom de monde.

A. La Cause première est nécessaire, absolue, éternelle, infinie, universelle ;

B. Le monde (série indéfinie des modes individuels, des phénomènes transitoires et changeants) est contingent, relatif, limité dans le temps et dans l'espace, singulier (constitué par des individus).

§ III.° 1° Lorsque la raison humaine saisit le Tout permanent, sous les phénomènes singuliers et transitoires qui se déroulent dans l'espace, elle conçoit l'infini ;

2° Lorsque les yeux humains considèrent les phénomènes extérieurs dans l'espace, les yeux perçoivent le fini ; le fini que perçoivent les yeux a toujours des limites plus ou moins précises, il est donc défini ;

3° Lorsque l'imagination humaine imagine dans l'espace, au delà du fini limité, un prolongement, puis un autre prolongement, encore un autre prolongement, toujours un autre, sans limites précises, alors le fini limité, ou, en un seul mot, le défini, devient l'indéfini.

Ces trois mots *infini*, *fini*, *indéfini*, ne sont pas trois termes représentant trois choses substantiellement différentes, contraires, radicalement inconciliables ; ils représentent simplement les trois manières dont l'esprit humain considère *dans l'espace* une seule et unique chose, à savoir, la substance, soit la substance conçue en elle-même comme Tout permanent, soit la substance manifestée extérieurement par les modes individuels, par les phénomènes transitoires et changeants.

1° L'*infini* est la manière dont la raison humaine voit, dans l'espace, la substance, en tant qu'elle est conçue comme le Tout permanent ;

2° Le *fini* est la manière dont les yeux humains voient, dans l'espace, la substance manifestée extérieurement par les modes individuels, lorsque ces modes ont des limites plus ou moins précises ;

3° L'*indéfini* est la manière dont l'imagination humaine voit, dans l'espace, la substance manifestée par les modes individuels, en tant que les modes individuels se prolongent et se succèdent sans limites précises.

La même démonstration s'applique à l'*éternel* et au *passager*, à l'*absolu* et au *relatif*, au *nécessaire* et au *contingent*, à l'*universel* et au *singulier* ; c'est exclusivement la substance qui est considérée, ici par la raison humaine dans son Tout permanent, là par les yeux et les sens humains dans l'une quelconque de ses manifestations extérieures, modes individuels ou phénomènes transitoires. Il n'y a donc dans tous ces termes ni antagonisme ni dualisme ; c'est le même objet qui est vu, ici à travers les lunettes translucides de la raison, là à travers les lunettes enfumées des sensations.

Tels sont les résultats métaphysiques auxquels aboutissent les données expérimentales ; ces résultats ont un fondement solide, inébranlable, celui de l'expérience.

II. — Conclusion morale.

Les données expérimentales nous montrent qu'à l'origine primordiale, il y a eu un plan attestant d'une manière incontestable une intelligence et une idée directrice; les lois physiques et naturelles, qui président avec constance et stabilité au déroulement de tous les phénomènes, font éclater cette intelligence et cette idée directrice.

Malheureusement, lorsqu'on essaye de comparer et de contrôler avec les faits particuliers les déductions morales tirées de l'existence de cette intelligence créatrice et ordonnatrice, on se heurte à des contradictions irréductibles, à des problèmes insolubles. En philosophie, la maxime dirigeante est celle-ci : « Dans le doute, abstiens-toi. » *Savoir ignorer* est la règle nécessaire lorsqu'on est impuissant à discerner la cause certaine, toujours vérifiable, d'un groupe de phénomènes. Ce n'est faire preuve ni d'esprit scientifique ni d'esprit philosophique que de regimber contre la nécessité de l'ignorance pour se lancer éperdument dans les théories spécieuses, œuvres d'une imagination quelquefois séduisante, mais démenties par les faits et entraînant les esprits à un grave danger, à savoir, celui de se laisser égarer à la poursuite d'une chimère et de frapper ainsi de stérilité tous les travaux et tous les efforts.

Il suit de là qu'au point de vue des attributs moraux, le **philosophe** n'a qu'un seul parti à prendre, celui de se résigner provisoirement à l'ignorance.

FIN

TABLE DES MATIÈRES

	Pages.
Préface	5

LIVRE PREMIER

LA MATIÈRE, L'ÉNERGIE, LA VIE, L'AME

Chapitre premier : *La matière.* — I. États de la matière. — II. Éternité de la matière. — III. Constitution de la matière. — IV. Circulation de la matière........ 17

Chapitre II : *L'énergie.* — I. États de l'énergie. — II. Éternité de l'énergie. — III. La matière et l'énergie dans les espaces célestes.................... 28

Chapitre III : *La vie.* — I. Le conflit vital. — II. Conditions générales de la vie. — III. L'être vivant. — IV. Phénomènes généraux communs aux animaux et aux végétaux....................................... 37

Chapitre IV : *L'âme.* — I. Les conditions vitales de l'organe cerveau et de sa fonction sont les mêmes que les conditions vitales des autres organes corporels et de leurs fonctions. — II. Les faits pathologiques prouvent que l'unité de l'âme est une résultante. —

III. Les faits normaux de la vie prouvent que l'unité de l'âme est une résultante. — IV. Le progrès du cerveau dans toute la série animale est suivi du progrès de l'âme. — V. L'âme de l'homme est de la même nature que l'âme des animaux ; elle n'en diffère que par le degré. — VI. Le problème de la date précise à laquelle se manifeste l'âme et le problème de l'hérédité ne sont résolubles que si l'âme est la fonction du cerveau. — VII. Conclusion générale........................ 47

Chapitre V : *La vie et l'âme dans leurs rapports avec la matière et l'énergie.* — I. Rapports généraux du règne inorganique et du règne organique avec la matière et l'énergie. — II. Rapports généraux de l'organisme vivant, pris dans son tout, avec la matière et l'énergie. — III. Rapports particuliers de chaque classe d'organes avec la matière et l'énergie. — IV. Rapports particuliers du cerveau avec la matière et l'énergie. — V. Résumé et conclusion............... 59

Chapitre VI : *Le domaine de la métaphysique.* — I. La forme. — II. La vie. — III. La nécessité d'une cause première. — IV. Le problème métaphysique......... 70

LIVRE DEUXIÈME

LES CAUSES FINALES

Préliminaires. — I. Il faut distinguer la cause efficiente de la cause finale. — II. L'idée de cause efficiente est essentielle à l'esprit humain. — III. Le problème des causes finales embrasse trois points : la structure générale des êtres, le rapport des organes avec les fonctions, les rapports des êtres entre eux............... 91

Chapitre premier : *La structure générale.* — Dans les trois règnes naturels, la structure des individus atteste un plan nettement caractérisé.................. 96

Chapitre II : *L'organe et la fonction.* — I. Théorie des finalistes. — II. Théorie des anatomistes ; examen critique. — III. Théories des physiologistes : physiologie matérialiste et examen critique ; physiologie déterministe et examen critique...................... 98

Chapitre III : *Rapports des groupes d'êtres les uns avec les autres.* — I. Théorie des harmonies entre le règne végétal et le règne animal ; réfutation du dualisme harmonique vital. — II. Théorie des harmonies entre l'herbivore et le carnivore ; réfutation. — III. Théorie de l'harmonie entre les règnes naturels et l'homme ; absurdité de la doctrine qui fait de l'homme le centre et le but de la création. — IV. Conclusion générale. 124

Chapitre IV : *Conclusions déduites des faits scientifiques.* — I. Conclusions positives. — II. Conclusions négatives.. 151

LIVRE TROISIÈME

LE PLAN DE LA CRÉATION ET LE RÈGNE ANIMAL

Chapitre premier : *Les plans de structure, les causes possibles de modifications et les formes intermédiaires.* — I. Les problèmes du règne animal. — II. Les plans de structure générale. — III. Modifications que peuvent imprimer à l'organisme animal les conditions variées du milieu ambiant. — IV. Les croisements dans le règne animal. — V. La sélection naturelle et la divergence des caractères. — VI. Les formes intermédiaires ou passages........................... 153

Chapitre II : *Les ères géologiques et la classification des animaux.* — I. Ères géologiques. — II. Classification des animaux. — III. La classification et l'échelle des êtres.. 186

CHAPITRE III : *Ère primaire.* — I. Terrain cambrien. — II. Terrain silurien. — III. Terrain dévonien. — IV. Terrain permo-carbonifère........................ 212

CHAPITRE IV : *Ère secondaire.* — I. Terrain triasique. — II. Terrain jurassique. — III. Terrain infra-crétacé. — IV. Terrain crétacé............................. 224

CHAPITRE V : *Ère tertiaire et époque quaternaire.* — I. Terrain tertiaire. — II. Terrain quaternaire....... 233

CHAPITRE VI : *Apparition de l'homme sur la terre.* — I. Époque quaternaire. — II. Ère tertiaire : terrain pliocène ; terrain miocène ancien.................... 245

CHAPITRE VII : *Résumé des déductions tirées des faits de l'ère géologique.* — I. La création ne s'est pas faite selon la loi d'un perfectionnement graduel. — II. Certains genres d'animaux se sont perpétués jusqu'à nous sans modifications profondes, ce qui est contraire au principe fondamental de l'évolution. — III. Les types qui furent supérieurs ont tous succombé, cédant la place aux types inférieurs....................... 251

CHAPITRE VIII : *Théories concernant les enchaînements du règne animal.* — I. L'échelle des êtres. — II. Le perfectionnement graduel. — III L'évolution : l'ère contemporaine et l'espèce ; les ères géologiques et l'espèce ; les ères géologiques et les deux conditions fondamentales de la théorie de l'évolution. — IV. Les créations successives. — V. Le plan : idée directrice dans la création des types, la théorie de l'archétype ; idée directrice dans l'ordre chronologique d'apparition des types..................................... 257

CHAPITRE IX : *Les animaux parasites.* — I. Parasites à développement récurrent. — II. Parasites à transmigrations et à métamorphoses. — III. Désordres causés par les animaux parasites. — VI. Fécondité des parasites. — V. Résistance des œufs aux agents de destruction. — VI. Degré de résistance des embryons, des larves, des adultes. — VII. Résumé des faits. — VIII. Conclusions................................. 286

LIVRE QUATRIÈME

LE PLAN DE LA CRÉATION ET LE RÈGNE VÉGÉTAL

Chapitre premier : *Les plans de structure, les causes possibles de modifications et les formes intermédiaires.* — I. Les problèmes du règne végétal. — II. Les plans de structure générale. — III. Modifications que peuvent imprimer à l'organisme végétal les conditions variées du milieu ambiant. — IV. Les croisements dans le règne végétal. — V. La sélection naturelle et la divergence des caractères. — IV. Les formes intermédiaires ou passages.................................. 314

Chapitre II : *Les modes de reproduction.* — I. Chez les cotylédones ou phanérogames. — II. Chez les acotylédones ou cryptogames : évolution du mode de reproduction chez les cryptogames. — III. Conséquences relatives à la théorie de l'archétype et à celle du perfectionnement graduel......................... 342

Chapitre III : *Sur un critérium propre à établir une hiérarchie entre les végétaux.* — I. Variété des tissus. — II. Localisation des organes. — III. Organes et agents de la fécondation. — IV. Résumé et conclusion.. 358

Chapitre IV : *Apparition des végétaux dans les ères géologiques.* — I. Ère primaire : périodes cambrienne, silurienne, dévonienne, permo-carbonifère. — II. Ère secondaire : périodes triasique, liasique, oolithique, infra-crétacée, crétacée. — III. Ère tertiaire : périodes éocène, miocène, pliocène. — IV. Conclusions... 376

CHAPITRE V : *Les végétaux parasites.* — I. Phanérogames. — II. Champignons : manière de vivre ; habitat et station ; polymorphisme ; nombre immense des spores ; maladies causées par les champignons parasites. — III. Algues : définition des bactériens ; nature des bactériens, leurs modes de reproduction, leur degré de résistance ; nombre immense des microbes ; polymorphisme des **bactériens** ; difficultés pour caractériser les espèces **bactériennes** ; action des bactériens sur les animaux, sur les végétaux. — IV. Résumé des faits. — V. Conclusion.................................... 390

LIVRE CINQUIÈME

LES DÉDUCTIONS

CHAPITRE PREMIER : *La substance et les systèmes métaphysiques.* — I. La substance et le dualisme. — II. La substance et le dynamisme. — IV. La substance et la matière-énergie........................ 417

CHAPITRE II : *Attributs métaphysiques de la cause première.* — La Cause première est nécessaire, absolue, éternelle, infinie, universelle.................... 428

CHAPITRE III : *Attributs moraux.* — I. La perfection absolue. — II. La perfection relative : puissance intelligente ; sagesse : amour. — III. Problème insoluble : intelligence et cerveau ; intelligence et esprit pur 430

CHAPITRE IV : *Transcendance et immanence, vrai et réel.* — I. Transcendance et immanence. — II. Vrai et réel 446

CONCLUSION. — I. Conclusions métaphysiques. — II. Conclusion morale.. 452

Sceaux. — Imp. Charaire.

FÉLIX ALCAN, ÉDITEUR

AUTRES OUVRAGES
DE
M. ÉMILE FERRIÈRE

Les Apôtres, essai d'histoire religieuse. 1 vol. in-12.	4 fr. 50
L'Ame est la fonction du cerveau. 2 vol. in-18.	7 fr. »
Le Paganisme des Hébreux jusqu'à la captivité de Babylone. 1 vol. in-18	3 fr. 50
La Matière et l'énergie. 1 vol. in-18	4 fr. 50
L'Ame et la vie. 1 vol. in-18	4 fr. 50
Les Erreurs scientifiques de la Bible. 1 vol. in-18. 1891	3 fr. 50
Les Mythes de la Bible. 1 vol. in-18. 1893	3 fr. 50

À LA MÊME LIBRAIRIE

REVUE PHILOSOPHIQUE
DE LA FRANCE ET DE L'ÉTRANGER

Dirigée par Th. RIBOT, Professeur au Collège de France.
(22ᵉ année, 1897.)

La REVUE PHILOSOPHIQUE paraît tous les mois, par livraisons de 7 feuilles grand in-8, et forme ainsi à la fin de chaque année deux forts volumes d'environ 680 pages chacun.

Prix d'abonnement :
Un an, pour Paris, 30 fr. — Pour les départements et l'étranger, 33 fr.
La livraison .... 3 fr.

Les années écoulées se vendent séparément 30 francs, et par livraisons de 3 fr.

La REVUE PHILOSOPHIQUE n'est l'organe d'aucune secte, d'aucune école en particulier.

Tous les articles de fond sont signés et chaque auteur est responsable de son article. Sans professer un culte exclusif pour l'expérience, la direction, bien persuadée que rien de solide ne s'est fondé sans cet appui, lui fait la plus large part et n'accepte aucun travail qui la dédaigne.

Elle ne néglige aucune partie de la philosophie, tout en s'attachant cependant à celles qui, par leur caractère de précision relative, offrent moins de prise aux désaccords et sont plus propres à rallier toutes les écoles. La *psychologie*, avec ses auxiliaires indispensables, l'anatomie et la physiologie du système nerveux, la *pathologie mentale*, la psychologie des races inférieures et des animaux, les recherches expérimentales des laboratoires; — la *logique*; — les *théories générales* fondées sur les découvertes scientifiques; — l'*esthétique*; — les *hypothèses métaphysiques*, tels sont les principaux sujets dont elle entretient le public.

Sceaux — Imp. E. Charaire.

www.ingramcontent.com/pod-product-compliance
Lightning Source LLC
Chambersburg PA
CBHW070528230426
43665CB00014B/1614